职业教育“十三五”改革创新规划教材

大学生
健康与安全

屈婉芳　奇大力　吴　宏　主　编
刘　文　周山山　姜宇航　高　亮　副主编

清华大学出版社
北　京

内 容 简 介

本书是职业教育“十三五”改革创新规划教材，根据教育部颁布的《普通高等学校学生安全教育及管理暂行规定》和国务院发布的《国家突发公共事件总体应急预案》等文件编写而成。

本书主要内容包括大学生安全教育概述、学习与实习安全、生活与卫生安全、网络与公共安全、交通与旅游安全、常见自然灾害的预防与应对、常见运动损伤的预防与应对、大学生常见心理问题的预防与应对。

本书可作为高等职业学校的健康与安全教育课程教材，也可作为岗位培训用书。

图书在版编目（CIP）数据

大学生健康与安全 / 屈婉芳，奇大力，吴宏主编 . — 北京 : 清华大学出版社 , 2017
（职业教育“十三五”改革创新规划教材）
ISBN 978-7-302-46892-9

Ⅰ . ①大…　Ⅱ . ①屈… ②奇… ③吴…　Ⅲ . ①大学生 – 健康教育 – 高等职业教育 – 教材 ②大学生 – 安全教育 – 高等职业教育 – 教材　Ⅳ . ① G444 ② G641

中国版本图书馆 CIP 数据核字（2017）第 064055 号

责任编辑：左卫霞
封面设计：张京京
责任校对：袁　芳
责任印制：宋　林

出版发行：清华大学出版社
网　　址：http://www.tup.com.cn, http://www.wqbook.com
地　　址：北京清华大学学研大厦 A 座　　**邮　　编**：100084
社 总 机：010-62770175　　**邮　　购**：010-62786544
投稿与读者服务：010-62776969, c-service@tup.tsinghua.edu.cn
质量反馈：010-62772015, zhiliang@tup.tsinghua.edu.cn
课件下载：http://www.tup.com.cn, 010-62770175-4278
印 装 者：清华大学印刷厂
经　　销：全国新华书店
开　　本：185mm × 260mm　　**印　张**：15.25　　**字　　数**：328 千字
版　　次：2017 年 6 月第 1 版　　**印　　次**：2017 年 6 月第 1 次印刷
印　　数：1 ~ 3000
定　　价：38.00 元

产品编号：072256-01

编写委员会

主　编　屈婉芳　北京四中
奇大力　北京建筑大学
吴　宏　北京四中

副主编　刘　文　北京建筑大学
周山山　中华女子学院
姜宇航　北京教育学院
高　亮　北京物资学院

编　委　刘慧茹　北京四中
蔡杰铮　北京师范大学
罗勇民　北京工业大学
郭美娟　北京工业大学
李东光　北京西藏中学
徐　杰　中央民族大学
肖　炼　湖南第一师范学院
屈婉兰　内蒙古乌兰察布市集宁区教育科技体育局
胡德俊　北京建筑大学
魏　为　北京师范大学
胡德刚　北京建筑大学

本书是职业教育“十三五”改革创新规划教材，根据教育部颁布的《普通高等学校学生安全教育及管理暂行规定》和国务院发布的《国家突发公共事件总体应急预案》等文件编写而成。通过本书的学习，可以使学生掌握安全防范、安全生产、安全事故处理、运动健康与心理问题等方面的知识与技能。

本书在编写时认真贯彻教学改革的有关精神，严格依据相关文件的要求，具有以下特色。

1. 立足职业教育，突出实用性和指导性

（1）本书内容定位科学、合理、准确；正确处理好知识、能力和素质三者之间的关系，保证学生全面发展，适应培养高素质劳动者的需要；以就业为导向，既突出培养学生应对安全事故的能力，又保证学生掌握必备的基本理论知识，实现“练”有所思，“学”有所悟；贯彻课程建设综合化思想，合理协调基础理论知识与基本技能之间的密切关系，将不同的知识有机地连贯起来，为学生日后的职业生涯奠定必要的安全知识与技能基础。

（2）本书内容立足于为培养高素质劳动者的目标服务，注重“通用性教学内容”与“特殊性教学内容”的协调配置，体现出新编教材对不同地区、不同专业既有“统一性”要求，又有选择上的“灵活性”或“差异性”，尽量满足不同层次、不同地区、不同职业的需要。

（3）本书内容通俗易懂，标准新、内容新、方法新。突出实践性和指导性，拉近现场与课堂教学的距离，丰富学生的感性认识。

2. 以学生为中心，创新编写体例

（1）针对部分教学内容，在书中设置具有直观性和带有感情色彩的引导文、案例、小贴士、图片等。让缺少活泼性的学习内容表现出通俗性、生动性、实用性和指导性等，以此激发学生对该课程的学习热情和学习兴趣，缩短理论与实际应用之间的差距，构建理论与应用之间的纽带，培养创新能力和自学能力。

（2）设置思考题，降低难度，突出针对性和实用性，立足加强学生对知识点的理

解和掌握。改变单一的“考学生”的教学观念，树立如何引导、服务和帮助学生掌握知识和技能的新理念。

（3）部分教学内容可以通过参观活动、现场教学、演示分析、专题探讨、调研等方式开展，引导学生积极主动地交流与探讨，创造创新与探讨的开放式教学环境，提高学生的探索兴趣，加深学生对相关知识的理解和应用。

3. 重视学生个性化发展需要，渗透探索精神、创新意识、爱国主义教育等

（1）介绍成熟的新知识、新技能，并面向实际应用，使学生在面临各种突发事件时都能综合分析、积极应对。

（2）在课程学习和实践教学活动中注重渗透爱国主义教育、职业道德教育、环境保护教育、安全生产教育以及创业教育，激发学生的爱国热情和敬业精神。

本书建议学时为 72 学时，具体学时分配见下表。

单　元	建议学时	单　元	建议学时
单元 1	2	单元 5	8
单元 2	10	单元 6	10
单元 3	12	单元 7	10
单元 4	12	单元 8	8
总　计	72		

本书由屈婉芳、奇大力、吴宏担任主编，刘文、周山山、姜宇航、高亮担任副主编，参加编写工作的还有刘慧茹、蔡杰铮、罗勇民、郭美娟、李东光、徐杰、肖炼、屈婉兰、胡德俊、魏为、胡德刚。本书在编写过程中参考了大量的文献资料，在此向文献资料的作者致以诚挚的谢意。

由于编者水平有限，书中难免有错误和不妥之处，恳请广大读者批评、指正。了解更多教材信息，请关注微信订阅号：Coibook。

编　者

2017 年 2 月

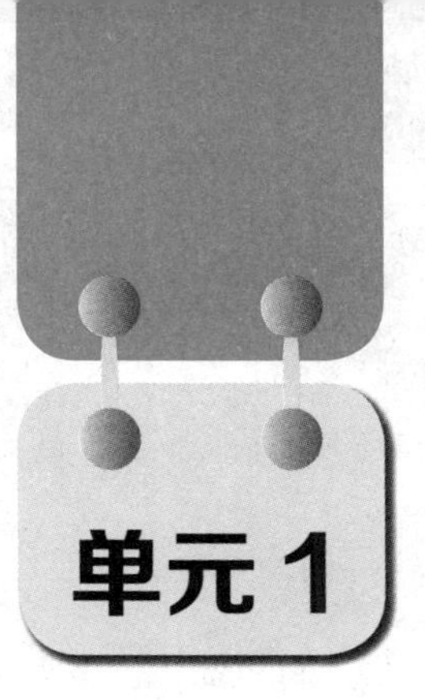

大学生安全教育概述

随着社会的发展，当代大学生在学习、生活和社会工作中面临着更为复杂的安全形势和诸多安全隐患。目前，大学生的安全意识及应急能力并不能与时代要求相匹配，在各方面还有不足。由于各种各样的原因，意外伤害事故频发，危害学生的健康和财产的安全。因此，针对大学生进行安全教育符合时代需求，并应该贯穿于整个学生时代。大学生的安全教育要对象明确，以实用的安全知识和技能为主体内容，增强学生的安全意识，养成良好的安全习惯，切实提高学生应对突发事件的能力。

1.1 大学生安全教育的必要性

在当前中国社会进程中，生产环境复杂，各级管理制度不明确、不健全，生产设施相对落后，安全事故发生的频率较高。在各类事故中，重大、特大事故时有发生，总体发展势头未得到有效控制，各类市场的安全生产意识也处于较低水平，企业和个人非法生产经营行为频繁出现，职业疾病、职业中毒等事件并未得到重视，此类问题的累计和叠加，使安全生产问题被推向媒体关注和社会担忧的风口浪尖。

安全教育是全社会的教育，每个人在日常生活中都时常会遇到安全问题。中央有关文件在论及“推进社会主义和谐社会建设”时，强调了要“保障人民群众生命财产安全”。提出“坚持安全第一、预防为主、综合治理，落实安全生产责任制，强化企业安全生产责任，健全安全生产监管体制，严格安全执法，加强安全生产设施建设。切实抓好煤矿等高危行业的安全生产，有效遏制重特大事故。加强交通安全监管，减少交通事故。加强各种自然灾害预测预报，提高防灾减灾能力。强化对食品、药品、餐饮卫生等的监管，保障人民群众健康安全”。要求“关闭破坏资源、污染环境和不具备安全生产条件的企业”。把“安全发展”作为“实现可持续发展”的重要内容，把“安全生产状况进一步好转”作为“构建和谐社会取得新进步”的重要指标。

一、安全教育是高职学生自身发展的必然需求

安全作为人成长过程中最基本的需求，是满足其他各项成长计划的保障条件。缺少健康的体魄和安全的环境，必然会破坏生活和生产的基础。高职学生作为未来各类专业领域的希望，唯有在安全环境中不断成长，才能使身心协调、健康发展。随着社会发展，高职学校校园的开放性不断增大，学生与社会接触的机会也越来越多，缺乏安全知识，疏于防范，经常会导致安全事故的发生，轻则影响情绪，重则造成伤残，甚至危及生命，影响学生本体的发展。

二、安全教育是建立和谐校园的必然要求

安全是构建和谐社会的重要内容之一，同时也是建立和谐校园的重要组成部分，建设平安、卫生、文明的校园，保证每个学生得到全面发展和健康成长，也是建设和谐校园的基本条件。学校是学生学习和生活的主要场所，也是安全教育的重要基地，为学生营造一个安全、阳光、健康的环境是重中之重，为学生建立一道坚固的安全防线也不可或缺。学生是建设和谐校园的参与者，也是安全校园的直接受益者，接受良

好的安全教育对于减少校园暴力、传染病的校园传播和食物中毒等事件的发生具有重要的作用。

三、安全教育是促进学生适应社会环境的重要手段

随着社会的进步和发展，学生的社交范围也不断扩大，交友的方式也呈现着多元化、复杂化等特点，除了在校园和家庭之外，还出现了很多交友方式，如网络、信息、娱乐场所等。由于高职学生涉世较浅，缺乏相关的经验，对于安全防范意识较差，自我防范、控制能力比较弱，非常容易受到来自社会的各种不良风气的影响，进而影响自身的身心健康。大学时代是学生过渡到社会的关键发展阶段，如果不掌握必要的安全常识，在未来社会的融入，在工作岗位保持精力和良好的发展持久性上都会受到影响。

四、安全教育是实现素质教育的重要组成内容

不论是对大学生还是中小学生，教育的目的是促进全面发展，提高各方面的素质，使学生在未来生活中从容应对，并做出有效选择。学生的素质不仅包括当下社会所需的专业知识，更重要的是道德品质、完善人格、身心健康的协调发展。对于发展各项素质而言，安全素质是最重要的前提保障，是现代化社会中学生学习、生活和工作的基础性保障。

学生时期各方面知识掌握得都比较快，是进行安全教育的最佳时期，接受教育的学生正处于身心快速发展的阶段，具有非常鲜明的生理和心理特点，对新鲜事物的接受能力强，因外界影响而形成某种习惯的特性也很强。大学生是国家科技发展的重要人群，安全教育的良好普及，对培养未来职业中的安全行为，提高个人对危险因素的预测、处置、应对能力有着至关重要的作用，安全教育也是现代化高等教育的本质要求，是提高人民素质、维护个人权益、养成有效规则、建立良好社会发展的保障，是降低各类事故发生率的有效举措。

1.2 大学生安全教育的内容和方法

安全教育应该跟随社会进步、科技发展及高科技的应用而发展，在当前的各行业内部有着各种因时代发展、科技发达所带来的安全问题，所以安全教育需要根据当前社会所出现的各类安全问题而进行有针对性的开展。大学生作为未来国家专业技术领域的栋梁，除了掌握必备的专业知识和技能外，还必须结合当前社会的各项要求提高

综合素质。其中，安全素质是必不可少的内容，应将加强安全教育的各项知识进行普及，让学生在进入社会工作岗位前就对安全教育的发展历程和现实情况有相应的了解，并针对不同职业的安全事项进行增强性教育，这样才能让学生进入以后的工作岗位后拥有良好的适应能力。

一、大学生安全教育主要内容

安全教育所涉及的内容有很多方面，从实际出发也有不同的分层。根据场所类型主要分为校园安全、家庭安全、社会安全、网络安全；依据机理发生率分为损伤和疾病；依据诱发的因素分为人为祸患和自然灾害。大学生安全教育的主体内容包括学习与实习安全、生活与卫生安全、网络与公共安全、交通与旅游安全、自然灾害、运动损伤、心理问题等。

二、大学生安全教育方法

对学生的安全教育不能采取“填鸭式”教学，需要导入实际情境的结合性实操式教学，在学习中操作，在操作中不断学习，对大学生的安全教育方法可以有很多种，在实践的过程中应注意灵活运用，与学生的工作、学习、生活紧密联系，采用丰富多彩的教学手段，调动学生主动性。主要的方法可以分为以下几种。

1. 讲解示范法

通过对各类安全防范知识的讲解、应急处理方法的示范，让学习者掌握基础的操作方法，能够在突发和紧急时刻用正确的方式处理意外安全伤害。讲解示范法是进行基础教学中广泛运用的安全教育方法。

2. 案例分析法

通过对安全隐患案例的情景重现、图片和视频案例展示等方式，还原安全伤害事故，分析成因和处理方法是否妥当，以及怎样避免发生此类事件的预案。在运用案例分析教学方法时，进行研讨性学习方式，通过师生间的研讨来掌握、巩固知识，使学生能够积极参与到对各类问题的思考、讨论中。

3. 模拟教学法

通过模拟各种情境，开展有针对性的安全教育，使学生形成对各类突发安全危机的快速反应能力。利用情景模拟和伤害事故的现场分析，让学生了解各项事故处理步骤，学会如何开展救援等。积极组织学生进行安全生产演习，经常参与学校各项安全管理和服务工作。

4. 主题教学法

授课教师设置相应的安全教育主题，将学生分成多个小组进行资料查询、分析等工作，形成整体报告，并在班内或校内进行各项汇报和交流。

5. 专家讲授法

邀请相关领域安全教育专家、消防系统工作人员、人民警察等进行安全知识主题讲座，通过客观、专业、有针对性的讲授过程来提高学生的安全意识。

6. 参观教学法

组织学生对自然、生产劳动现场和社会公共生活场所，对实地或安全隐患现象进行实地调研和观察，获得更多的经验和方法，提高个人的安全防范意识和处理危机的能力。

1.3 大学生安全教育的实施途径

安全教育应根据各学校的实际情况，设置多角度多层次的专项课程。在实施安全教育的过程中要注意以下几方面。

一、应独立开设安全教育课程

开设安全教育课程是开展安全教育最直接、有效的途径。课堂教学是安全教育最正式的方式，在课堂教学过程中进行知识和技能的传授，对学生来讲更具系统性和目的性。高等职业学校应按照专业教学标准和本身特色，将安全教育纳入学校的教学计划，设置足够的课时，安排专门的安全教育教师开展系统的教学工作。

二、将安全教育知识渗透于各学科中

安全教育内容所涉及的学科非常广泛，既有物理、化学、生物等专业知识类学科，也有心理、体育等实践性学科。各科教师应在学科教学过程中挖掘那些具有意义的安全教育内容，把安全教育与学科内容相结合，提高学生的安全意识和应急处置能力。

三、聘请专业人员进校讲授

邀请国内外安全教育领域专家面向教师和学生开展针对性专题讲座，邀请消防员、

警察等专业人员进入课堂，开展关于人身防护、防盗、防火等与学生学习和生活紧密相关的安全教育，从而提高安全教育的针对性和实效性。

四、开展安全教育主题活动

开展各种形式的主题活动，在每学期开学之际及寒暑假放假前，通过班会、墙报和板报、参观各类展览和观看电影及相关视频、组织安全知识竞赛等方式，开展各项安全教育活动，站在学生的角度考虑各项教学内容的开展策略，利用学生已组建的社团和小组，最大限度地开展校内安全教育活动。

五、利用网络进行宣传教育

网络媒体对学生的影响力日渐增强，利用好网络资源进行安全教育的普及，速度之迅速是其他平台和媒介无法与之比拟的，利用“慕课”“微课”等多种形式，开展网络安全教育，可以提高学生群体间、师生间在课外的互动，提升安全知识、实践方法的学习质量，让学生在课外遇到问题时有据可参、有人可问。

六、增设校内安全问题咨询室

事实上，并不是所有学生遇到的安全问题在网络上都能找到答案和应对方法，而每名学生在生活中所面临的各类安全问题也各有其特点。为了能够让每名学生在校期间降低和减少对各类安全问题的误读和错误理解，学校有必要在校内设置符合时代要求、具有实际价值的安全咨询办公室，并经常开展咨询服务，通过教师的引导和指导来解决学生遇到的各类安全问题。

为了更有效地达成安全教育的目标，教育管理部门、各级培训机构、一线学校都应建立、完善相应机制，加强有关教师的责任意识，将安全理念切实灌输给各级各类学生。建立学校的安全管理领导小组，完善师资建设，分工明确，落实各项责任，动员全校师生将安全教育工作落到实处。

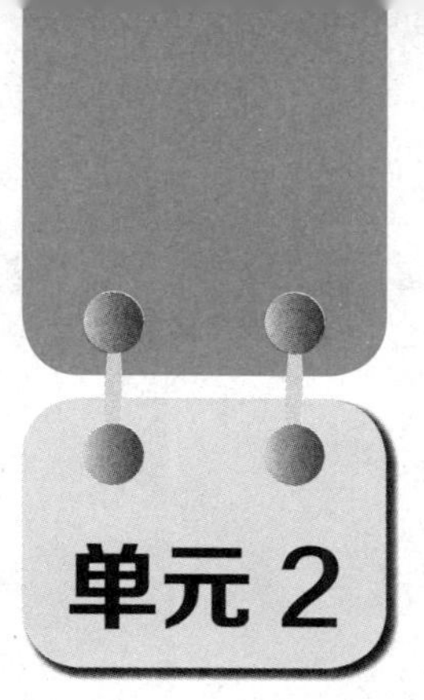

单元 2

学习与实习安全

校园安全问题已成为社会各界关注的热点问题。降低意外伤害事故的发生率，是学校教育和管理的重要内容。大学校园具有开放性、社会化的特点，既要保证大学生拥有良好的学习环境，又要加强大学生与社会融合的能力。因此，要充分利用社会资源，以学校教育为主导，家庭教育为辅助，全面开展安全教育，杜绝校园暴力、校园盗窃、校园诈骗等事件的发生，共同构建安全、稳定、和谐的学习环境。

实习是大学生必不可少的学习方式，是在完成文化基础课、专业基础课、专业课以及校内专业实训以后进行的实践性教学环节，是提高实践技能的重要途径。实习环境是真正的工作环境，与学校学习环境大大不同，会遇到各种各样的困难，也存在相应的职业危险。

职业危险包含职业伤害事故和职业病。职业伤害事故是指因生产过程及工作原因或与其相关的其他原因造成的伤亡事故。广义上讲职业病是与工作有关并与职业性有害因素有因果关系的疾病。《中华人民共和国职业病防治法》定义职业病是指企业、事业单位和个体经济组织的劳动者在职业活动中，因接触粉尘、放射性物质和其他有毒、有害物质等因素而引起的疾病。根据国家安全生产监督管理总局发布，仅 2014 年一季度全国发生的特重大生产安全事故就有 11 起，造成死亡和失踪人数达 153 人。国家卫生和计划生育委员会发布的《2014 年全国职业病报告情况》显示，2014 年全国共报告职业病 29 972 例。其中，职业性尘肺病 26 873 例，急性职业中毒 486 例，慢性职业中毒 795 例，其他职业病合计 1818 例。从行业分布看，煤炭开采和洗选业、有色金属矿采选业和开采辅助活动行业的职业病病例数较多，分别为 11 396 例、4408 例和 2935 例，共占全国报告职业病例数的 62.52%。大学生在实习和就业后，很有可能面临各种职业病的威胁。因此，了解职业危险，并懂得预防和应对，才能安全度过实习期，并在以后的职业工作中更好地避免危险，保持健康。

2.1 校园暴力

校园暴力是指发生在校园及其周边的侵害在校学生和教师人身财产安全的刑事与治安事件。校园暴力发生在每个学校，远超出人们的认识程度，承认校园暴力是制止校园暴力发生的第一步。近年来，我国校园暴力事件频发，并不时有一些性质相当恶劣的案件被报道。案件中那些心灵扭曲的学生作案手段之残忍，令人触目惊心。任何形式的校园暴力都是不可接受的，施暴者、受害者，甚至旁观者都会受到不同程度的伤害。施暴者由于得到某种满足，逐渐变得冷漠无情，自高自大；受害者因受到威胁而形成心理问题，影响健康，甚至影响人格发展；旁观者也因为受到惊吓而感到不安和惶恐。校园暴力也会影响学校的整体纪律和风气，所以，学校须正视校园暴力，通过教育制止和预防暴力事件的发生，如图 2-1 所示。

图2-1 拒绝校园暴力

校园暴力多种多样，最常见的有语言暴力、肢体暴力、冷暴力和网络暴力，下面对这四种暴力形式进行详细分析，让大家更深刻地认识暴力发生的原因和危害。

一、语言暴力

语言暴力是指使用嘲笑、诽谤、谩骂、诋毁、蔑视等不文明的、侮辱性的、歧视性的语言，致使他人的精神和心理上受到侵犯和损害。如图 2-2 所示，语言暴力带给学生的伤害不比体罚小，它使人的精神上和心理上受到长久的痛苦。给学生的心理上投下一种阴影，严重的还会导致学生心智失常、丧失生活勇气、违法犯罪，甚至自杀等严重恶果。

图2-2 语言暴力

（一）案例警示

案例回放

2013 年 5 月的一天中午，济南某高校女生高小雯在宿舍“煲电话粥”，引起舍友李丽的不满，两人你一言我一语，越吵越激烈。没过一会儿，同在济南上学的老乡郭珂、何琳琳来找高小雯玩，听了高小雯和李丽的事情后，气不打一处来，三人将李丽堵在宿舍里，推搡、殴打、恐吓李丽，孰料，无法忍受三人欺负的李丽竟从三楼阳台跳下去了。事后，李丽因腰部损伤引发下肢静脉血栓，一直卧床治疗。经法医鉴定，其腰部损伤为轻伤。意识到自己的鲁莽行为触犯了法律，高小雯等三人主动投案自首。经调解，双方达成协议，赔偿李丽 12 万余元。

案例解析

同学之间，并且是室友之间难免会有摩擦，如果双方各让一步，就不会造成案例中的严重后果。案例中双方各不相让，口角逐渐升级为语言暴力，而伴随着语言暴力不断升级，往往会发生肢体暴力。李丽由于无法忍受双方语言冲突，选择从三楼跳下是非常不理智的行为。遇事互相体谅，站在对方角度思考问题，才能化干戈为玉帛。

案例回放

据报道，2015 年 1 月 10 日晚，家住成都郫县一位叫小盈的 14 岁少女，因为晚归和父母发生冲突后从六楼跳下，在被抢救了近 1 小时后，她还是离开了这个世界。小盈在跳楼前给父母留下了一封长达四页的遗书，这封遗书沉重得几乎让人窒息，她以将近一页纸的篇幅，写了几十个“你死了算了”“我还不如没生你”“早知这样当初就该……”之类的父母曾经责骂她的话。

案例解析

对于家庭语言暴力，多数人似乎都心有灵犀、缄口不谈。也许大家认为这是家务事，教训孩子是父母的权利，骂孩子也是一种关爱。其实这是误解，语言暴力丝毫不亚于肉体暴力对孩子的伤害。广东省佛山市妇联公布的《佛山市少年儿童权益保护调查报告》显示，孩子们最害怕的不是父母的拳脚，而是语言暴力，一句“很笨”“累赘”“废物”等，比任何惩罚都让孩子们恐慌。

语言是有能量的，积极的、温暖的语言能让孩子变得自信、乐观，而攻击性、破坏性的语言则可能毁掉孩子的一生。“良言入耳三冬暖，恶语伤人六月寒。”鉴于此，希望家长在批评教育孩子时，一定要放下语言暴力的“凶器”，学会用心沟通、用心关爱，这样才能达到教育的目的。

（二）安全建议

（1）在受到有意或者无意的语言暴力伤害时，应及时表达出自己的感受，不能忍气吞声，与同学、朋友及老师沟通，情况严重甚至可以报警。

（2）在校园中应以学业为重，谦虚低调，避免招摇过市，特立独行。

（3）讲文明、懂礼貌，不使用侮辱性语言。

（4）不得嘲笑他人的生理缺陷，公平待人，多站在他人立场思考问题。

（5）受到偏见时应积极调整心态，适当发泄，及时沟通，扭转局面。

小贴士

语言暴力的危害

语言暴力虽然从表面上不具备暴力的特征，但是它对学生人格、心理发展所造成的负面影响是长期的、不可估量的。它的危害主要有两种表现形式。

（1）形成“退缩型人格”，即学生在高压下往往回避问题、回避现实，不敢与人正常交流，容易形成内向、封闭、自卑、多疑等人格特征，严重的会有自杀等极端行为。

（2）形成“攻击型人格”，即学生在受到“语言暴力”之后，性格变得暴躁、易怒，内心充满仇恨、逆反，为了发泄不满，而对他人和社会采取过激行为，直接影响和危害社会，害人又害己。

（三）应对措施

面对语言暴力要及时表现出自己的感受与立场，多与家长、老师、同学及朋友交流沟通。努力丰富自身，让自己更优秀，以树立自信。学会用合理的方式发泄，避免积郁成怨、积怨成殇。必要时寻求心理医生的帮助。

二、肢体暴力

肢体暴力是指行为人以明显的肢体动作侵犯他人，使对方的身体受到伤害。如图 2-3 所示。肢体暴力是所有暴力中最容易识别的一种形态，它有着相当具体的行为表现，通常也会在受害者身上留下明显的伤痕。

随着年纪的增长，施暴者的暴力行为往往会变本加厉。另外，校园性侵害也属于肢体暴力的范畴。

图2-3 肢体暴力

（一）案例警示

案例回放

2016年1月，一场远在美国的法庭宣判激起了国人的广泛议论。这起案件是由于男女同学之间的争风吃醋而引起的。2015年3月30日晚上罗兰岗公园，翟某、杨某和章某等12名被告将刘某挟持到人迹罕至之处，刘某遭受到了包括拳打脚踢、扒光衣服、用烟头烫伤乳头、用打火机点燃头发、强迫她趴在地上吃沙子、剃掉她的头发并逼她吃掉等虐待，期间还有人用手机拍下了刘某受虐照和裸照。整个折磨过程长达5小时，刘某遍体鳞伤，脸部瘀青肿胀，双脚无法站稳。2016年1月6日，美国当地法院对三名被告翟某、杨某和章某分别判处13年、10年和6年的刑期。而法官强调，三人服刑期满后将被驱逐出美国。

案例解析

肢体暴力往往会对被施暴者的身心造成伤害，并严重影响其正常学习，甚至会失去生命，给个人以及家庭带来永久性的伤害。经常受到校园暴力侵害的学生整日生活在暴力的阴影中，有的学生身体受伤要住院治疗；有的学生精神失常；有的学生性格发生变化；有的学生因为无法承受压力而自杀等。就施暴者而言，有可能导致其形成反社会人格，最终走上犯罪道路。在本案例中，施暴人曾简单地以为就是同学间打架的事儿，赔点儿钱就能了事，没想到受到了如此严厉的惩罚。

案例回放

2014年10月11日凌晨一点左右，北京市石景山区某高校学生宿舍楼内突然传出一个令所有人都震惊不已的消息：两名学生被刺死亡。案发的前一天下午，在学校体能测试过程中，正在进行体能测试的林浩为了躲避刘振智，摔了一跤，双方因此发生了争执。林浩和王策二人认定是刘振智妨碍了他们的体能测试，并且在案发当晚饮酒之后，揪出刘振智。就在被林浩拖拽的过程中，刘振智随手将放在餐桌上的一把水果刀握在了手里。

由于林浩和王策对他拳打脚踢，所以他开始挥刀扎向两人并导致二人死亡。2015 年 4 月 29 日，此案在北京市第一中级人民法院开庭审理，最后认定为故意伤害罪。

案例解析

这是一起严重的大学生暴力事件，因为摔跤而引发了两人死亡的惨剧。当代大学生心理压力增大，一旦缺乏积极的疏导和教育，便容易导致与他人的矛盾和冲突加剧，因此，学生要加强自身的道德水平修养，要对自己有要求、有约束，不能轻易放纵自己，遇到事情先冷静思考，学会控制自己的情绪。另外，饮酒要适量，酒精的麻痹作用往往会让人们做出出格的事情，导致悲剧的发生。

（二）安全建议

（1）正确处理校内外的各项社交活动，远离不良社会群体。

（2）女生避免夜间独自出行，尽量结伴而行，最好有男同学陪同。

（3）锻炼身体，强壮体魄，学习简单实用的防身术。

（4）发生冲突时，冷静思考，及时言语沟通，避免进一步刺激对方。

（5）身处险境时，冷静观察，避免正面冲突，选择合理的逃跑时机与路线，将人身安全放在第一位。

（6）紧急时大声喊叫，往人多的地方跑，引人注意。

（7）及时报警，用法律武器捍卫自己的利益。

小贴士

美国人际关系学大师戴尔·卡耐基

太阳能比风更快地脱下你的大衣；仁厚、友善的方式比任何暴力更容易改变别人的心意。

（三）应对措施

要有保护自己的安全意识，尽量减少可能发生危险的机会。如果无法避免面临暴力威胁时，首先要保持冷静，观察施暴者及周边环境，记住施暴者特点，明确身处位置。然后进行言语沟通，伺机逃脱并及时报警，千万不能激怒对方。如果无法逃脱，要想办法吸引周围人的注意。在受到侵害时保护头、内脏等重要器官，被侵害后及时报警，将施暴者绳之以法，避免惨剧再次发生。

三、冷暴力

冷暴力是以冷淡、轻视、放任、疏远和漠不关心的态度，使他人精神和心理上受到伤害，属于精神伤害的范畴。冷暴力是校园暴力中最容易被忽视，却也是最常见的一种。施暴者往往是多人同时排挤某一个人，使弱势同伴感觉被孤立在团体之外，或借此切断他们的关系。此类暴力伴随而来的人际疏离感，经常让受害者觉得无助、沮丧。如图 2-4 所示。

图2-4 冷暴力

大学校园中，同学之间常见孤立型冷暴力，在学生社团、学生活动甚至宿舍中，多人形成了固定的团队或共识，对某个学生进行排挤、孤立、歧视、侮辱等现象，如团队活动没人愿意和他组合，社团活动不接受他的报名，在宿舍中故意冷落不和他说话等。

（一）案例警示

案例回放

小畅的家庭条件不好，母亲卧病在床，父亲是个临时工，在学校他开始做一些小偷小摸的事情，后来很快就被发现了。但因为金额不是很大，也构不成犯罪，学校也没办法将其开除。但在学校，老师暗示学习好的同学不要理他，并在班级活动和家长会上向一些人讲述他的偷盗行为，很快对于他的评判尽人皆知，于是所有学生都躲避他。有一天班上有人丢东西，小畅自然被认为是最大的嫌疑人，在老师的责问和同学们的冷眼中他选择冲上楼顶试图跳楼，经过学校和消防队员的努力，把小畅救了下来。当天，声称丢失东西的同学发现，东西只是落在家里而已。但小畅从此拒绝再去学校，那年他只有 11 岁。

案例解析

校园冷暴力的受害对象是处于弱势的学生，而施加冷暴力的却常常不止一个人。尤其是在封闭式的校园里，学生离开了家庭，来到了一个同龄人“聚集区”，这个时候，每个同学都会受到周围同学的影响，只有彼此间建立平等的友谊，才能共同进步、健康成长，孤立、排挤某个人或某些人，不但会伤害这些人，也不利于自己的全面发展。

案例回放

天津师范大学初等教育学院大一女学生吴昕怡，在学校的一次义务献血之后，她被查出“大三阳”,这意外被查出的“乙肝病毒”,给她带来了灾难。在同学们知道她有“大三阳”后，就视其如瘟疫，唯恐避之不及，学校更是强行要求其单独居住。2015年4月10日，她在学校单间宿舍烧炭自杀，结束了自己的青春年华。

案例解析

在这个案例中，学生与学校的态度给吴昕怡造成了难以想象的心理压力，迫于压力和心理极大的落差，她选择了结束自己的生命，可见冷暴力对于学生具有极大的影响。在面对这种情况时，学校要首先出面保护学生，用科学的眼光正视“乙肝病毒”携带者，同时应该及时给学生普及相关知识，而不是一味地躲避、隔离，而是要本着对每一位学生负责的态度处理问题。

（二）安全建议

（1）友善待人，不实施冷暴力，发现冷暴力不做旁观者。

（2）遇到冷暴力时，要积极沟通解决，切莫“以冷制冷”。

（3）多做换位思考，站在对方的角度看问题，多一些体谅和理解。

（4）积极参加各类社交活动，提高自己的人际交往能力。

（5）保持良好的心态，加强与同学间的交往。

（6）发生误解时要及时沟通，善于利用科学和法律维护权益。

小贴士

冷暴力的危害

学生的自信心被扼杀，往往会对学校环境失去兴趣甚至产生抵触情绪，形成不良的性格，导致心理疾病，通常会发展成为“你们不理我，我也不理你们”的状况，逐渐养成孤僻的性格，反过来更不被大家接受。与老师或同学们产生感情上的鸿沟，有时会发展成为对立甚至仇视的关系状态，极端条件下会衍生出肢体暴力。

（三）应对措施

在遇到冷暴力时，首先要做的是及时沟通，想方设法了解其中的来龙去脉，了解原因之后，再根据具体情况，沟通交流，解除误会。如果自己无法解决时，可以求助班主任、辅导员或心理老师，向他们说明情况，在他们的帮助下解决问题。另外，对于周围遭受冷暴力的学生，不能冷眼旁观，应积极伸出援手，向冷暴力说不。

四、网络暴力

网络暴力不同于现实生活中拳脚相加、血肉相搏的暴力行为，而是借助网络的虚拟空间，用语言、文字、图像等对他人进行讨伐和攻击。如图 2-5 所示。

图2-5 网络暴力

网络暴力是“舆论”场域的群体性纷争，以道德的名义对当事人进行讨伐，可以说是网络自由的异化，这无疑阻碍了和谐网络社会的构建。

如今随着互联网的普及和发展，在大学生的日常生活中，大部分时间都被网络占据。网络暴力传播速度快，言论自由度高，危害大、影响范围广，而且蔓延趋势严重。与现实社会的暴力行为相比，网络暴力参与的群体更广，传播速度更快，可能比现实社会的暴力产生的危害更大。

通过网络发表具有攻击性、煽动性、侮辱性的言论，这些言论打破了道德底线，造成当事人名誉受损。例如对事件当事人进行“人肉搜索”，将其真实身份、姓名、照片、生活细节等个人隐私公布于众。时常使用攻击性极强的文字，甚至使用恶毒、残忍、不堪入目的语言，严重违背人类公共道德和传统价值观念。这些评论和做法，不但严重地影响了事件当事人的精神状态，更破坏了当事人的工作、学习和生活秩序，甚至造成更加严重的后果。

（一）案例警示

案例回放

2016 年 4 月 17 日上午 9 点 40 分，北京市东城区富贵园小区，某快递小哥在送件时，所骑电动三轮车与一辆京 B 牌照个体出租车发生剐蹭，随后遭受出租车司机的辱骂和连续掌掴。该行为被目击者拍下并上传到社交网络,引发了广泛的关注和网友愤慨。在网络上，打人者李先生的住址、电话号码等信息被迅速“人肉”并公之于众。但李先生已经搬家，现住在该地址的住户不堪多人上门骚扰；而被公布的其中一个电话号码为江西的饶先生所有，他也遭遇了电话的轮番恐吓，一天之内收到上万个骚扰电话和七百多条辱骂短信，无奈将手机停机。2016 年 4 月 18 日晚东城区公安分局通报了对打人者的处罚决定，他因寻衅滋事罪被处以拘留十日的行政处罚。

案例解析

如今网络发展迅速，在给人们带来便利的同时，网络暴力产生的影响也急剧增加。网络信息传播速度快，传播范围广，是一把“双刃剑”。在事件中，打人者应该受到相应的处罚，但是网民“伸张正义”的做法显得比较过激。对于网络传播的信息，需要进行理性的分析思考。人们可以对打人者进行批评和指责，但是不能够无限制地进行人身攻击。为了凸显自己的正义感加入谩骂与人肉搜索的队伍，这样以暴制暴的方式，与被指责的打人者又有何不同？

案例回放

2013 年 9 月 16 日，美国佛罗里达州一名 12 岁的女孩丽贝卡・安・瑟迪维克，因不堪承受在社交媒体上连续数月遭到其他女孩的恶意攻击，最终选择在一个废弃的水泥厂中跳楼自杀。她的母亲说，女儿曾收到“你很丑”“你为什么还活着”这样的短信。虽然母亲后来把她的手机收走，并把她的“Facebook”关闭，但还是没能挽救丽贝卡。警局局长贾德在记者会上说：“当局已确认 10 多名涉及欺凌丽贝卡的女生的身份。她们同样是女生，而且也是十几岁的年纪。”

案例解析

网络暴力问题体现在很多方面，比如网络谣言、网络人身攻击等，与网络发展历程及特性密切相关。网络出现以前，信息发布与传播基本上是单向的，人们的信息交流手段比较单一，信息沟通平台基本处于可以确认个人身份的状态，人们往往会顾虑交流对象的感受。而网络出现以后，从有限空间变成了开放空间，匿名、互动的方式使人们淡化了责任意识，对在开放空间中言语表达肆无忌惮，容易将网络变成个人声音的放大器和情绪宣泄的工具。

（二）安全建议

（1）恪守社会公德，自觉维护网络环境，不发表、不评论过激言论。

（2）作为当代大学生，应理性、多角度地看待网络言论。

（3）合理利用网络社交平台交流学习，传递正能量。

（4）正视网络攻击，不因网络攻击而影响自己的学习、生活。

（5）提高自己的网络安全意识，保护个人隐私，不轻易泄露个人信息。

（6）针对网络攻击，用正确的方式保护自己的权益，不能以暴制暴。

小贴士

可笑的“网络暴力”

面对现实生活中的非正义现象，人们常常选择冷眼旁观；但面对虚拟世界中与自己相悖的价值观却要破口大骂。这并不是勇敢，反而是最卑鄙的懦弱。

（三）应对措施

大学生在网络上，要保护好自己的隐私信息，不轻易泄露给陌生人。理性看待网络上的过激言论，不妄加评论。当受到网络暴力攻击时，应该沉着冷静，理性应对，不因网络暴力攻击而影响正常的学习、生活；通过关闭或注销网络通信账号，要求对方撤销或删除不当信息，要求对方公开辟谣，向家人或老师求助、报警等方式保护个人权益。

思考题

1. 你是否曾经在不经意间实施或者参与了某些校园暴力行为（包括语言暴力、肢体暴力、冷暴力和网络暴力）？如果有，应该怎样改正？

2. 当你察觉到校园暴力正在发生，作为旁观者你应该怎么做？

3. “我最好的朋友在网络上受到了别人的谩骂，我要发动我的朋友圈进行反击，让对方知道我们的厉害！这样才显得我讲义气！”你如何看待这样的想法？

2.2 校园盗窃

校园盗窃案件是指以学生的财物为侵害目标，采取秘密的手段进行窃取并实施占有行为的案件，如图 2-6 所示。财务损失是学生在校期间最常见的安全问题之一。随着学校的发展，校园内的人员构成较为复杂，校园盗窃案一直是校园内发案率最高的案件类型。本节针对校园盗窃案的特点，简要介绍校园盗窃案件的表现形式以及预防措施，以提高学生的防范意识，加强对自身财物的保管，不给犯罪分子可乘之机，从而减少盗窃发案，避免财产损失。

图2-6 校园盗窃

校园盗窃案件的主要形式有三种，即内盗、外盗、内外勾结盗窃。内盗是指学校内部人员实施的盗窃行为。根据有关资料统计，在校园发生的盗窃案件中，内盗案件占一半以上。作案分子往往利用自己熟悉盗窃目标的有关情况，寻找作案最佳时机，因而易于得手。这类案件具有隐蔽性和伪装性。外盗是相对内盗而言的，是指校外人员在学校实施的盗窃行为，根据有关统计数据，外盗人员大多分为三类，一是青少年学生，容易混入校园；二是校园周边无业人员；三是熟悉校园的外校大学生。他们利用学校管理上的疏漏，冒充学校人员或以找人为名进入校园内，盗取学校资产或师生财物。内外勾结盗窃是学校内部人员与校外社会人员相互勾结，在学校内实施的盗窃行为。这类案件的内部主体社会交往比较复杂，往往结成团伙，形成盗、运、销一条龙。

在作案时间的选择上，大多集中在开学初和学期末，并且对宿舍的盗窃案多数集中在白天。特别是开学时，由于新生对周边环境陌生，防范意识较弱，开学初人员杂乱，给了作案人可乘之机。白天的学生宿舍人员相对较少，也是盗窃案的高发时段。

在盗窃的目标选择上，校园盗窃案件特别是内盗案件中，作案人的盗窃目标比较准确，例如钱包、手机、笔记本电脑等日常用品。由于大家每天都生活、学习在同一个空间，加上同学间互不存在戒备心理，东西随便放置，贵重物品放在柜子里也不上锁，使作案分子盗窃时极易得手。

而作案的地点，除学生宿舍外，教室、食堂、图书馆甚至操场也是盗窃案相对集中的地点。这些地方人员流动性大，校外人员更容易进入，学生的注意力集中在学习或者运动中，而不是自己的财物上。正是缺乏对自身财物的看管，才给了作案人可乘之机。

（一）案例警示

案例回放

2013 年 10 月，温州市茶山派出所民警接到多起大学在校生的报警，失主的情况基本相同，钱包和手机被偷，后又会在学校厕所或垃圾桶边发现被丢弃的钱包。11 月 15 日，又有一名董同学报警称，自己放在操场跑道边的棕色钱包不见了，里面除了饭卡、证件、银行卡外，还存有一张纸条，上面写的正是银行卡密码。当即，该同学就收到了银行短信，显示卡内的 2500 元现金被取走。警方随即从银行调取监控，发现是一名学生模样的男生取走了董同学的存款。通过调查，警方发现该男生是某大学在校生。11 月 19 日晚，民警到该男生宿舍调查，当场从其柜子中搜出 8 部手机、2500 元现金以及多个女士手提包，男生对盗窃事实供认不讳。

案例解析

作为一名大学生，应该具备较高的道德素质与法律意识，案件中的当事人由于尝到过“甜头”，又迫于家庭等各方面的压力，于是再三作案，最终受到了法律的制裁。这是一起典型的内盗案件，作案人熟悉校园，熟知周围同学的作息规律，再加上受害人的防范意识松懈，给了作案人可乘之机。学校校园毕竟是公共场所，一定要增强个人的防范意识，不给不法分子可乘之机！

案例回放

2014 年 12 月 24 日，北京市北太平庄派出所连续接到辖区一高校多名事主报案，称在食堂午餐时丢失手机。民警调取食堂及周边的监控发现，这是一个由 9 人组成的盗窃团伙，其中两人负责在学生打饭的队伍中来回流窜，挤靠事主进行盗窃，得手后将赃物倒手给背包男子，之后几人分乘两辆汽车逃离现场。12 月 30 日，该团伙在海淀一高校作案时被专案组民警抓获，当场起获刚偷的手机 9 部。

案例解析

上述案件是一起外盗形式的盗窃案，作案人对校园环境比较熟悉，同时利用大学生防范意识薄弱的特点，进行盗窃。在日常的学习生活中，要时刻注意自己的人身、财产安全，不要认为校园里就是绝对安全的。特别是在图书馆、食堂等公共场所，防范意识降低，人流密集，容易给作案人可乘之机。另外在校园内发现可疑人时，一定要及时报告给保卫处，或者报警，共同保证校园内的平安和谐。

小贴士

校园防盗口诀

个人财产要保密，莫向他人露底细；
寝室不放大额钱，存入银行最保险。
银行折卡用密码，身份证件要分管；
胸挂手机易被抢，披金戴银贼爱看。
收好财物防盗贼，寝室无人锁门窗；
发现有贼不要慌，及时找人来帮忙。
防止狗急又跳墙，造成不必要伤亡；
机智勇敢斗盗贼，警民携手布法网。

（二）安全建议

（1）提高安全意识，加强防范。

（2）遵守学校的安全规定，不随便外借钥匙、门禁卡等。

（3）爱护公共财物，保护门禁、门窗等设施。

（4）离开宿舍随手关门关窗，夜间锁好门窗再休息。

（5）谨慎交友，防止引狼入室，不随意留宿他人，警惕陌生人。

（6）不存放大量现金，保护好存折、银行卡的密码，不轻易泄露。

（7）银行卡与身份证等证件最好分开存放，以免同时丢失。

（8）贵重物品不用时及时锁好，不给作案人机会。

（9）在食堂、图书馆等公共场所，保管好手机、钱包、计算机等贵重物品，尽量随身携带，无法随身携带，也要保证财物在视线范围内。

（10）外出参加体育活动时，尽量少带贵重物品，并且在自己视线范围内妥善放好，不要放在通道等人流较大区域，最好有同学帮助看管。

（11）在校园遇到陌生人问路或推销产品时，要注意拿好自己的随身物品，切忌放在身后或侧面，切勿让陌生人看管自己的财物。

（三）应对措施

时刻提高保护自己财物的意识，在发生财物丢失后，一定要冷静，仔细回想丢失前后细节，查询相关区域的监控录像。如有撬门、撬锁痕迹，要保护好现场，寻求保卫处和警察的帮助。对于丢失的证件要及时去挂失补办，银行卡需要尽快冻结、挂失然后补办，如若丢失后发生交易，还可以请求银行协助调查相关信息。

思考题

1. 校园盗窃案集中在哪些场所？
2. 校园盗窃的特点有哪些？
3. 某同学回到宿舍后，发现原本锁住的柜子是开的，里面的笔记本电脑不见了，他应该如何处理？

2.3 校园诈骗

诈骗是指以非法占有为目的，用虚构的事实或者隐瞒真相的方法，骗取数额较大的公私财物的行为。校园诈骗是指发生在校园内的诈骗案，诈骗行为的受害者为学生。如图2-7所示。目前，高校校园诈骗案频频发生，各类骗术层出不穷，严重扰乱了大学生的学习和生活。大学生是我国重要的储备人才，这一阶段的学生尚未踏足社会，相对而言社会经验较少。刚步入大学校园的低年级学生，虽然已经成年，但是心智还没有完全成熟，思想单纯，特别是女生更容易相信别人，正是这些原因，使作案人有了可乘之机。

图2-7 校园诈骗

校园诈骗手段多样，并且不断更新，但概括起来可以将其分为以下类型。

（1）利用推销手段进行诈骗。利用学生“不识货”又追求物美价廉的特点，上门推销各种产品而使学生上当受骗。

（2）通过网络社交平台进行诈骗。作案人利用虚假身份与学生交往，获取好感，骗取信任，博取同情，达到目的后断绝联系。

（3）通过网购进行诈骗。作案人利用假信息、假商品或者假合同，以各种手段骗取学生财物。

（4）投其所好，引诱上钩。作案人利用学生急于求成的心理，以创业、出国、就业、考试、出名等为诱饵，骗取财物。

（5）通过虚假招聘进行诈骗。作案人利用学生经验少、法律意识薄弱、急于赚钱等心理，发布假消息进行招聘，骗取“中介费”“手续费”。或者欺骗学生，不予兑现酬劳，骗取免费劳动力。

（6）电话短信诈骗。作案人冒充家人、朋友，或者政府工作人员，以事故、中奖、违法、洗钱等名义，用各种手段骗取学生财物。

（7）冒充“路人”寻求帮助。作案人冒充“路人”，以钱包丢失、手机丢失等理由寻求帮助，博取同情，伺机骗取学生财物。

（一）案例警示

案例回放

新生杜某开学报到，在办理校园卡充值的时候遇到一个自称学长的老乡，刚到学校就遇到老乡让杜某很是欣喜。一通攀谈后，“学长”神秘地告诉杜某有办法在校园卡充值上做文章，充 100 元得 200 元。杜某信以为真，就将银行卡号和密码等告知“学长”，一通电话操作后果然校园卡上多出了一倍的金额。正当杜某还在对“学长”的恩情心存感激的时候，手机提示银行卡上的 3000 多元都被提取了，而此时“学长”不见了踪影。其实根本不存在这种所谓的便宜，骗子用了很少的金钱为代价，骗得杜某的银行卡号、密码等信息，通过网络转账将卡上的资金盗取。

案例解析

针对新生的诈骗是校园诈骗最常见的类型。诈骗者通常利用新生刚到一个新的环境不熟悉的特点，谎称老乡、学长等身份进行财物诈骗。针对这一情况，可以采取的预防措施有：严格按校方新生守则进行相关准备工作，不要相信捷径的存在；不贪便宜，特别是新交的朋友，如果将更多的交往内容转移在财物上，一定要提高警惕；对新环境的了解要通过正确的渠道，比如辅导员或班主任等。

案例回放

2013 年 4 月，四川大学商学院大一学生 A 同学在淘宝上购物后，收到 QQ 加好友提示，便同意将其加为好友。对方自称是店家，声称货物有瑕疵，需核实信息以便退款，A 同学不假思索地配合“店家”。首先收到“验证是否为本人操作”的验证码（其本质是淘宝账号的修改密码验证码），得到验证码后的“店家”首先修改了 A 同学的账号密码（导致 A 同学不能登录淘宝账号），同时掌握了其用户信息，并通过所得到的信息，取得 A 同学的信任；然后 A 同学在“店家”的“循循引诱”下输入了银行账号，并在支付宝的备注里输入了银行密码；最后，A 同学银行卡被扣除 800 元，仅剩 20 多元。

案例解析

网购作为新型的购物方式，以独特的购物理念和便捷的特点而颇受当代大学生青睐。然而不法分子却利用网购这一平台，发布大量的虚假信息欺骗消费者。大学生因社会经验不足，思想单纯，鉴别能力有限和对网络信息的真实性把握得不够完整，往往成为网络中的受害者。本案例中,A 同学对自我信息的保护意识和防骗的警惕性较低。在日常网购中，对于陌生人的身份信息一定要再三核实，不轻易泄露自己的个人信息，更不可泄露类似验证码、密码等重要信息。选择正规的网络销售渠道，使用通过认证的社交平台与卖家进行联系。

（二）安全建议

（1）不轻信推销产品，通过正规渠道购买商品。

（2）不贪图小便宜，天上不会“掉馅饼”。

（3）在网络社交平台保护好自己的个人信息，不泄露、不轻信。

（4）不要相信网络中所谓的非常渠道的货源，便宜的背后往往就是骗人的把戏。

（5）到正规的网店、购物平台进行购物，不浏览如“翻墙网站”“色情网站”“博彩网站”等非法网站。

（6）高利投资、快速成名、贪图享乐的背后往往会被人设局。

（7）不要借助所谓的路子、关系、潜规则的帮助。

（8）通过正规的招聘网站或招聘会寻找工作机会，事先了解招聘企业的基本信息。

（9）以各种理由要求缴纳各种费用时要警惕，多数都是作案人的骗局。

（10）帮助陌生人要量力而行、讲究方法、冷静分析。不轻易将财务交给陌生人，不跟随陌生人去陌生地点。

（11）遇到陌生人求助，可以帮助其报警，寻求警察帮助，既能够帮助他人，也能保护自己。

（12）做任何决定前，先冷静思考三分钟，或者和自己的挚友、老师商量一下，减少未知风险。

小贴士

防诈骗口诀

看病消灾不迷信，不要相信陌生人；
丢包分钱是陷阱，天上不会掉馅饼。
家庭情况要保密，不明来电多警惕；
短信诈骗花样多，不予理睬准没错。
网络购物要小心，反复要钱是圈套；
遇人向你借手机，始终留意别远离。

（三）应对措施

当自己的财物被骗后，冷静思考，迅速报警，保护、保存好现场以及所有相关的信息作为线索和证据，例如聊天记录、转账小票、招聘信息等。如遇现场诈骗，还要记清楚作案人的特点、人数和手段，以及作案地点。另外千万不可打草惊蛇，直接与作案人对峙，要配合协助警察。更不能有“破财免灾”的想法，纵容作案人继续行骗。

思考题

1. 诈骗分子的主要诈骗手段有哪些?
2. 在校园内遇到陌生人寻求帮助，要借用手机，你会怎么做?

2.4 实习安全注意事项

实习是大学生完成学业的必修环节，高职院校的顶岗实习更是学生就业前的必修课。通过实习才能了解真实的生产环境与生产过程，掌握操作技能。一些专业的学生需要进行工地作业、机械操作、生化试验等方面的实习，以熟悉企业的真实环境。由于真实的生产过程比校内模拟场地、实训场地更为复杂，不可预测的安全隐患更多，所以存在的风险较大。近几年各高校、各单位对于实习安全重视程度逐步提高，但是实习生伤害事故依然不断，并且呈逐年上升的趋势。根据教育部推行的全国职业院校学生实习责任保险统保示范项目抽样选取的约 80 万例样本分析，2013 年每 10 万名实习学生发生一般性伤害的约 78.65 人，其中导致死亡的约 4.69 人，两数据均高于 2012 年相应数据（2012 年每 10 万名实习学生中约 39.9 人发生一般性伤害，3.96 人死亡）。有研究表明，学校与实习单位沟通存在盲点，学校安全教育流于形式，实习单位管理制度不完备等问题是造成实习安全事故频发的主要原因。从另一方面看，学生对实习工作的心理准备不足、安全意识淡薄、高估自身技术水平等，也是造成实习安全事故频发的重要原因。所以，大学生在实习期间包括实习期前后，必须自主树立安全意识、了解安全常识、遵守安全制度。要主动与学校的指导老师和实习单位沟通，在保证实习期间能够完成适应社会，适应企业环境等预期教育成果的同时，保证自身的实习安全。学校和单位要完善实习风险管理措施，健全预警预案机制。作为学生，也要充分了解学校及企业的实习风险管理体制，为安全完成实习任务保驾护航（见图 2-8）。

图2-8 做好安全防护

（一）案例警示

案例回放

2007 年 3 月 21 日凌晨 1 点 38 分左右，仪征市某公司冲压车间发生一起机械伤害死亡事故。死者孙某，男，18 岁，系该市某校 2005 级在校学生。21 日凌晨上夜班时，孙某与其他 5 名实习学生及 2 名女工被班长安排在 A 线一压力机台作业。作业时，孙某发现一物料未放置到位，在主机未停止运转的情况下，弯腰探头伸出左臂拨弄压力机下的物料，被下落的压力机砸中左胳膊等部位。虽经医院抢救，但终因伤势过重，于凌晨 2 点 29 分左右死亡。

案例解析

上述案例提示，在主机未停止运转的情况下拨弄压力机，涉嫌违规操作，是学生的安全知识掌握不够，自我安全保护和防护意识不强；公司对于安全管理制度执行不力，对学生的安全宣传和教育力度有待进一步加强。实习期间，学生必须掌握基本的安全知识，增强自我安全保护和防护意识；实习单位要进一步建立健全安全管理制度，并加以严格执行，同时要加强对学生的安全宣传和教育力度，签订劳动合同，明确学生、学校、实习单位三方的责任与义务。

案例回放

2013 年 10 月 11 日，某铁路高等职业学校学生张某在实习单位车间内遥控行车进

行货物卸载过程中，被倒下的货物压倒，由于伤势过重，抢救无效死亡。

案例解析

高职院校学生，身心发展尚不成熟，缺少社会经验，也缺乏对安全隐患的判断能力，因此在同样的工作岗位上，其安全风险要远远大于正式职工。近年来，大学生实习伤亡事故频发，影响了院校的发展，异地实习和专业不对口也是造成事故率居高不下的重要因素。因此，在实习上岗之前，除了要对岗位操作技能进行培训，还要全面做好安全教育，在保证人身安全的前提下完成实习任务。

（二）安全建议

1. 工厂车间安全建议

（1）提前学习、熟悉安全规程，严格按安全规程操作。

（2）熟悉厂区安全线路、安全通道、撤离路线、消防设施等。

（3）熟悉厂区的地理环境，注意地沟、排污井等，防止滑倒或摔倒，防止阀杆或管线碰头。

（4）熟悉厂区每处的安全标志。

（5）进入厂区前检查劳保穿戴，不带与实习无关的物品进厂。

（6）进入厂区要注意卫生保洁。

（7）厂区内严禁吸烟。

（8）上班不能喝酒，不能睡觉。

（9）上班期间不能大声喧哗，严禁打闹，严禁串岗。

（10）上班期间要时刻集中注意力。

（11）不要随便触摸设备、管线表面，以免高温烫伤，不要触摸机器转动部位，以免划伤。

（12）不要擅自开关阀门、机泵或仪表按钮，不要擅自调节操作参数，操作需在工人师傅的指导下完成。

（13）不要干扰工人师傅的正常操作，与生产线上的工人师傅交流时要注意礼貌。

（14）在易燃易爆区内禁止敲打、撞击、摩擦金属。

（15）不要翻越生产线。

（16）在车间内实习时必须在安全线内行走，车间外行走时注意避让车辆，不要妨碍场内车辆的正常通行，同时要注意自身安全，避免发生意外。

（17）要爱护工艺设备、消防设备等。

（18）闻到异常气味时要迅速往上风方向撤离，防止中毒。

（19）设备出现紧急情况时，应先迅速撤离现场，并向上级汇报，联系维修人员，正确应对，绝不围观。

（20）有事必须与车间当班负责人请假。

（21）学生、学校和实习单位应该签订三方合同，明确三方的义务与责任。

2. 办公室安全建议

（1）熟知办公场所的应急逃生路线图，注意观察办公楼道、消防逃生通道是否通畅，如有隐患及时报告主管部门。

（2）熟悉办公场所内的消防设备，定期检查。

（3）熟悉办公场所内的配电设备位置与操作方式。

（4）熟悉办公场所内的燃气、用水管路，定期检查。

（5）办公室电路电线合理固定，切忌缠绕，尽量远离过道，切勿乱拉电线、超负荷使用插座，不要自行修理电器设备。

（6）合理使用电器设备，如饮水机、电水壶、电暖气、微波炉等。

（7）书籍、纸张、花卉等易燃物品不要放在电器设备上；水杯等易造成电器、电源短路的物品要妥善保管。

（8）离开办公室一定要关灯断电，如有燃气管路也要确保关闭。

（9）注意观察办公室饮水机，发现饮用水变色、变浑、变味要立即停止饮用。

（10）使用和处理尖锐物品（如剪刀、美工刀、图钉等）时应谨慎，做到摆放有序。

（11）使用裁纸机、碎纸机时要集中注意力，小心领带、长发等被卷入。

（12）正确使用办公室的复印机等设备，防止强光损伤眼睛。

（13）不在过道随意摆放杂物，打开的抽屉应及时关闭，防止被绊倒或碰伤。

（14）学生、学校和实习单位应该签订三方合同，明确三方的义务与责任，如图2-9所示。

图2-9　签订劳动合同

小贴士

实习安全口诀

实习安全大如天，职业风险随处见；
防护设施要备全，规章制度记心间；
小心操作生产线，集中精力莫偷闲。

（三）应对措施

发生危险时，沉着冷静，根据安全操作流程第一时间正确地切断危险源，之后快速撤离危险发生地点。在保证自身安全的情况下进行自救与他救，不能袖手旁观，也不能将自己的人身安全置于危险中。如事故比较严重，要迅速拨打 110、119 及 120 寻求救助。如果发生伤害，根据三方协议，用法律武器维护自己的权益，将损失降到最低。

思考题

1. 当你正在车间内实习时，其他车间师傅叫你离开工作岗位，你应当怎么做？

2. 当车间发生有毒气体泄漏的紧急情况时，作为实习生的你应当做出什么反应？请分条详细说明。

3. 在实习过程中，发现师傅未按正常流程操作，实习单位也未按照三方合同条款履行责任时，应该如何维护自己的权益？

2.5 粉尘类安全

粉尘是较长时间悬浮在空气中的固体微粒，国际标准化组织将粒径小于 75 微米的固体悬浮物称为粉尘。日常生产过程中，大多数行业都会产生粉尘，只不过称呼不一样。例如，采矿场、水泥厂、金属加工厂、汽车修理厂、粮食加工厂、服装厂、日用品加工厂等产生的灰尘、尘埃、烟尘、矿尘、沙尘、粉末等都属于粉尘。身处粉尘密度较大的工作环境中而不加以防护，将会产生很大的危害。人体吸入的粉尘，极易深入肺部，引起中毒性肺炎，甚至引发难以治愈的疾病，如矽肺、硅肺等。有些粉尘可以与助燃气体发生氧化反应，此类粉尘极易燃烧，并且在一定条件下具有爆炸的危害。据统计，2009—2013 年我国共发生粉尘爆炸事故 37 起，共造成 82 人死亡，177 人重伤。随着工业的发展，爆炸粉尘的种类越来越多，粉尘爆炸事故屡见不鲜。学生们应充分了解有关粉尘的危害和防护方法，避免在实习中遭受粉尘的侵害。

（一）案例警示

案例回放

陕西省旬阳县红军乡丰积村的陈胜进是 2002 年到河南灵宝金矿从事打钻工作的。

他无论如何也想不到，打钻中弥漫出的粉尘会使自己的肺发生病变，仅仅3年就发展成尘肺病晚期。陕西省旬阳县红军乡是典型的秦巴山地，地少，又没有其他产业，全乡外出打工的人超过3000人，平均每户1人。打工的地方主要是山西的煤矿、河南灵宝的金矿。他们的工作就是用矿压机在石头上打1.5米到2.4米深的眼。每次打完眼，对面都看不见人，浑身上下雪白雪白的，鼻子、耳朵都堵实了。打钻是强体力活，鼻子堵实了，只好张大嘴呼吸，不知道吸进了多少石头灰。作为外出打工的青壮劳力，几乎每一个尘肺病死者身后都有3~5人必须依靠他活着。

案例解析

尘肺病是由于劳动者在职业活动中吸入生产性粉尘而引起的以肺组织弥漫性纤维化为主的全身性疾病。由于煤矿、金矿开采过程中的凿岩、打眼、爆破等工序和矿石在生产过程中的粉碎、选矿、筛分等工序都会导致矿工所处工作环境充满了较高浓度的粉尘，在这种环境中长期工作，并且在缺少保护措施的情况下，很容易导致工人患上尘肺病，严重影响人体健康。在实际作业中，应避免长时间在粉尘浓度高的环境中工作，并且要做好防范保护措施。例如，佩戴防尘口罩、隔绝式压风呼吸器等。

案例回放

根据中新网报道，2014年8月2日7时许，江苏省昆山市开发区某金属加工公司车间发生爆炸，事后调查发现为金属粉尘爆炸。当天上午7时，事故车间员工上班，7时10分，除尘风机开启，员工开始作业。7时34分，1号除尘器发生爆炸。爆炸冲击波沿除尘管道向车间传播，引起除尘系统内和车间集聚的铝粉尘发生系列爆炸。当场造成47人死亡，当天经送医院抢救无效死亡28人，185人受伤，事故车间内的生产设备被损毁。

案例解析

这是一起典型的由于一系列违规操作行为引发的粉尘爆炸，违规行为使整个环境具备了粉尘爆炸的五要素：①可燃性粉尘。事故车间抛光轮毂生产过程中产生了铝粉，事故车间、除尘系统未按规定清理，铝粉尘沉积。②粉尘云。除尘系统风机启动后，过多工位产生的抛光粉尘通过一条管道进入除尘器内，在除尘器灰斗和集尘桶上部空间形成爆炸性粉尘云。③集尘桶内超细的抛光铝粉，吸湿受潮，与水及铁锈发生放热反应，除尘风机开启后，在集尘桶上方形成一定的负压，加速了桶内铝粉的放热反应，温度升高达到粉尘云引燃温度。④引火源。在除尘器风机作用下，大量新鲜空气进入除尘器内，支持了爆炸发生。⑤助燃物和空间受限。除尘器本体为倒锥体钢壳结构，内部是有限空间，容积约8立方米。以上种种因素综合导致了爆炸的发生，究其根本是安全生产管理混乱，防护措施没有落实到位造成的。

（二）安全建议

（1）提高自身的安全意识，严格按照安全、标准流程进行操作、生产。

（2）加强自我保护意识，按照相关标准佩戴口罩、手套、工作服等防护用品。

（3）加强自我约束，不做违规操作，不在粉尘作业场所中使用明火、抽烟等，发现他人的违规操作要及时劝阻并纠正，为自己和他人的人身安全负责。

（4）在粉尘场所避免进行金属的敲击、抛光等可能产生明火的行为；穿戴符合标准的服装、手套，以防产生静电，如图 2-10 所示。

图2-10　粉尘车间禁止抛光作业

（5）严格遵守劳动防护用品的采购、验收、保管、发放、使用、报废制度。

（6）粉尘车间确保通风、防爆、隔爆及泄爆等级设施完好、适用。

（7）注意工作场所，尤其是存在易爆粉尘的场所，是否安装了防雷设备、防爆防尘设备、电气防过载设备、皮带传动相应安全防护装置。如果没有，要及时向主管部门汇报。

（8）定期做身体健康检查，如有身体不适要尽早就医。

（9）熟悉发生粉尘类安全事故时的应急预案，遇到事故，严格按照预案流程操作，及时切断事故源头，如实上报，保证自身的生命安全。

小贴士

粉尘防护四字真言

“检、察、护、规”。

检——定期做职业健康身体检查。

察——注意观察身边安全隐患。

护——穿戴好个人防护用具。

规——规范进行各项操作。

（三）应对措施

粉尘伤害主要以粉尘泄漏和粉尘爆炸为主。当粉尘发生爆炸时，燃烧快，释放能量大，往往猝不及防，所以应对粉尘伤害特别是粉尘爆炸伤害主要以预防为主。如果遇到突发的粉尘泄漏事件或发现粉尘火灾爆炸的征兆时，应冷静应对。

当遇到粉尘泄漏时，要立即停止相关操作，切断一切电源，杜绝一切明火；及时通风，降低粉尘浓度；迅速撤离，及时上报，确保自身和他人的生命安全；如果没有防护措施，一定要用衣物遮住口鼻，尽量减少粉尘吸入。迅速报警，寻求专业人员的帮助。

当遇到粉尘火灾爆炸征兆时，也要立即停止相关操作，切断电源和明火，防止火势蔓延；撤离发生事故的区域，尽量隔离相关区域，迅速上报；在不确定燃烧物成分之前，不要贸然自行灭火，以防加大火势或引起二次爆炸；撤离事故区域后迅速报警，寻求专业人员的帮助。

思考题

1. 在正式开始直接与粉尘接触的工作之前，需要做什么准备？
2. 当你发现粉尘爆炸的征兆时需要做什么？
3. 长期在粉尘浓度较大的环境工作容易引发哪些病症？尘肺病的症状有哪些？应该如何防治尘肺病？

2.6 化学因素类安全

化学工业是我国的支柱产业之一，随着社会不断发展，化学品生产企业越来越多，危险化学品种类也明显增加。化学因素是主要职业危害因素之一，也是影响劳动者健康最突出、最复杂、后果最严重的职业危害因素。危险化学品具有易燃、易爆、有毒害等特性，一旦发生安全事故，所造成的破坏性大、污染范围广、治理也相对困难。2015 年，由国家卫计委、安监总局等多部门联合下发的《职业病危害因素分类目录》中，仅化学因素就列举了 370 多种。据不完全统计，1991—2006 年，全国累计发生中毒 38 412 例，其中急性中毒 21 482 例，慢性中毒 16 930 例。除化学生产之外，学生在实验室中也经常能够接触到危险化学品，其中有的是原材料，有的是半成品，也有的是最终产品。总之，无论危险化学品属于哪一类，对人身的危害都是非常严重的。学生在工作、实习或者实验的过程中，都要严格遵守操作流程，避免危险化学品造成的伤害。

（一）案例警示

案例回放

2015 年 12 月 18 日，在南京光华路某楼盘的地下室里，有四名工人在刷防水涂料时中毒，马上被送到医院就诊。刚入院时，只见四名患者全身有黑色沥青样油污，可闻到浓烈的油漆味，均有不同程度的意识障碍、头晕头痛、恶心呕吐、心慌等症状。两小时后，几名患者逐渐恢复意识，各项生命体征平稳，经过几天的观察治疗，患者才顺利出院。

案例解析

家庭及工业装修的防水涂料，其主要成分是沥青和聚氨酯，一般要用甲苯、二甲苯等有机溶剂稀释。苯系物是一类无色、透明、具有特殊芳香气味的液体，易挥发。在使用中，短时间吸入大量高浓度蒸气可引起急性中毒，长期接触低浓度蒸气可引起慢性中毒。随着新型化学物和新型药物的不断涌现，有毒物质的种类也在不断增加，无论是在制造、运输或是使用时，都要注意自身防护。

案例回放

1984 年 12 月 3 日，印度中央邦首府博帕尔联合碳化物公司农药厂发生异氰酸甲酯泄漏，造成 2500 人中毒死亡，约 200 000 人深受其害，导致世界工业史上绝无仅有的大惨案。

案例解析

本次惨案调查结果认为，该公司在预防有毒气体泄漏的措施上存在严重问题，包括缺乏预防事故的计划，对应付紧急事态毫无训练，未向居民发出警报等。所以定期检查、维护设备，良好的管理和预警机制是预防事故发生的重要因素之一，另外还要加强对从业者的培训，一方面增强他们的防范意识，另一方面必须不断提高技术水平和能力。

（二）安全建议

（1）加强安全教育和安全培训，增强自身安全意识，清楚认识工作类型和可能造成的危害，提前做好防护，如图 2-11 所示。

（2）熟悉工作、实验流程，清楚操作规程，杜绝违规操作。

（3）做好基本技能的培训，熟悉实验室、工厂各类仪器、化学品的使用方式。

（4）加强对危险化学品的管理，妥善存放，小心使用。

（5）定期对危险化学品进行抽样检查，对存放化学品的容器进行检验。

图2-11 做好防护

（6）确认所在公司或工厂拥有相应受限空间作业许可证后，再决定是否上岗。

（7）在密闭空间进行作业、实验时，首先做好通风换气，并对密闭空间内部进行氧气、危险物、有害物浓度监测，应由专人对这一步进行监督。

（8）避免独自进行作业，应有相关监护人员陪同、协助、监督。

（9）学习急救常识，在发生危险时有一定的自救、他救能力。

（10）按规定佩戴防护用品，及时检查防护用品的有效性。

（11）确认工作场所是否设置自动报警装置，如硫化氢自动报警装置。

（12）定期体检，如有身体不适，尽早就医。

（13）从事重度危害作业的工作人员，应逐步实行轮换、短期脱离、缩短工时、进行预防性治疗等措施。患职业禁忌症和过敏症者，发现后应及时离开工作岗位。

化学因素安全防护口诀

化学品，有危险，遗弃物品不要捡；
预防烟火燃毒气，运输泄漏别围观。
人生命，重于山，防灾避险于未然；
报警说明出事点，紧急疏散保平安！

（三）应对措施

当化学品发生泄漏，第一时间疏散无关人员，尽量隔离泄漏污染区；在保证自身安全的情况下，迅速报警，请专业人员处理，并且上报；尽可能多地提供泄漏化学品的特性，以便能够正确处理；避免独自处理化学品泄漏，遮好口鼻，防止中毒，保护好眼睛、皮肤以免受化学品的腐蚀。

易燃品泄漏，要立即切断泄漏区域的一切电源，消除明火，谨慎使用灭火器，尽量等专业人员处理。

气体泄漏时，要尽快通风使其扩散，或者喷雾状水使之液化后处理。

液体泄漏时，少量液体可用沙土或者其他不可燃吸附剂进行吸附后再处理；如遇大量液体泄漏，要先引流，将化学品引导到安全地点，再覆盖，减少蒸发，最后进行转移。

固体物质泄漏，要用适当的工具收集泄漏物，并用水冲洗被污染的地面。

思考题

1. 工作时发现自己身体有异常，如头晕目眩时，应该怎么做?

2. 当发生工作区域严重的化学品意外泄漏事故时，作为正在休息区休息的你首先应当做什么?

3. 同学 A 为了准备期末作业，最近经常在实验室过夜，他说："我要做实验到很晚，反正那也没人管，在实验室我还能多睡一会儿。" 你如何看待这件事？

2.7 物理因素类安全

物理因素危害包括设备设施缺陷、防护缺陷、电危害、噪声危害、振动危害、电磁辐射危害、运动物危害、明火、高温危害、低温危害等。物理因素危害在生产中不可避免，所以如何降低发生危害的概率，减少物理因素危害带来的损失是本节要讨论的问题。

与学生学习、生活、实习关系较为密切的物理因素危害主要有以下几种。

（1）噪声危害：分为机械性噪声、电磁性噪声危害等，对人的听力、神经等系统产生多方面的影响，轻者造成耳鸣耳背，严重者会造成神经衰弱，极大地危害劳动者的健康。

（2）振动危害：分为机械性振动、电磁性振动危害等。当劳动者使用某些工具时，比如电钻、电锯、气锤、风镐等，身体与工具接触，造成局部振动。而长期的局部振动对神经、肌肉、骨骼甚至免疫系统都会产生影响，造成"振动病"。

（3）高温危害：是指能够造成灼伤的高温气体、固体、液体或其他物质产生的危害。

（4）低温危害：是指能够造成冻伤的低温气体、固体、液体或其他物质产生的危害。

除高温、低温危害之外，作业环境不良也是重要的物理因素危害之一，包括容易造成高温中暑或低温症的工作环境；气压过高或过低，容易对听觉、视觉和心血管系统产生不良影响的工作环境，如高空作业、潜水作业等。

（5）电磁辐射危害：包括电离辐射、非电离辐射、紫外线、激光及微波危害等，涉及的行业主要有焊接、冶炼、半导体材料加工、塑料制品热合、雷达导航、探测、电视、核物理研究、食品加工、医学理疗等。强度较大的辐射可能导致头昏、乏力、记忆力减退、月经紊乱等症状。

（一）案例警示

案例回放

2013 年 8 月 31 日上午 10 时 50 分左右，位于上海市丰翔路 1258 号的上海翁牌冷藏实业有限公司发生液氨泄漏事故。事故造成 15 人死亡、5 人重伤、20 人轻伤。

案例解析

进行低温设备操作时，作业人员应穿戴好防护用品、防护服、防护眼罩，配备安全靴及手部防护用品等，而且在进入工作场所工作时应保障防护用品干燥，不要使肢体和皮肤裸露，防止液体飞溅落到皮肤上。进行低温设备检修作业时，要先将设备加热至常温，对未加热的设备进行检修作业时，作业人员应采取必要的防冻措施，防止发生冻伤事故。低温容器设备或管道要有良好的保温防护措施，不得裸露。加强工艺操作，避免因误操作导致设备损坏和管道阀门中液氧、液氮泄漏。控制室操作人员要加强对压力、流量等参数的监控，以便及时发现泄漏情况并有效控制。

案例回放

广东省东莞市欣鼎五金塑胶制品有限公司欣鼎二厂打磨班 33 名工人查出职业病——职业性手臂振动病，其中第一批 6 名工人被送到广东省职业病防治院接受一周的医学观察和治疗。来自贵州的陈昌忠在这个工厂做了 4 年的打磨工，他告诉记者，赶工时，每天从早上 8 时到晚上 10 时，除了吃饭，工人们都只能在车间里拿着打磨机工作。直到被检查出“职业性手臂振动病”，工人们才了解到它的存在。

案例解析

从工人叙述中可知，工人们在上岗前没有接受相应培训，不了解打磨工作对自己身体可能造成的危害，因此没有采取相应的防护措施。此外，连续高强度的工作使工人们无法得到充分休息，身体损伤没能得到缓解及修复，导致其最终罹患职业性手臂振动病。为减少职业危害，对所从事的岗位有详细了解和培训是十分必要的。另外，要尽量配齐防护用具，如减振手套等，最重要的还是要注意调整工作强度，及时休息，定期体检，如图 2-12 所示。

图2-12 振动危害

（二）安全建议

（1）加强自我保护意识，根据工作性质和工作环境，有针对性地采取防护措施。

（2）针对噪声、振动危害，要采取保护措施，正确佩戴耳塞耳罩，佩戴合适的手套等护具，改进工具，从而减少噪声、振动危害。

（3）针对低温、高温危害，在接触相关物质时，做好保护措施，防止冻伤、灼伤，发生冻伤、灼伤时及时采取措施并尽早就医。

（4）针对不良环境危害，要根据具体情况对自身进行保护。在高温环境中注意降温、补水、补盐，低温环境中注意保暖、补充能量。

（5）高空、高原和高山均属于低气压环境，要预防高原病的发生。对进入高原地区的人员，应进行全面体格检查，凡有心、肝、肺、肾等疾病，高血压、严重贫血者，均不宜进入高原地区。

（6）紫外线、光线、微波及无线电波等非电离辐射危害，最重要的是对电磁场辐射源进行屏蔽，其次是加大操作距离。

（7）充分了解自己的身体状况，根据自己的身体状况选择适合的工作。对于长期从事某一项工作的劳动者，要定期检查身体，合理安排休息，适当调换工作岗位。

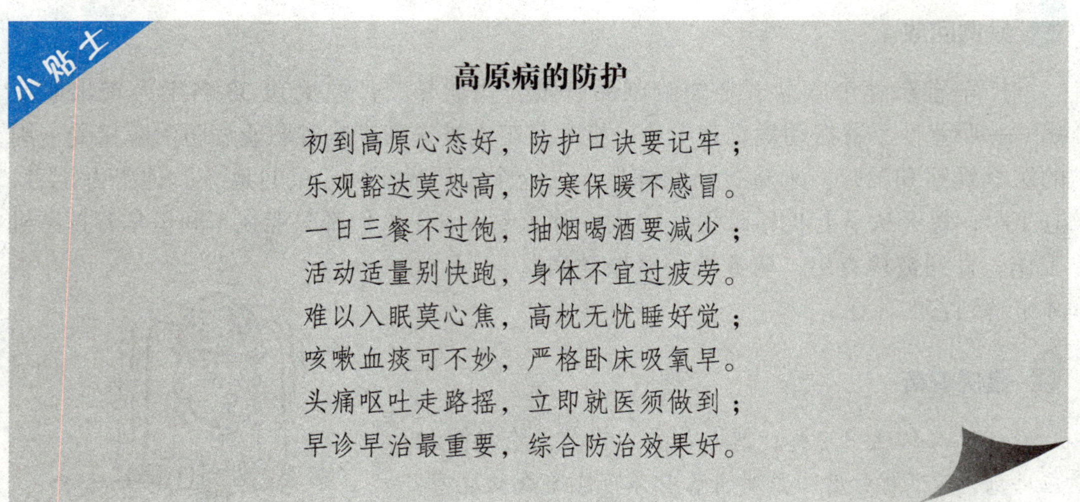
小贴士

高原病的防护

初到高原心态好，防护口诀要记牢；
乐观豁达莫恐高，防寒保暖不感冒。
一日三餐不过饱，抽烟喝酒要减少；
活动适量别快跑，身体不宜过疲劳。
难以入眠莫心焦，高枕无忧睡好觉；
咳嗽血痰可不妙，严格卧床吸氧早。
头痛呕吐走路摇，立即就医须做到；
早诊早治最重要，综合防治效果好。

（三）应对措施

当发生物理因素危害时，根据具体的危害因素，采取相应的急救措施，然后第一时间前往医院就医。例如，遇到高温灼伤，要迅速给灼伤处降温。遇到低温冻伤要迅速摆脱低温物体，进行保温，逐渐复温，切不可急速升温。遇到高原反应时要第一时间卧床吸氧，尽快脱离高原区域。遇到紫外线或激光等危害，造成眼睛伤害时，要及时闭目、遮盖眼罩，减少光线刺激，及时就医。

思考题

1. 什么是生产性振动？局部振动对人体有什么不良影响？
2. 哪些行业可能接触到激光？如何防护激光对人体的伤害？
3. 振动病是如何产生的？症状有哪些？应该如何防治？

2.8 放射类因素安全

放射性是指元素从不稳定的原子核自发地放出射线而衰变形成稳定的元素而停止放射的现象。放射技术应用广泛，涵盖工业、农业、医疗卫生、科学研究、军事等各个领域。当环境中的放射性物质的放射水平高于自然水平，或超过规定的卫生标准，就成为放射性污染。石油和天然气开采业的钻井和测井、日用化学品制造业的感光材料检验、塑料制品业的塑料薄膜测厚、食品加工业的辐射灭菌和辐射保鲜、医药工业的放射性药物生产、辐射医学的X射线透视检查和介入治疗等，都属于放射技术。如图2-13所示。如果操作不合理，防护措施不到位，便容易产生放射性危害，造成放射病。放射病分为急性放射病和慢性放射病。前者可能导致造血障碍、发育停滞、皮肤溃疡、暂时或永久性不育。而后者则会引起神经衰弱、白内障、造血系统或脏器功能改变。

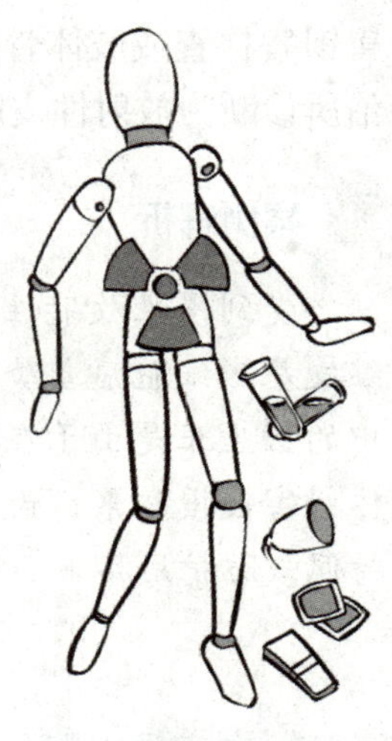

图2-13 放射技术

（一）案例警示

案例回放

2002年，经有关部门批准，一家主要从事锅炉压力容器无损检测工作的公司取得了放射工作资质。2004年5月25日，该公司职工准备取探伤机外出作业时，发现少了1台储源器，随即，该公司向公安机关报案。5月27日将被盗放射源追回并抓获嫌疑人。经有关部门检测，确定未造成污染。由于管理不善，该公司负责人被处治安拘留15天，两名犯罪嫌疑人被判有期徒刑6年和3年。

案例解析

这是一起情节严重的辐射源失盗事故。容易造成丢失的原因有：单位设备老化、经营不善、追求低成本、领导不重视、管理不完善、检测系统落后及违规操作等。所以从管理上，对放射源应该更加科学地管理，并且要优先、重点监管。进行实时检测，定期检查设备是否完好，加强管理人员的培训，制定突发事故的应急预案，以免造成严重后果。

案例回放

2005 年，一位从事医院放射工作近 30 年的医生，发现自己的双手出现皮肤干燥、色素沉着、粗糙、指甲灰暗、皮肤皲裂或萎缩变薄、毛细血管扩张、指甲增厚变形、角质突起、指端角化融合、肌腱挛缩、关节变形及功能障碍等症状。经了解，他在做胃钡餐检查或肢体骨折 X 线复位时，经常不戴防护手套。经湖南省劳动卫生职业病防治所诊断为放射性皮肤病。

案例解析

受到慢性放射性损伤，皮肤可发生扁平或疣状角质增生，或形成顽固性溃疡，可继发基底细胞癌或鳞癌。慢性放射性损伤多是超剂量照射或忽视个体防护所致。案例中的医生正是由于在工作中为病人做伴有放射性的检查时，没有戴防护手套，导致身体损害慢慢积累，最终患上放射性皮肤病。由此可见，从事放射工作的人员，必须坚持佩戴防护用品。

（二）安全建议

（1）从事放射性工作人员提高自我保护，要严格遵守相关操作流程，切不可掉以轻心、违规操作。

（2）定期进行培训，不断学习辐射防护知识，熟练掌握防护措施。

（3）定期检查放射设备和防护设备，定期维护。

（4）合理进行放射工作，尽量减少辐射源的用量。

（5）合理控制时间，尽量减少人员受照射的时间，比如几人轮流操作、熟练操作技术、减少不必要的停留时间。

（6）保持安全的操作距离。在保证效果的前提下，尽量远离辐射源，操作过程中切忌直接触摸放射源。

（7）对从事放射工作的人员要定期体检，确保人身安全。

（8）放射性工作场所要有明显的警示标志。工作人员在进入工作区时应随身携带便携式放射性检测仪，以便能够随时预警。

（9）对受到放射污染的物品单独处理，防止间接污染。

（10）使用放射设备后正确清洗，手和皮肤的清洗可用肥皂、洗涤剂、高锰酸钾、柠檬酸等，不宜用有机溶剂。工作服若污染严重，要用草酸和磷酸钠的混合液洗涤，不宜用手洗。

（11）对放射性物质妥善处理和保管，定期检查容器是否完好。

（12）熟悉处理应急事故的预案，在发生紧急事故时有章可循。

> 小贴士
>
> **放射性工作安全口诀**
>
> 放射工作有危险，遵守制度严把关；
> 途中查看听警报，安全押运防失盗；
> 剂量牌子不忘戴，剂量监测显关爱；
> 铅衣眼镜铅手套，护具穿戴防伤害；
> 持具装卸守规范，做好防控守安全。

（三）应对措施

遇到放射性物质泄漏或受到过量照射时，尽快脱离相关区域，将污染区域隔离，受辐射人员尽快就医，无关人员迅速疏散撤离，及时上报，寻求专业人员处理。

如遇到放射性物质、设备被盗，要迅速报警，保护现场，积极配合侦查，以便迅速找回相关放射源，防止事态进一步恶化。

思考题

1. 哪些行业有可能接触到放射性物质？
2. 放射防护的常规方法有哪些？
3. 当你发现自己所在工厂的一罐放射性物质丢失，你会怎么做？

2.9 生物类因素安全

职业性的生物类危险因素是指可能危害劳动者健康的致病微生物、寄生虫、昆虫和其他动植物及其所产生的生物活性物质的统称。具体包括治病微生物、传染病媒介物、致害动物、致害植物等。目前我国法定的职业性生物类有害因素包括布鲁氏菌、伯氏疏螺旋体、森林脑炎病毒、炭疽芽孢杆菌等。一般存在于生产原料和生产环境中。畜牧业、养殖业、食品加工业、生物医药业等都属于极易接触到生物类危险因素的行业。据国家卫计委通报，2010 年全国有报告的生物因素所致职业病 201 例，2014 年上升到 427 例。在从事生物类因素有关职业时，要详细了解相关的

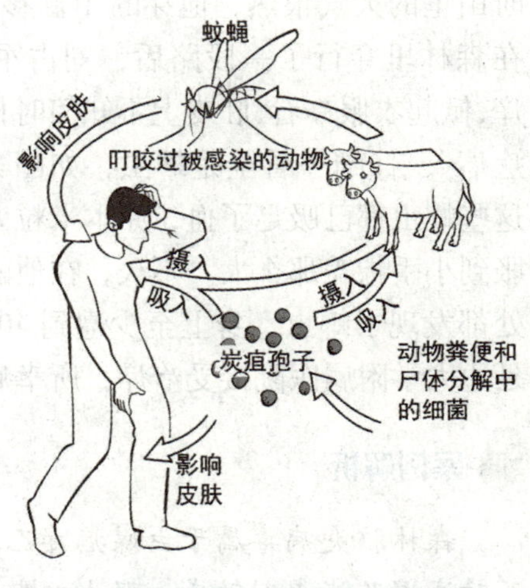

图2-14 生物类有害因素

专业知识，预防可能的危害。生物类危险因素往往具有传染性，如果在早期不加以控制，往往会造成严重后果，如图 2-14 所示。

（一）案例警示

案例回放

2011 年 8 月，辽宁省海城市发生皮肤炭疽疫情突发公共卫生事件，其中确诊病例 2 例，临床病例 27 例。29 例患者均有典型的炭疽样皮肤改变，暴露部位的皮肤初期出现红斑、丘疹、水疱，周围组织肿胀及浸润。29 例患者均与病牛有过接触，其中屠宰病畜人员 14 人，贩运 4 人，牛肉食品加工 2 人，牲畜装卸 3 人，饲养 3 人，毛皮加工 1 人，食用 2 人。疫情发生后，相关部门进行了紧急处理，受感染的人进行隔离救治，在对病牛处理方面，采取了高温焚烧的措施，将牛群焚烧后填土掩埋。

案例解析

本案例中，疫情在人群间传播前，已有不明原因病死牲畜出现，而患者在发病前有过私自宰杀可疑病牛的情况，即患者在发病前 14 天内有过明确的牲畜接触史。正是各个环节中对相关人员、牲畜的不严格检查导致了此次疫情的扩大。相关人员不遵守操作规定，未按照相关要求穿戴防护装备即进行病畜屠宰，导致感染。在对病畜的处理上，经过高温焚烧，可避免二次感染，能够有效降低疫情复发的可能性，是处理病畜的正确方法。

案例回放

2010 年 8 月，刘占军和几个朋友上山。由于当时山里的天气很热，他穿的 T 恤衫没有掖到裤子里。在森林里穿行了一段路后，刘占军忽然感到肚皮发痒，掀起衣服一看，肚皮上不知何时长出了十几个“小疙瘩”，仔细一看全是蜱虫，如图 2-15 所示。而且，这些蜱虫都已吸足了血，原本米粒大小的身体已经膨胀到小手指盖那么大。不久，在他的胳膊、腰部等多处都发现了蜱虫，身上至少遭到 40 多只蜱虫叮咬。9 月 2 日，他患上森林脑炎，住进延边大学附属医院接受治疗，所幸病情较轻，没有生命危险。

图2-15　蜱虫

案例解析

森林脑炎病毒属于虫媒病毒乙群，为 RNA 病毒，可在多种细胞中增殖，耐低温，而对高温及消毒剂敏感，野生啮齿类动物及鸟类是主要传染源，林区的幼畜及幼兽也可成为传染源，传播途径主要是蜱虫叮咬。人群普遍易感，但多数为隐性感染，仅约1%出现症状，病后免疫力持久。林区采伐工人患病比较多。森林脑炎治疗以对症处理为主，高热、抽筋、昏迷、呼吸衰竭等症状处理与乙型脑炎相同，重危病人可使用恢复期病人或已患过本病的病人的血清。后遗症以瘫痪为主，应采用针灸、推拿、体疗等综合治疗。

（二）安全建议

（1）熟悉了解工作环境与工作性质，按要求接种疫苗，严格遵守工作守则。

（2）定期检查身体，感觉身体不适应尽早就医，早发现早治疗。

（3）不带病工作，不带伤工作，防止细菌、病毒的传播扩散。

（4）做好防护工作，避免直接接触动植物，避免被动植物抓伤、咬伤、刺伤。避免蚊虫叮咬。

（5）工作衣物及时更换，且要经常用80℃以上的水浸泡20分钟，再用肥皂或洗衣粉洗涤。

（6）及时清理工作环境，按时消毒。

（7）定期检查动植物的健康状况，及时处理、隔离带病动植物。

（8）做好应急预案，出现生物因素危害时能够及时控制。

小贴士

生物类工作安全口诀

预防为主　防治结合　封闭管理　环境清洁
严格消毒　疫情监控　疫苗接种　档案完备

（三）应对措施

当出现病毒感染时，第一时间上报相关防疫部门，确认疫情。将疑似感染的牲畜隔离，如果有牲畜死亡，切不可碰触尸体及周边积水、杂草等，更不能让其他牲畜靠近。确定疫情后，由专业人员处理受感染的牲畜及尸体，及时对其他牲畜进行检疫、隔离，连续3~7天对疫情发生区域进行消毒，一个月后未发现新疫情方为安全。

当在户外被蚊虫叮咬时，要冷静观察，确认蚊虫种类，例如被蜱虫叮咬后，不可生拉硬拽，最好用油类或乙醚滴于蜱虫身体致其死亡，再轻轻摇动，缓缓拔出，如果刺已经断入皮肤，可用消毒针仔细挑出，再用碘酊或酒精消毒，并及时就医。

思考题

1. 炭疽病是怎样传染的？要怎样防范？感染初期有哪些症状？
2. 从事与动物直接或间接接触的职业，要遵守哪些行业规范？
3. 在户外作业时，如果被蛇咬伤应该怎么办？

2.10 常见职业劳损防治

职业性劳损是指劳动者因为工作的需要，不断重复某一固定动作，同时因为用力不当或姿势不正确，而造成的肌肉、肌腱或筋骨的磨损。大多数的职业劳损是日积月累造成的，也有一小部分劳动者是因为意外而引起的肌肉肌腱发炎。如经常操作计算机的人容易造成“键盘肘”“鼠标手”，医院手术、护理人员容易造成的腰背肌劳损，长期伏案工作的人容易患颈椎病等。职业性劳损相对于职业病而言，并没有严重危害到人身安全，但职业性劳损会使人产生经常性的局部疼痛，它的持续时间长，容易被忽略并且不易痊愈，在一定程度上影响生活与工作质量。所以应以预防为主，正确认识，从参加工作之初就要注意工作的强度与技巧，注意身体姿势，合理安排休息，避免形成职业劳损。

（一）案例警示

案例回放

陈先生，25 岁，家住成都市双流区，外贸公司职员。因工作需要长期久坐，加之为了业绩，经常熬夜加班，一年来感觉腰部酸痛，劳累时加重，休息后腰部酸痛症状稍缓解，一直没有太在意，也没去医院诊治。近三个月感觉腰部酸痛明显加重，偶有刺痛，不能坚持弯腰，常自行拳头击腰部以缓解疼痛，严重影响其工作及生活质量。

案例解析

腰部肌肉及其附着点筋膜或骨膜的慢性损伤性炎症是腰痛的常见原因之一，主要症状是腰或腰骶部胀痛、酸痛，反复发作，疼痛可随气候变化或劳累程度而变化，如日间劳累加重，休息后可减轻，时轻时重，为临床常见病，多发病，发病因素较多。其日积月累，可使肌纤维变性，甚至少量撕裂，形成瘢痕、纤维索条或粘连，遗留长期慢性腰背痛。陈先生因平常高强度工作中，经常熬夜加班，无法充分休息或从事体育运动，从而日积月累造成腰肌劳损。

案例回放

贾某，女，32岁，从事文秘工作。某天清晨，贾某从家开车去公司上班，刚过一座桥，突然不知怎么了，右手开始发麻、无力，连方向盘都无法握稳。幸好及时靠边，没有造成交通事故。当天，贾某被确诊为腕管综合征，也就是俗称的“鼠标手”。

案例解析

“鼠标手”是指腕部重复性压力伤害，病理上导致食指和中指疼痛、麻木与拇指肌肉无力感。有数据显示，在100人中就有5～10人不同程度患有腕管综合征，其中文案、教师等群体高发，很多玩计算机游戏的年轻人，长期重复一个手部运动，也容易导致患病。女性腕管综合征发病概率比男性高出约3倍。过度使用手指，尤其是重复性的活动，如长时间用鼠标或打字等，可造成“鼠标手”。因此在日常工作、生活中，要注意正确的工作姿势，而且不要过长时间使用计算机。

（二）安全建议

（1）长期伏案工作者，应该保持良好的坐姿，选择合适舒服的椅子和高度适当的桌子，避免长时间保持一个动作。

（2）长时间使用计算机的工作者，应选择舒适的键盘与鼠标，并且避免长时间看计算机屏幕，应该增加眨眼次数或者选择润眼液，缓解眼睛干涩。

（3）需要长时间站立的工作者，应该选择舒适有弹性的鞋袜，并且可以适当使用护膝等保护措施，保护下肢关节。连续站立1小时就要休息、走动、拉伸，帮助下肢血液循环。

（4）需要经常搬运货物的工作者，应该采用正确的搬运方法，通过立腰下蹲，用下肢发力搬运重物，避免腰肌损伤。

（5）需要长时间高强度劳动的工作者，要合理安排好工作与休息时间，避免一人连续不断地高强度劳动，造成负担过重。

（6）发现身体不适，要及时就医，千万不可耽误，谨遵医嘱，尽早治疗。

（7）个人在日常生活中要加强体育锻炼，保持良好的精神状态，让身体各个器官也保持良好运转，以便随时接受工作的挑战。

小贴士

职业性劳损易发人群

长时间操作计算机者，长时间站立工作者，长时间蹲姿或跪姿工作者。

（三）应对措施

当发生职业性劳损伤时，要确定是慢性劳损还是急性劳损。慢性职业性劳损属于日积月累造成的，要以预防为主，养成良好的工作与生活习惯，要坚持长期治疗，不能急于求成，应谨遵医嘱。发生急性职业性劳损时，要迅速停止工作，诊断伤势，尽快就医，在医生的医嘱指导下，以休息恢复为主，避免造成二次损伤。痊愈后应积极参加锻炼，针对不同的职业性劳损进行康复训练。

思考题

1. 若你是一个从事办公室文书工作的职员，需要经常坐在办公桌前使用计算机或伏案写字，你应当怎样预防职业性劳损？请分条说明做法及用意。

2. 若你从事的是一份需要长时间站立的职业，应如何避免下肢静脉曲张？

3. 如果你需要长期从事搬运工作，有哪些容易发生的职业性劳损？如何避免？

单元3

生活与卫生安全

家庭是我们每个人最基本也是最重要的活动场所，对于大学生来说，平时除了在学校学习之外，在家里的活动时间也相对较多，所以家庭安全显得尤为重要。通常情况下，人们认为日常生活中最安全的场所就是在自己家里，但据调查显示，在城市家庭中，生活压力较大，活动空间相对窄小，反而更容易发生意外伤害事故。其中主要包括家庭暴力、烧伤、用水用电、燃气泄漏、家庭火灾等。同时发生事故的绝大部分家庭都缺乏安全意识，其根本原因是由于他们的整体安全意识差，缺乏获取安全信息的渠道，自我预防和救治的能力相对较差，发生安全事故后不能及时有效地采取应急措施。因此，所有家庭成员应提高防范意识，才能及时避免安全事故的发生，通过各种渠道掌握必要的安全知识和急救办法，减少和避免家庭伤害事故的发生。

我国的美食丰富多彩并且享誉世界，我们的美食文化也源远流长，“国以民为本，民以食为天，食以安为先”道出了饮食与卫生安全的重要性。然而食品安全问题却始终得不到根本性的解决，经常发生危害大家健康的食品安全事件，例如“劣质奶粉”“毒大米”“瘦肉精”等，使我们在面对美食的时候总要三思而行。美食给我们带来了无限享受与乐趣，但我们也要记得“病从口入”的危害。很多疾病都与不科学、不合理的饮食习惯有关，尤其是容易引起过敏和中毒的食物，一旦误食，后果将不堪设想。大学生人群对于饮食安全与卫生更不能掉以轻心，要了解一些食品安全科学知识，建立食品安全方面独立、科学的判断能力，还要做到不食用对人体健康造成急性、亚急性或者慢性危害的食品。

3.1 家庭暴力

《中华人民共和国反家庭暴力法》于 2016 年 3 月 1 日起正式实施，这是中国出台的首部反家暴法。正式实施的新法明确了家暴范围，即家庭成员或家庭成员以外共同生活的人之间以殴打、捆绑、残害、限制人身自由以及经常性谩骂、恐吓等方式实施的身体、精神等侵害行为。近年来，我国的家庭暴力问题日渐突出，中国法学会“反对针对妇女的家庭暴力对策研究与干预”项目调查中，有 2/3 以上的家庭发生过对子女的家庭暴力行为。而在此过程中子女通常处于弱势地位，承受着家庭暴力带来的影响和摧残。大学生正处于步入成年初期的敏感阶段，价值观和人生观初步形成，应该了解和掌握一些应对家庭暴力的知识和方法。

（一）案例警示

案例回放

2012 年 5 月 6 日，广州 23 岁的在校学生阿强（化名）举起菜刀，连砍 20 多刀，将自己的亲生父亲活活砍死。阿强在白云区家中因琐事与其父亲发生争执，其间，阿强先动手打了父亲两拳，父亲随即威胁要砍死阿强，并冲进厨房准备拿菜刀。阿强见状手持剪刀冲入厨房，先于父亲拿到菜刀，持剪刀、菜刀捅刺、砍击父亲的头部等处，并追至门外继续砍打。之后，阿强打电话向公安机关投案自首。后经证实其父当场死亡。广州市中级人民法院对该案做出一审判决，以故意杀人罪判处被告人阿强死刑，缓期两年执行。

案例解析

近年来大学生中家庭暴力事件频繁发生，是家庭“威权文化”和家庭缺乏良好沟通教育种下的恶果。因父母感情不和谐，导致父亲对家庭丧失责任感和关爱甚至将家庭当作负面情绪的宣泄场所，一旦孩子做错，不是谩骂就是拳打脚踢。家庭暴力不仅对孩子的身体造成了伤害，同时也严重影响孩子的身心健康，容易引发焦虑、抑郁、暴力、自杀、人际关系障碍和品行障碍等问题。所以父母在家庭生活中要为子女营造一个良好的氛围，同时加强家庭教育的意识和观念，如图 3-1 所示。

图3-1 家庭暴力

案例回放

2014 年 7 月 20 日上午，在长沙市南国嘉苑小区，21 岁的小亮（化名）右臂上有两排深深的牙印，伤口已经发紫，而在小亮的脖子上还有几道明显的抓痕。说起身上的这些伤，他称是父亲所为。这已经不是小亮第一次挨打，他还清晰地记得，上次挨打就在上个月底，手腕上还有一道清晰的瘢痕。小亮说，挨打后，他也会还手，但打他的毕竟是自己的父亲，他下不了狠手。看着儿子身上的伤，小亮的妈妈很心疼，为此她曾多次报警。

案例解析

如果父母教育子女的观念错误或者落后，在冲动时容易引发不理性的举动。子女应该多与父母沟通，了解其内心的困惑，帮助他们排忧解难，同时力所能及地帮助父母做一些事情，减轻他们的生活压力。作为大学生，应把自己内心的想法说给父母听，通过沟通来解决问题，一定不要忍气吞声或用过激的方式回应，更不要选择自残、轻生、伤害他人等极端办法处理问题，这样只会让事态变得更加严重。

（二）安全建议

（1）要及时预防、警惕、避免可能发生的任何家庭暴力侵害。

（2）在受到伤害时大声呼救，要懂得保护自己，积极寻求家人和邻居的帮助。

（3）受暴者可寻找机会主动与施暴者尝试沟通并换位思考，从感情出发、讲道理，积极沟通。

（4）受暴者需摒弃家丑不可外扬的观念向亲人朋友诉说，寻求帮助。

（5）在学校可以求助于心理咨询老师。

（6）严重的情况下，可求助警方帮助搜查取证，提供“人身保护令”。

小贴士

躲避家暴口诀

躲避暴打少受伤，大声呼叫找人帮，危急时刻需报警，自我保护莫恐慌。

（三）应对措施

（1）《反家庭暴力法》第十三条明确规定，家庭暴力受害人及其法定代理人、近亲属可以向加害人或者受害人所在单位、居民委员会、村民委员会、妇女联合会等单位投诉、反映或者求助。有关单位接到家庭暴力投诉、反映或者求助后，应当给予帮助、处理。

（2）此外，法律还规定公安机关接到家庭暴力报案后应当及时出警，制止家庭暴力，按照有关规定调查取证，协助受害人就医、鉴定伤情。

无民事行为能力人、限制民事行为能力人因家庭暴力身体受到严重伤害、面临人身安全威胁或者处于无人照料等危险状态的，公安机关应当通知并协助民政部门将其安置到临时庇护场所、救助管理机构或者福利机构。

思考题

1. 生活中你会做哪些事情来预防、避免家庭暴力？
2. 当遇到严重家庭暴力事件时，应该如何寻求帮助并解决问题？

3.2 烧烫伤

烧烫伤是生活中常见的意外伤害，沸水、滚粥、热油、热蒸汽的烧烫是常会发生的事。对某些烧烫伤，如果处理不及时，就会导致不良的后果。烧烫伤的严重程度主要根据烧烫伤的部位、面积大小和烧烫伤的深浅度来判断。烧烫伤在头面部，或虽不在头面部，但烧烫伤面积大、深度深的，都属于严重者，此类烧烫伤如不及时救治死亡率很高。据统计，每年因意外伤害死亡的人数中，烧伤仅次于交通事故排在第二位。

烧烫伤按深度分类，一般分为四度：Ⅰ度、浅Ⅱ度、深Ⅱ度、Ⅲ度。

Ⅰ度烧伤：只伤及表皮层，受伤的皮肤发红、肿胀，觉得火辣辣的痛，但无水疱出现，表皮角质层、透明层、颗粒层损伤，局部红肿，故又称红斑性烧伤。有疼痛和烧灼感，皮温稍增高，3～5天后局部由红转为淡褐色，表皮皱缩脱落后愈合。可有短时间色素沉着，不留瘢痕。

浅Ⅱ度烧伤：伤及真皮浅层，部分生发层健在。局部红肿，有大小不一的水疱，内含黄色或淡红色血浆样液体或蛋白凝固的胶冻物。若无感染等并发症，约2周可愈。愈后短期内可有色素沉着，不留瘢痕，皮肤功能良好。

深Ⅱ度烧伤：伤及真皮层，局部红肿、发热，疼痛难忍，有明显水疱。伤及真皮乳头层以下，但仍残留部分网状层。局部肿胀，间或有较小水疱。由于残存真皮内毛囊、汗腺等皮肤附件，仍可再生上皮，如无感染，一般3～4周可自行愈合。愈合后可有瘢痕和瘢痕收缩引起的局部功能障碍。

Ⅲ度烧伤：全层皮肤包括皮肤下面的脂肪、骨和肌肉都受到伤害，皮肤焦黑、坏死，脱水后形成焦痂。创面蜡白或焦黄，甚至碳化。干燥、无渗液、发凉，这时反而疼痛不剧烈，因为许多神经都一起被损坏了，针刺和拔毛无痛觉。可见粗大栓塞的树枝状血管网（真皮下血管丛栓塞），以四肢内侧皮肤薄处较为典型。愈合后多形成瘢痕，正常皮肤功能丧失，且常造成畸形。

（一）案例警示

案例回放

2014 年 9 月 2 日中午，大二女生小倩和校友小庆在义乌市苏溪镇的一家烧烤店聚餐，服务员在加火时使用酒精不当，拿着一瓶液态酒精直接往还有明火的烧烤炉上倒，火焰顿时就冲了上来，小倩瞬间被大火侵吞，导致全身 80% 烧伤。

案例解析

由于服务员缺乏安全意识，引发不可逆转的人身伤害。没有熄灭明火直接添加酒精，是非常危险的做法，因为酒精极易挥发，而且挥发之后就会以气体的形式向四周扩散，挥发成气体的酒精依然易燃。如果在没有完全熄灭明火的情况下去添加酒精，那么挥发在四周的气体酒精很容易燃烧起来，进而引燃液体酒精，甚至可能引发爆炸。

案例回放

黄梅，25 岁，某大学研究生，地理信息系统专业应届毕业生。陈丹，22 岁，某职业学院商务英语专业应届毕业生。表姐妹两人来深圳找工作不到一个月，2014 年 7 月 12 日，因煤气泄漏引发喷火被重度烧伤，双双被送进医院抢救。据她们的管床护士介绍，两人均伤得很严重，脸部、四肢等不同部位均为重Ⅱ度、Ⅲ度烧伤，烧伤面积达 50%。

案例解析

由于黄梅和陈丹安全意识薄弱，结果导致意想不到的损伤。在平时的生活中，必须注意使用煤气的安全问题，避免安全事故的发生。在使用煤气、天然气等易燃易爆气体装置时，要注意检查开关、管道是否安置妥当，在使用时和使用后也要注意安全问题，避免可能发生的意外。

（二）安全建议

（1）不要在宿舍使用电热水袋、“热得快”等大功率电器，以及伪劣插座、劣质充电器等产品。

（2）揭开盛有沸水的容器时，当心被水蒸气烫伤。

（3）盛热汤、热水时不要太满，以防端起时溢出烫伤。

（4）电熨斗等高热电器用完后一定要及时切断电源。

（5）定期请专业人员维修燃气设备，检查有无漏气，以防燃气中毒或爆炸。

（6）寒冷的冬季使用热水袋取暖时，热水袋外边用毛巾包裹，以手摸上去不烫为宜。注意热水袋的盖一定要拧紧。

（7）抽烟时若睡意来袭，应立即把烟熄灭。

小贴士

烧伤急救5字口诀

冲：用流动的水冲洗创面降温。

脱：在冲洗时使异物脱离创面。

泡：烫伤比较严重时，为减轻水流冲击，可将伤口泡在干净的水里降温。

盖：简单处理后送往医院途中，使用干净的毛巾和衣物盖住伤口，以免沾染异物。

送：送医院急救。

（三）应对措施

烧伤急救原则：迅速脱离致伤源、立即冷疗、就近急救和转运。

（1）化学烧伤：当强酸或强碱溶液溅到皮肤上时，均应立即用大量清洁水冲洗至少30分钟以上，一方面可冲淡和清除残留的酸碱，另一方面作为冷疗的一种方式，可减轻疼痛。用水量应足够大，以便迅速将残余酸碱从创面冲净。头面部烧伤应首先注意眼，尤其是角膜有无烧伤，并优先冲洗。对化学烧伤还可使用中和剂进行冲洗，如强酸烧伤用弱碱性的小苏打水或碱性肥皂水冲洗，强碱烧伤用醋兑水冲洗。

（2）热力烧伤：包括火焰、蒸气、高温液体、金属烧伤等。常用应对方法是尽快脱去着火或沸液浸湿的衣服，特别是化纤衣服，以免着火或衣服上的热液继续作用，使创面加深。用水将火浇灭，或跳入附近水池、河沟内。就地打滚压灭火焰，禁止站立或奔跑呼叫，防止头面部烧伤或吸入性损伤。立即离开密闭和通风不良的现场，以免发生吸入性损伤和窒息。用不易燃材料灭火。如果伤口处已经破开，就不可再行浸泡，以免感染。如果有水疱，一般不要弄破，以免留下瘢痕，但水疱较大或处在关节等较易破损的部位，可用消毒针扎破，再用消毒棉签擦干水疱周围流出的液体。如果烫伤比较严重尤其是对于面部、口腔、喉部、颈部烧伤和吸入热气造成的呼吸道烧伤的患者，应先用干净纱布覆盖，然后迅速送往医院就医，不可在创面上涂抹药物，否则患者很快发生炎性肿胀，堵塞呼吸道，随时有窒息的危险。

思考题

1. 烧伤的程度是怎样划分的?
2. 烧烫伤的急救原则是什么?
3. 遇到化学烧伤应采取怎样的应急处理措施?

3.3 用电安全

触电是电击伤的俗称，通常是指人体直接触及电源或高压电经过空气或其他导电介质传递电流通过人体时引起的组织损伤和功能障碍，重者发生心跳和呼吸骤停。超过 1000V（伏）的高压电还可引起灼伤。闪电损伤（雷击）属于高压电损伤范畴。电灼伤主要是局部的热、光效应，轻者只见皮肤灼伤，重者可伤及肌肉、骨骼，电流入口处的组织会出现黑色碳化。电击伤是指由于强大的电流直接接触人体并通过人体的组织伤及器官，使它们的功能发生障碍而造成的人身伤亡。据统计资料表明，我国每年因触电而死亡的人数约占全国各类事故总死亡人数的 10%。所以我们在日常生活中必须掌握基本的用电常识和电器的使用方法，定期检查电器、电路的使用情况，及时维修损坏的电器和线路，远离高压电设备，预防触电危险。

（一）案例警示

案例回放

2013 年 3 月 6 日，小冉在宿舍使用“热得快”烧水，突然接到同学电话邀约，就急冲冲地离开了宿舍，水瓶里的水烧干后，“热得快”产生的高热引发了宿舍火灾，所幸未造成人员伤亡。

案例解析

因为小冉的安全意识淡薄，在宿舍使用“热得快”烧水，结果导致宿舍失火。在宿舍不能使用“热得快”、伪劣插座、劣质充电器、大功率电器等。在外出之前要确认所有电源均已关闭。

案例回放

河北省某高校宿舍内发生一起私接电线引发的触电事故。该校物理系大三学生李某在私自接线时不慎触电，当场死亡。事发当天，李某下课后回到宿舍自习，李某的床铺与屋顶摇头式吊扇距离较近，为节省笔记本电脑的电池，李某想将吊扇电源接至笔记本电脑。在往外接线的过程中，左手拇指和中指不慎同时接触到了两根电线的外露铜线头，强大的电流瞬间将李某击倒。一名舍友见状，立即拨打120急救电话，同时报告了学校老师。120急救医生迅速赶到现场并立即进行了抢救，然而这一切都已不能挽回李某年仅20岁的生命。

案例解析

案件中李某用电安全意识淡薄，违反规定私自搭线造成触电事故。电线的安装铺设是一项需要专业知识和技能的工作，国家明文规定，安装电线和电气设备必须由专业电工操作。有的同学为了使用方便，私自拉接电线，并将电线绕在床架上，这种行为严重威胁自己和他人的生命安全，是坚决不允许的。因此，为了自己和他人的安全，坚决不允许私自拉接电线。

（二）安全建议

（1）使用电器设备前要仔细阅读说明书，掌握正确的操作方法，严格遵守使用规定，注意使用安全。

（2）操作电器时手要保持干燥，擦拭电器时应先切断电源。

（3）如家电发生冒火花、冒烟、有焦味、起火时，应立即切断电源。

（4）任何情况下严禁用铜、铁丝代替保险丝。保险丝的大小一定要与用电容量匹配。更换保险丝时要拔下瓷盒盖，不得直接在瓷盒内搭接保险丝，不得在带电情况下更换保险丝。

（5）保险丝烧断或漏电开关跳闸后，必须查明原因才能再次合上开关电源。任何情况下不得用导线将保险短接或者压住漏电开关跳闸机构强行送电。

（6）使用正规厂家生产的多相插座，并注意多相插座的使用负载。

（7）不要在宿舍超负荷用电或私接电线，不要将未关闭的笔记本电脑放在被窝里。

（8）不要在宿舍使用“热得快”、伪劣插座、劣质充电器等产品。

（9）不靠近高压带电体（室外高压线、变压器等），不接触低压带电体。

（10）不要攀爬电线杆、电网铁塔等电力设施。

（11）不要在电线上晾晒衣服、挂东西，以防发生事故。

（12）雷雨天不要靠近高压电杆、铁塔、避雷针的接地线和接地体周围，以防触电。

用电安全口诀

安全用电要牢记，普及漏电保护器；
电力法规常学习，安全用电永牢记；

线下栽树与盖房，按规清障没商量；
乱拉乱接违规程，引起火灾真伤神；
移动电器莫带电，带电搬移有危险；
电热器具须防火，忘关电源事故多；
万一电器着了火，不能带电把水泼；
各种手段偷窃电，轻则罚款重法办；
用电设备要接地，安全用电莫大意；
湿手不要摸电器，谨防触电要牢记；
擦拭灯头及开关，切断电源保安全。

（三）应对措施

当发现有人触电时，不能用手去拉，应立刻关掉总开关，然后将人和电源分开。特别是高压电源，一般绝缘物品不能保证施救者的安全，因此不要轻易尝试自行救援，应立即打电话通知有关部门拉闸停电，并拨打120或999求助。如果触电者神智清醒，只是有些心慌、四肢发麻、全身无力，但未失去知觉，可让触电者静卧休息，并严密观察，同时拨打急救电话。如果触电者已丧失意识，应就地抢救。解开紧身衣服，以确保伤者呼吸道通畅，及时清理口腔中的黏液。如果触电者呼吸停止，应采用口对口人工呼吸法进行抢救。如果触电者心脏停止跳动,应进行人工胸外心脏按压法进行抢救。如果触电者身上有被电烧伤的伤口，应包扎后及时到医院就诊。电烧伤会损伤皮下深层组织，不要凭表面情况判断烧伤的严重程度，并且在抢救过程中，不要随意挪动伤员。在医务人员到来前不要放弃抢救。

思考题

1. 如果有人触电应该如何采取急救措施?
2. 列举5条安全用电的原则。

3.4 燃气安全

燃气是气体燃料的总称，它能燃烧而放出热量，供城市居民和工业企业使用。燃气的种类很多，主要有天然气、人工燃气、液化石油气和沼气、煤制气，在家庭中，主要是以使用天然气为主。

在燃气的使用安全中主要是燃气泄漏引起的安全问题比较多。燃气泄漏是由意外导致燃气从管道、钢瓶中泄漏到空气中。液化气泄漏事故危害严重，轻则引起人体不适，重则引起爆炸，建筑倒塌，造成大量人员伤亡。因此，在日常生活中，一定要掌握燃气安全使用原则，经常检查燃气管路，做好安全使用工作，预防燃气泄漏造成意外伤害事故。

（一）案例警示

案例回放

2015 年 5 月 28 日早晨，保定市顺平县一村民不知道厨房内液化气发生泄漏，嘴上叼着一支烟进入厨房做早饭，突然间发生爆炸，使他和妻子严重烧伤，如图 3-2 所示。

案例解析

该村民安全意识淡薄，抽着烟就进厨房做饭，结果导致悲剧的发生。在日常生活中，有很多人不了解燃气的安全知识，燃气具有易燃、易爆特点，用之不慎，就会引发意外事故。在家中，如发现液化气泄漏，应禁止一切明火，避免人员伤亡和财产损失。

图3-2 液化气爆炸

图3-3 天然气爆炸

案例回放

2010 年 10 月 28 日，某油田住宅楼三楼发生天然气泄漏爆炸事故，前后数栋楼房玻璃全部震碎，三楼一户人家大火燃起，浓烟滚滚。约 6 分钟后，消防车到达现场进行救火，救护车随后赶到。最终造成三人死亡，多人受伤，如图 3-3 所示。

案例解析

本案例中，住户没有将燃气报警仪的电源接通，燃气报警仪没有处于工作状态。住户用完燃气后没有及时关闭表后阀，加上天然气软管老化，发生燃气泄漏，导致天然气泄漏达到爆炸浓度后发生闪爆。

（二）安全建议

（1）严禁在厨房和有天然气设备的房间内睡人。

（2）禁止自购、乱拉、乱接燃气软管。

（3）严禁私自拆、装、移、改天然气管道设备，禁止搬弄天然气表。

（4）不要将天然气管道作为电线接地线。

（5）天然气灶具、气表、热水器周围不要堆放易燃物品。

（6）不能将室内天然气管道、气表封装在室内装饰材料内，避免管道腐蚀、破损泄漏。

（7）如外出探亲、旅游等，切记关闭气表前阀门。

（8）灶具等燃气设施出现故障后，不要自行拆卸，应及时联系燃气公司，由燃气公司派专业人员进行修理。

（9）不要在安装燃气管道及燃气设施的室内存放易燃、易爆物品。

（10）在家里可配备小型灭火器或少量干粉灭火剂，以防燃气事故的发生。

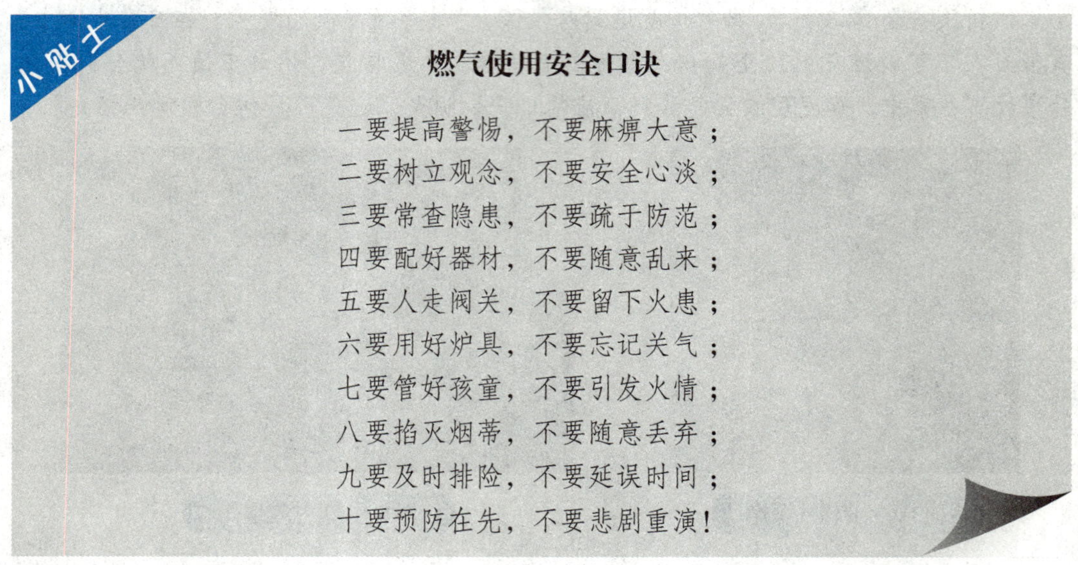

小贴士

燃气使用安全口诀

一要提高警惕，不要麻痹大意；
二要树立观念，不要安全心淡；
三要常查隐患，不要疏于防范；
四要配好器材，不要随意乱来；
五要人走阀关，不要留下火患；
六要用好炉具，不要忘记关气；
七要管好孩童，不要引发火情；
八要掐灭烟蒂，不要随意丢弃；
九要及时排险，不要延误时间；
十要预防在先，不要悲剧重演！

（三）应对措施

在厨房或者家里闻到有刺激性气味，很可能是家里的燃气泄漏。发现燃气泄漏时要保持镇定，不要慌张，先让其他人员撤离，不要马上跑去关掉阀门，因为身上的衣服（特别是在冬天）可能会因为跑动产生静电而引起火花。应暂时屏住呼吸，平稳地走过去把阀门关掉。不要立即开风扇或者排气扇，因为在开关的瞬间会有电火花产生，这是非常危险的，应该把门窗打开，让其自然通风换气。不要开、闭各种电器设备的开关，比如家里正在看电视，不要马上关掉电视，不要拔开或者插上插头，如果家里有电冰箱则是比较危险的，应该马上到室外关掉总电闸。不要使用电话，因为电话的话筒在拿起或放下的瞬间，电话机内部会产生高压电。不要穿或者脱衣服，如毛衣或棉衣，特别是尼龙衣服，以免产生静电。如果发现并不是阀门处泄漏，应该用肥皂水检查各个连接处，泄漏的地方会冒出气泡，应该立即处理或者请专业人员到场修理。如果有人燃气中毒，应立即将其移送到通风的地方，对其进行人工呼吸，同时拨打急救电话。

思考题

1. 日常生活中哪几种原因容易引起燃气泄漏？
2. 遇到燃气泄漏应该如何处理？

3.5 家庭火灾

近年来随着人民生活水平的不断提高，家庭物质条件有了很大的改善，家庭用火用电增多，由此引发的家庭火灾也随之增多。据近几年的火灾统计，城镇居民家庭火灾占有很高的比例，人员伤亡和经济损失都不容忽视。居民家庭起火，往往具有燃烧猛烈、火势蔓延迅速、烟雾弥漫、易造成人员伤亡等特点。此外，许多城市居民使用煤气或液化石油气，起火后容易形成气体燃烧、爆炸。一些城乡结合部居民住在平房里，其房顶有些是用可燃材料建造的，起火后，火势极易烧到顶棚，沿屋顶迅速蔓延，导致建筑倒塌破坏。居民家庭中，发生火灾后往往因为缺少自救能力而造成人员伤亡和严重的经济损失。

（一）案例警示

案例回放

2014年1月11日1时10分，云南省迪庆藏族自治州香格里拉县独克宗古城仓房社区池廊硕8号“如意客栈”经营者唐英，在卧室内使用五面卤素取暖器不当，引燃可燃物引发火灾，造成烧损、拆除房屋面积59 980.66平方米，烧损（含拆除）房屋直接经济损失8983.93万元（不含室内物品和装饰费用）的重大火灾事故。此次大火持续时间长，造成损失严重，引发了媒体及公众对古城保护及商业开发的思考，如图3-4所示。

图3-4 家庭火灾

案例解析

经现场勘验、实验、物证鉴定，结合对相关人员的询（讯）问笔录，排除雷击、自燃、吸烟、放火等引发火灾因素，认定火灾事故直接原因为：2014 年 1 月 11 日 1 时 10 分，唐英在卧室内使用五面卤素取暖器不当，五面卤素取暖器引燃可燃物引发火灾。由于相关人员的安全防火意识薄弱导致了严重的火灾，造成火灾事故。我们在日常生活中必须要加强防火安全意识，否则很有可能会因一时的疏忽而造成重大的灾难。

案例回放

2013 年 8 月 30 日上午 10 时左右，深圳某小区一住户报警称有业主家阳台冒烟，经查，起火原因为住户阳台洗衣机电源线路老化，因长时间使用，线路过热引起火情，并引燃阳台上另一台废旧洗衣机，阳台下水管被烧坏一节，没有造成人员伤亡，如图 3-5 所示。

图3-5　电器线路老化

案例解析

该住户由于家用电器的线路老化，导致火灾发生，造成了财产损失。在遇到因电失火的情况下，应立即切断电源，然后用二氧化碳、干粉等灭火器扑救，或用棉被捂盖起火点。如果用水和泡沫扑救，一定要在断电情况下进行，防止因水导电造成触电。

（二）安全建议

（1）不要在楼梯间、公共走道内动火或存放物品，不要在棚厦内动火、存放易燃易爆物品和维修机动车辆，不要在禁火地点吸烟、动火。

（2）发现火情后迅速拨打火警电话 119，讲明详细地址、起火部位、着火物质、火势大小、留下姓名及电话号码，并派人到路口迎候消防车。

（3）家中一旦起火，必须保持冷静。对初起火灾，应迅速清理起火点附近可燃物，利用被褥、水及其他简易灭火器材控制和扑救。救火时不要贸然打开门窗，以免空气对流，加速火势蔓延。

（4）油锅起火不能用水扑救，应先关闭炉灶阀门，然后盖上锅盖或用大块湿抹布覆盖，令火熄灭，还可向锅内放入切好的蔬菜，冷却灭火。

（5）家用电器或电气线路起火，首先要切断电源，再用灭火器或水灭火，不可带电直接泼水灭火，以防触电或电器爆炸伤人。

（6）农村或水源匮乏地区，平时要利用盆、缸等工具储水，以备应急时使用。

（7）家庭中宜配备家用灭火器。常见的手提式干粉灭火器使用方法：占据上风方向，拔去灭火器保险销，手握喷嘴，对准火焰根部，将灭火器上部手柄压下，左右扫射，快速推进，直至火焰熄灭。

（8）要掌握火场逃生的基本方法，清楚住宅周围环境，熟悉逃生路线。大火来临时要迅速逃生，不可贪恋财物，以免失去逃生时机。逃生途中，不要携带重物，逃离火场后，不要冒险返回火场。

（9）火场逃生时，保持冷静，正确估计火势。如火势不大，应当机立断，披上浸湿的衣物、被褥等向安全出口方向逃离。逃生时不可乘坐电梯。逃生时应随手关闭身后房门，防止烟气尾随进入。

（10）身上起火，不要乱跑，可就地打滚或用厚重衣物压灭火苗。穿过浓烟逃生时，用湿毛巾、手帕等捂住口鼻，尽量使身体贴近地面，弯腰或匍匐前进。

（11）当楼梯内侵入大量烟气而无法逃生时，可通过走廊、屋顶寻找另外的疏散通道，也可退至阳台或屋顶平台等待救援。

（12）楼下起火，楼上居民切忌开门观看或急于下楼逃生，要紧闭房门，可用浸湿的床单、窗帘等堵塞门缝或粘上胶带。如果房门发烫，要泼水降温。

（13）若逃生路线均被大火封锁，可向阳台或向架设云梯车的窗口移动，并用打手电筒、挥舞衣物、呼叫等方式发送求救信号，等待救援。

（14）发生火灾时不要盲目跳楼。三层以下的楼房可利用绳索或把床单、窗帘等撕成条、结成绳，紧拴在窗框、暖气管等固定物上，从窗口逃生。高层住宅楼家庭宜配备缓降器、绳索等逃生设备。

小贴士

预防火灾口诀

火灾起，不要慌，拨打电话找消防。
屋内火，不要怕，关掉水电煤气阀。
弄湿毛巾捂住鼻，沾湿被褥身上披。
不要盲目往外跑，弯腰前行效果好。
楼道火，不着急，千万不要乘电梯。
家里常备灭火器，火灾再也不能起。
手电虽小用处大，夜里起火不用怕。
家里常备安全绳，人身安全有保证。
火警电话“119”，家里起火好求救。
说清火势与时间，起火原因与地点。
只要以上都做到，自身危险概率小。

（三）应对措施

（1）发现火灾，沉着镇定。发现起火时，首先要保持沉着冷静，理智分析火情。如果是在火灾的初期阶段，燃烧面积不大，可考虑自行扑灭。如果火情发展较快，要迅速逃离现场，向外界寻求帮助。

（2）扑灭小火，争分夺秒。当刚发生火灾时，应争分夺秒，奋力将小火控制、扑灭；千万不要惊慌失措地乱叫乱窜，置小火于不顾而酿成大灾。

（3）小孩老人，逃生要紧。对于孕妇、老年人和有较严重身体缺陷的残疾人，不应该组织他们参加灭火。

（4）大声呼救，及时报警。“报警早，损失少”，一旦发现火情，既要积极扑救，又要及时报警。拨打火警电话，要说清起火单位及其街、路、门牌号，着火物品和火势大小，是否有人被困。留下报警人的姓名、电话号码。

（5）家庭火灾，巧用工具。家用小型灭火器是扑救家庭火灾的首选。此外，要学会巧用身边的灭火器材。水是家中最简单也是最有效、最方便的灭火剂，但电器、油锅着火，不能用水扑灭。另外，黄沙、用水淋湿的棉被、毛毯、扫帚、拖把、衣服等工具也可用于扑灭小火。

（6）煤气泄漏，小心谨慎。家中发现了燃气泄漏，务必保持镇定，不要触动家中任何电器开关，更不能用打火机、火柴、手电筒照明检查，也不能在家中打电话报警。应迅速关闭气源，然后打开窗门，让自然风吹散泄漏气体，如需打电话报警，应到远离现场的地方进行。

（7）油锅起火，方法多多。油锅起火时不要用水往锅里浇，因为冷水遇到高温油会形成“炸锅”，使油火到处飞溅。处理方法：①锅盖沿着锅沿平推盖上；②用大块湿抹布覆盖起火的油锅，覆盖时不能留下空隙；③将蔬菜或其他生冷食物，沿着锅的边缘倒入锅内。

（8）电气火灾，断电第一。一般电气线路、电器设备的火灾，首先必须切断电源，然后才考虑扑救措施。电路或电器无电时，才可用水扑救，在没有采取断电措施前，不能用水、泡沫灭火剂进行灭火。电视机、微波炉等电器发生火灾，断电后用棉被、毛毯等覆盖着火的电器，防止电器着火后爆炸伤人，再把水浇在棉被、毛毯上，彻底灭火。

（9）房间起火，门窗慎开。如果封闭的房间里着火，看到浓烟和火焰时，应立即盛水浇灭火焰，不要打开门窗。因为门窗一开，房间里的空气就会与室外的空气形成对流，这就等于给房间里的大火添加助燃剂，会助长火势蔓延。

（10）灭火时，应根据不同的火灾类型选择不同的灭火剂。

① 扑可燃固体物质火灾时，应选用水、泡沫、磷酸铵盐干粉灭火剂。

② 扑液体火灾和熔化的固体物质火灾时，应选用干粉、泡沫灭火剂。扑救极性溶剂 B 类火灾不得选用化学泡沫灭火剂和抗溶性泡沫灭火剂。

③ 扑可燃气体火灾时，应选用干粉或二氧化碳灭火剂。

④ 扑可燃金属火灾时，用 7150 灭火剂或沙、土等。

⑤ 灭火器使用方法如下。

二氧化碳灭火器：先拔出保险栓，再压下压把（或旋动阀门），将喷口对准火焰根部灭火。使用时要避免皮肤接触喷筒和喷射胶管，以防冻伤。

干粉灭火器：使用前应先把灭火器上下颠倒几次，松动筒内的干粉，然后将灭火喷嘴对准燃烧最猛烈处，尽量使灭火剂均匀地喷洒在燃烧物表面。干粉灭火器降温效果一般，灭火后要注意防止复燃。

泡沫灭火器：使用前一手捂住喷嘴，一手执筒底边缘，将灭火器颠倒过来，上下晃动几下，然后保持倒置状态向燃烧区域放开喷嘴。灭火后应将灭火器卧放在地上，并将喷嘴向下。这种灭火器不能用来扑灭带电设备火灾或气体火灾。

思考题

1. 日常预防家庭火灾应该注意哪些问题？
2. 发生火灾时，如何选择灭火器？

3.6 饮水安全

安全饮用水是指一个人终身饮用，也不会对健康产生明显危害的饮用水。根据世界卫生组织的定义，终身饮用是按人均寿命 70 岁为基数，以每天每人 2 升饮水计算。安全饮用水还应包含日常个人卫生用水，包括洗澡用水、漱口用水等。如果水中含有害物质，这些物质可能在洗澡、漱口时通过皮肤接触、呼吸等方式进入人体，从而对人体健康产生影响。随着水处理技术的不断提高，我国居民饮用水的水质逐步得到改善，但某些生活用水仍存在很多的不安全因素，尤其是入户终端的自来水问题更为突出，同时由于工业化初期对环保不够重视，水污染的情况更不容乐观。青少年要能正确地选择安全饮用水，做到科学饮水，避免饮水对健康造成不良危害，如图 3-6 所示。

图3-6　饮水安全

（一）案例警示

案例回放

辽宁省辽阳市一家物业公司用小区的地下水混着自来水供给小区居民使用，致使247名居民饮用这样的水后出现呕吐、腹泻等中毒症状。辽阳市中级人民法院终审判决认定，物业公司及其法人代表、经理均构成销售不符合安全标准的食品罪，对物业公司判处罚金5万元，分别判处法人代表及经理有期徒刑2年零6个月、1年零6个月，并各处罚金5万元。

案例解析

被告物业公司未取得城市供水企业资质，其法人代表、经理贪图牟利，法律意识淡薄，缺乏基本的安全用水常识，甚至未对混入的地下水进行监测，将地下水销售给业主，造成中毒事故，其行为均构成销售不符合安全标准的食品罪，如图3-7所示。

图3-7　水中毒

案例回放

2015年6月13日下午，刘刚与同学约好了打篮球，但突然有些腹泻。因为好面子，刘刚忍着腹痛坚持赴约。不知不觉他们打了两个小时的比赛，刘刚虽略显疲惫但为了本队胜利仍努力拼搏，在他跳投得分后，突然感觉全身无力，瘫倒在地。后经医生诊断，刘刚因为腹泻和大量出汗导致脱水。

案例解析

饮水不足或丢失水过多，均可引起体内失水。在正常生理条件下，人体通过尿液、粪便、呼吸和皮肤等途径丢失水，这些失水可通过足量的饮水来补偿。还有一种是病理性水丢失，如腹泻、呕吐等，水丢失严重就需要临床补液来处理。刘刚出现腹泻没有引起注意，病理性丢失水和皮肤大量出汗丢失水，加上大强度运动，导致其最后出现脱水。

（二）安全建议

（1）不喝隔夜水。对水龙头铅析出浓度的检测数据显示，水在龙头中滞留越久，铅的含量就越高，因此，龙头中的隔夜水不能喝。如果遇到停水，只要超过6小时，使用前一定要打开水龙头放水1～3分钟后再饮用。

（2）饮水前要注意水质感官性状，即水的外观、色、味，发现异常要提高警惕，避免误饮有毒有害水质。

（3）不食用长时间加热水，一些小区都供应24小时热水，但最好不要将它作为饮用水或做饭，因为该水中的铅含量要比普通冷水高出很多倍。

（4）热水壶中的水碱要及时清理。

（5）如装修改造用水设施，应选用饮用水专用管材。

（6）饮用自来水前，要先打开自来水龙头，让水流一会儿。放掉的水不要白白浪费，可以用于清洁卫生等，如图3-8所示。

图3-8 提高饮水安全意识

（7）要科学饮水。饮水要少量、多次、主动，不能等感到口渴再喝水，饮水最好选择白开水；在运动时可以每20～30分钟喝一次水，每次喝120～240毫升。如果运动量很大，最好喝一些淡盐水或运动饮料。

小贴士

白开水是最好的饮料

白开水不含热量，不用消化就能被人体直接吸收利用，促进人体新陈代谢，增强免疫功能，提高机体抗病能力。习惯喝白开水的人，体内脱氧酶活性高，肌肉内乳酸堆积少，不容易产生疲劳。

（三）应对措施

饮用水出现异常情况后要注意以下几点。

（1）立即拨打96301热线向卫生监督部门报告情况。

（2）用干净容器留取3～5升水作为样本，提供给卫生检测部门帮助检测取样。

（3）在卫生监督部门的帮助、指导下再次使用水或更换用水。

（4）如不慎饮用了被污染的水，立即观察身体有无不适症状。如出现异常情况，应立即到医院就诊。

（5）在停水后，未得到政府有关部门做出问题被解决的正式通知，不得自行恢复使用问题水。

思考题

1. 日常饮水如何辨别水的质感、性状有无异常？
2. 饮用水出现异常情况该怎么办？

3.7 食品卫生

根据倍诺食品安全定义，食品安全是“食物中有毒、有害物质对人体健康影响的公共卫生问题”。食品安全是一门专门探讨在食品加工、存储、销售等过程中确保食品卫生及食用安全，降低疾病隐患，防范食物中毒的一个跨学科领域。食品中可能存在的有害因素按来源分四类：一是食品污染物。在生产、加工、储存、运输、销售等过程中混入食品中的物质。二是食品添加剂。为改善食品色、香、味等品质，以及为防腐和加工工艺的需要而加入食品中的人工合成或者天然物质。三是食品中天然存在的有害物质。如大豆中存在的蛋白酶抑制剂。四是食品加工、保存过程中产生的有害物质，如酿酒过程中产生的甲醇、杂醇油等有害成分。食品卫生安全直接关系到我们的身体健康，因此我们要了解食品卫生安全知识。

（一）案例警示

案例回放

2013 年 5 月，湖南省攸县 3 家大米加工厂生产的大米在广东省广州市和广东佛山市顺德区均被查出镉超标，之后广州市食品药品监督管理局在其网站公布了 2013 年第一季度抽检结果，不合格的 8 个批次的大米原因都是镉含量超标。5 月 19 日开始，攸县召集农业、环保等多个政府部门组成调查组对此展开调查。就“问题大米”的披露过程来看，监管部门最初只是公布了抽检结果，数天后才公布问题企业的名单。这种“犹抱琵琶半遮面”的信息披露方式，让消费者手里的饭碗端得愈加沉重。

案例解析

民以食为天，近些年媒体和网络爆出食品安全问题不计其数，其中民众法律意识淡薄，缺乏社会责任感，只为牟利不顾公共道德的问题尤为突出，同时有关部门执法不严、违法不究的行为也令人深恶痛绝。所以要求我们要有基本辨别能力和常识，还要有警觉性，在购买食物时有一定的鉴别能力。

案例回放

自 2011 年 3 月 15 日“瘦肉精”事件曝光至 23 日 18 时，河南省全省共排查 50 头以上规模养殖场近 6 万个，确认“瘦肉精”呈阳性的生猪 126 头，涉及 60 多个养殖场；排查 50 头以下散养户 7 万多个，确认“瘦肉精”呈阳性生猪 8 头；同时还查获含“瘦肉精”

饲料若干批次。经过大量突破性排查工作，河南省全省的“瘦肉精”抽检排查工作已基本结束，未来国务院食品安全委员会办公室还将就“瘦肉精”问题开展全国性的专项打击活动，确保食品安全。

案例解析

厂家缺乏社会责任感和公德心导致“瘦肉精”问题屡教屡犯，同时产业链也没有被彻底查处清楚，导致每一次都能让“瘦肉精”问题死灰复燃。所以建议大学生尤其是食品专业的学生，在走向岗位后坚守本心，维护社会公德，让问题食品少一些，让我们的周围多一点安心、多一点放心，同时在购买食品时也要擦亮自己的眼睛，不要只贪图价格便宜，要看清楚食品配料和生产日期等详细信息。

（二）安全建议

（1）饭前要洗手。

（2）不吃过期、变质、有异味的食品。

（3）不买“三无”产品，即无生产厂家、无商标、无出厂日期的食品。

（4）不随便乱吃不认识的野菇、野果、野菜等。

（5）不喝生水。春季应特别注意饮食卫生，提倡分食，减少病毒性肝炎感染概率，此外，未接种乙肝疫苗的人员应注意及时补种。

（6）外出就餐时，切勿光顾流动小贩，要选择卫生条件好、证照齐全的摊店，必要时，要求业主出示从业人员的健康证。

（7）辨别食物状况是否变质，是否有异物或异味。颜色异常鲜艳的食物，可能是添加了非食用物质或超量、超范围使用食品添加剂。

（8）不吃违禁食品，少吃或不生食海产品。

（9）夏季避免过多食用凉拌菜等易受病原菌污染的食物。

（10）胃肠道功能欠佳的人员，应避免食用冷饮、海鲜、辛辣、高蛋白等刺激肠胃道或不易消化的食品。

小贴士

“七防”判断伪劣食品

（1）防“艳”。对颜色过分艳丽的食品要提防，可能是添加了大量色素所致。

（2）防“白”。凡是食品呈不正常、不自然的白色，大多是因为加了漂白剂、增白剂、面粉处理剂等化学品。

（3）防“长”。尽量少吃保质期过长的食品。

（4）防“反”。少吃违反自然生长规律的食物，如果食用过多可能对身体产生影响。

（5）防“小”。要提防小作坊式加工企业的产品，大部分触目惊心的食品安全事件都出现在这些企业。

（6）防“低”。在价格上明显低于同类正规产品的食品，这种食品大多都有“猫腻”。

（7）防“散”。防范散装食品，有些集贸市场销售的散装豆制品、散装熟食、酱菜等尽量少吃。

（三）应对措施

如果食用某种食品后感觉身体不适，一定要及时到附近的医院就医，以免造成更大的伤害。如果在用餐时发现食品卫生问题，要立即停止用餐，最直接快速的办法就是拨打投诉电话 12331 对餐饮单位进行投诉举报，维护自己的权益。

思考题

1. 在购买、挑选食品时应注意哪些事项？
2. 就餐时发现食品卫生问题应如何处理？

3.8 食物中毒

食物中毒是指患者所进食物被细菌或细菌毒素污染，或食物含有毒素而引起的急性中毒性疾病，根据病因不同可有不同的临床表现。

1. 胃肠型食物中毒

胃肠型食物中毒多见于气温较高、细菌易在食物中生长繁殖的夏秋季节，以恶心、呕吐、腹痛、腹泻等急性胃肠炎症状为主要特征。

2. 葡萄球菌性食物中毒

葡萄球菌性食物中毒是由于进食被金黄色葡萄球菌及其所产生的肠毒素所污染的食物而引起的一种急性疾病。引起葡萄球菌性食物中毒的常见食品主要有淀粉类（如剩饭、粥、米面等）、牛乳及乳制品、鱼肉、蛋类等，被污染的食物在室温 20～22℃搁置 5 小时以上时，病菌大量繁殖并产生肠毒素，此毒素耐热力很强，经加热煮沸 30 分钟，仍可保持其毒力而致病。该病以夏、秋两季多见。

3. 副溶血性弧菌食物中毒

副溶血性弧菌食物中毒是由于食用了被副溶血性弧菌污染的食品或者食用了含有该菌的食品后出现的急性、亚急性疾病。副溶血性弧菌是常见的食物中毒病原菌，在细菌性食物中毒中占有很高的比例，临床上以胃肠道症状，如恶心、呕吐、腹痛、腹泻及水样便等为主要症状。该菌引起的食物中毒具有暴发起病（同一时间、同一区域、相同或相似症状、同一污染食物）、潜伏期短（数小时至数天）、有一定季节性（多见于夏、秋季）等细菌性食物中毒的常见特点。

4. 变形杆菌食物中毒

变形杆菌食物中毒是由于摄入大量变形杆菌污染的食物所致，属条件致病菌引起的食物中毒。变形杆菌是革兰阴性杆菌，根据生化反应的不同可分为普通变形杆菌与奇异变形杆菌，有 100 多个血清型。大量变形杆菌在人体内生长繁殖，并产生肠毒素，引起食物中毒。夏、秋季节发病率较高，临床表现为胃肠型及过敏型。

仅 2014 年，卫计委就收到 26 个省（直辖市、自治区）的食物中毒类突发公共卫生事件报告 160 起，中毒 5657 人，其中死亡 110 人，学校食堂是事故报告较多的场所，所以青少年掌握食物中毒的预防与自救常识非常重要。

（一）案例警示

案例回放

2016 年 4 月，安徽工业大学的学生小张和同学们在游览了兵马俑、大雁塔等景点后，计划于 4 月 9 日下午乘火车返回学校。不料 4 月 8 日下午，陆续有数十名同学出现头晕、呕吐、发烧等症状，部分人不得不改变行程，前往医院就诊。后来大家回忆，4 月 8 日中午跟随旅行团在一家饭店吃了桌餐，菜里面的鱼没熟，大家怀疑是午饭出了问题，如图 3-9 所示。

图3-9 食物中毒

案例解析

食物中毒一般具有潜伏期短、时间集中、突然暴发、来势凶猛、有一定的季节性（多见于夏、秋季）的特点，临床上表现以恶心、呕吐、腹痛、腹泻等急性胃肠炎症状为主要特征，情况严重者可因脱水、休克、循环衰竭而危及生命。如果一旦发生食物中毒，不要惊慌失措，应及时就医或采取催吐、导泻、解毒等措施，同时分析情况，找出食物中毒的源头。

案例回放

2012 年 11 月 3 日，彭女士在富民县城一家小吃店里买了六两油炸螃蟹回家。晚上，彭女士和儿子吃过螃蟹不久便睡下了，第二天凌晨 3 时左右，母子俩都出现了肚子疼、腹泻、头昏和呕吐症状。彭女士丈夫下班回家后，立即将母子俩送往富民县医院抢救。不幸的是，彭女士在当天经抢救无效死亡，儿子被转到昆明医学院第二附属医院抢救，最终脱离了生命危险。

案例解析

螃蟹在垂死或已死时，体内的组氨酸会分解产生组胺，组胺是一种有毒物质，即使螃蟹煮熟，这种毒素也很难被破坏，人在食用后，会出现恶心、呕吐、腹痛、腹泻等症状，严重者会上吐下泻，人体因失水过多导致虚脱，甚至威胁生命。案例中彭女士和儿子就是食用了没有安全保证的螃蟹而发生食物中毒，最终导致彭女士丢失性命。提醒大家不食用不新鲜、未煮熟的螃蟹，如图 3-10 所示。

图3-10　螃蟹引发食物中毒

（二）安全建议

1. 细菌性食物中毒的预防

（1）禁止食用腐败变质以及病死、毒死和死因不明的畜禽肉类。

（2）对肉食品要严格做到防蝇、防尘，餐饮工具要专用，生熟要分开。

（3）杀灭病原菌。做到熟肉过夜要回锅加热。剩饭、剩菜食用前一定要彻底加热。

（4）凡是接触过生肉和动物内脏的容器、用具等要及时洗刷消毒，严格做到生熟分开，防止交叉感染。

（5）低温冷藏生肉、熟食及其他动物性食品，都要放在 10℃以下的冷藏室里。如果没有冷藏设备，应尽量把食品放在阴凉通风处，存放的时间不宜过长。

（6）防止动物性食品被人群中带菌者及带菌的动物、污水、容器和用具等污染。

（7）严禁海产品与其他熟食品混杂，防止海产品污染其他食品。

2. 植物性食物中毒的预防

（1）对无法识别或过去没有食用过的蘑菇，必须经有关部门鉴定，确认无毒后方可食用。

（2）土豆在高温、潮湿或光照下可以发芽或变绿，人食用发芽或变绿的土豆后会引起中毒。

（3）四季豆中毒与四季豆的品种、产地、季节和烹调方法有关，不能食用储藏时间过久、烹制未熟透的四季豆。

（4）如果食用没有经过处理的鲜黄花菜，可引起中毒。

（5）不要生吃苦杏仁，特别是儿童不要生吃，食用不当往往会引起中毒。

3. 动物性食物中毒的预防

（1）河豚肉一般无毒，但河豚的卵巢、鱼卵、肝脏、皮肤、血液等含有河豚毒素和河豚酸等剧毒，可以使人中毒甚至导致死亡。

（2）青皮红肉的鱼类往往会引起鱼类组胺中毒，如金枪鱼、沙丁鱼等，同时不新鲜和腐败的鱼也可能会引起鱼类组胺中毒。

4. 化学性食物中毒的预防

（1）药物与食物应严格分开存放，以免误食。

（2）不得用盛装过砷的器具盛装食物。

（3）严禁食用农药毒死的牲畜和家禽。

（4）禁止用镀锌容器盛装饮料和食品，特别是酸性食品。

（5）避免用挂釉的陶器盛装食醋和酸性较高的食品。

（6）避免使用含铅器皿盛装食物。

（7）禁止用铜锅熬煮食品或用铜器盛装食品。

（8）烹调好的菜肴不要在高温下长时间存放，并注意保持容器和环境卫生，防止微生物污染。

小贴士

食物中毒急救口诀

同学们，要记住，食品安全很重要；
油炸食品方便面，不能把它当饭吃；
辛辣食品不多吃，冷饮不能当水喝；
腐烂食品切莫吃，多吃水果和蔬菜；
面食米饭为主食，切忌零食莫多食；
食品安全记心间，我的健康我做主。

（三）应对措施

食物中毒后第一反应往往是腹部的不适，中毒者首先感觉到腹胀，一些患者会腹痛，个别的还会发生急性腹泻。与腹部不适伴发的还有恶心，随后会发生呕吐的情况。食物中毒既有个人中毒，也有群体中毒。其症状以恶心、呕吐、腹痛、腹泻为主，往往伴有发烧。吐泻严重的还能发生脱水、酸中毒，甚至休克、昏迷等症状。一旦有人出现上吐、下泻、腹痛等食物中毒症状，应立即停止食用可疑食物，同时，拨打 120 呼救。在急救车来到之前，可以采取以下自救措施。

（1）催吐。对中毒不久而无明显呕吐者，可先用手指、筷子等刺激其舌根部的方法催吐，或让中毒者大量饮用温开水并反复自行催吐，以减少毒素的吸收。如经大量温水催吐后，呕吐物已为较澄清液体时，可适量饮用牛奶以保护胃黏膜。如在呕吐物中发现血色液体，则可能出现了消化道或咽部出血，应暂时停止催吐。

（2）导泻。如果病人吃下去中毒食物时间较久（如超过两小时），而且精神较好，可采用服用泻药的方式，促使有毒食物排出体外。

（3）保留食物样本。由于确定中毒物质对治疗来说至关重要，因此，在发生食物中毒后，要保存导致中毒的食物样本，以提供给医院进行检测。如果身边没有食物样本，也可保留患者的呕吐物和排泄物，以方便医生确诊和救治。

当然，紧急处理只是为治疗急性食物中毒争取时间，在紧急处理后，患者应该马上进入医院进行治疗，如图 3-11 所示。

图3-11　及时呼救

思考题

1. 食物中毒一般分为几种类型？
2. 食物中毒后如何自救？

3.9 暴饮暴食

暴饮暴食是一种不良的生活习惯。岁末年初，宴请、聚餐的机会增多，因此暴饮暴食成为一种常见的“节日综合征”。暴饮暴食会给人的健康带来很多危害，如导致肥胖、肠胃疾病、肾病、神经衰弱甚至癌症等，如图 3-12 所示。

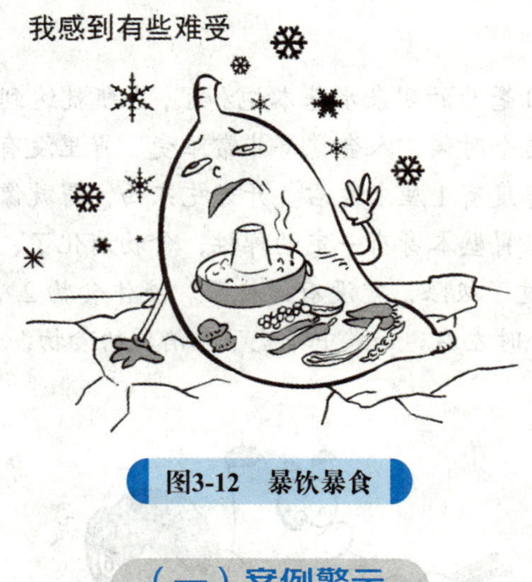

图3-12 暴饮暴食

（一）案例警示

案例回放

2015年11月，曹某去朋友家做客。晚饭过后，他又吃了四包薯片、两袋泡面，还喝了三瓶可乐。到了后半夜，曹某的肚子开始发胀，无法入睡。等到第二天早晨，他跑到当地医院就诊，经检查发现，曹某心跳明显加速、血压也忽高忽低;腹部拍片显示，曹某的胃泡胀大成正常人的3倍，肠腔胀气也很明显。医生马上给病人插了胃管，管子里“滋滋滋”地冒出大量气体，其中还夹杂着糨糊般黏稠的液体及食物残渣。排了3小时后，曹某的疼痛才渐渐好转，心跳、血压也恢复了正常。

案例解析

经医院诊断证明，曹某得的是急性胃扩张，原因是暴饮暴食，特别是喝了大量碳酸饮料，导致胃部二氧化碳积聚。冬季，很多人喜欢吃淀粉含量高的食物，如年糕、土豆、红薯、芋头等，这些食物黏性大，在胃里难消化，如果再同时喝下很多碳酸饮料，就可能会诱发急性胃扩张。如果情况严重，可能会导致胃穿孔，引发腹膜炎，更严重的甚至有生命危险。

案例回放

2010年7月1日，重庆某高校一大四女生因饮食没有节制，在学校宿舍暴饮暴食，后因胃部疼痛难忍并伴随抽搐，让同宿舍同学拨打120求救。该女生被送往医院后，经抢救无效死亡。据介绍，这名女生晚上吃的饭菜共约3斤。吃完晚饭后，她又坐在座位上连续吃了约5小时的零食和水果。因饮食没有节制，该女生的胃被撑破，最终导致死亡。

案例解析

人体的胃喝3瓶500毫升的矿泉水基本饱和了，5瓶就达到了胃的极限，此时，临床上称为急性胃扩张。这个时候，人会觉得非常难受。胃里没有东西时，它就像没气的气球，缩成一团，胃壁厚度有1厘米左右。开始吃东西，胃就像被充气的气球，体积慢慢变大，胃壁渐渐变薄。胃壁本身有一定的弹性，食物消化了，它还会缩回来。如果吃的东西太多，胃壁撑得过了极限，就没有弹性了。液体食物2小时后会被胃彻底排空，固体食物彻底排空要4小时左右。如果中午吃了难消化的食物，最好隔2～3小时再吃零食，如图3-13所示。

图3-13　拒绝暴饮暴食

（二）安全建议

（1）合理安排一日三餐的时间和食量，早餐吃好，午餐吃饱，晚餐吃少，荤素搭配，补充所需营养和能量。

（2）每餐以七成的饱腹感为最佳。

（3）朋友聚会时一定要提高自控能力，饭菜适量，酒水适度。

（4）节假日饮食更要提高警惕，适当控制零食，少吃不易消化的食物。

（5）不要通过节食减肥，不要过度降低体重。

（6）吃饭时注意细嚼慢咽，既可以为胃肠减少消化的负担，同时对减肥也有一定的帮助，不可“狼吞虎咽”。

（7）少喝碳酸饮料，尤其是在吃饱以后。

（8）尽可能不在极度饥饿时进食，因饥饿时食欲特别强，容易一下子吃得特别多，造成身体不适。

（9）先吃喜爱的食物，情绪上的满足会使自己较快地产生饱胀感，从而避免进食过量。

（10）睡前不要吃东西。睡前吃东西，胃肠不能充分休息，易导致胃病和影响睡眠，但睡前喝杯热牛奶是可以的。

（11）食盐不宜过多。盐摄入过多，易导致高血压。

小贴士

健康饮食口诀

暴饮暴食易生病，定时定量得安宁，
吃得慌，咽得忙，伤了胃口坏了肠。

（三）应对措施

暴饮暴食后，如果感觉身体不适，应立即到医院就医，以免造成更大的伤害；如果经常性暴饮暴食，要学会调整饮食量和时间，同时积极建立正确的饮食观念，养成良好的饮食习惯。

思考题

1. 一日三餐的进食量怎样选择最合适？
2. 如果你的朋友暴饮暴食，你会如何帮助他？

3.10 吸烟酗酒

吸烟不仅危害人体健康，还会对社会产生不良的影响。人在呼吸时，呼出体内的二氧化碳，吸入空气中的氧气，进行新陈代谢，以维持正常的生命活动。不吸烟的人，每天都能吸入大量的新鲜空气；而经常吸烟的人，却享受不到大自然的恩惠，吸入的不是新鲜空气，而是被烟雾污染的有毒气体。

烟叶里含有毒质烟碱，也叫尼古丁。1 克重的烟碱能毒死 300 只兔子或 500 只老鼠。如果给人注射 50 毫克烟碱，就会致死。吸烟对呼吸道危害最大，很容易引起喉头炎、气管炎，肺气肿等。吸烟会让男性丢失 Y 染色体，增加患癌风险。

医学界将酗酒定义为：一次喝 5 瓶或 5 瓶以上啤酒，或者，血液中的酒精含量达到或高于 0.08g/dL。由于大量酒精会杀死大脑神经细胞，长期饮酒，会导致记忆力减退，损害食管和胃，引起胃黏膜充血、肿胀和糜烂，引发食管炎、胃炎、溃疡病。还可能引起脂肪肝、肝硬化等肝脏疾病。酗酒是一种异常的行为，对健康的危害极大。酒精影响脂肪代谢，使血胆固醇和甘油三酯升高，导致心脏发生脂肪变性。大量饮酒会使心率加快，血压急剧上升，极易诱发脑卒中。长期酗酒还会造成身体中营养失调，引起多种维生素缺乏症。另外，醉酒后还容易引发社会性问题，影响社会的正常秩序。

大学生要学习和了解吸烟、酗酒的危害，做到不吸烟、不酗酒，并劝阻身边吸烟酗酒的人戒烟限酒，养成健康的生活习惯。

（一）案例警示

案例回放

小林是福建省某学院2003级建筑系学生，小杨是该学院2005级计算机系学生。某天晚上，小林和小杨在同一家餐厅和各自的同学喝酒，两拨人喝得酒酣耳热，因嫌对方聊天声音大，发生了冲突，被劝开后，双方准备离开时，又发生口角并引发搏斗，之后小杨受伤被送往医院抢救，小杨因伤势过重变成植物人，故小林家人赔偿给小杨家30万元，小林因故意伤害罪被判刑。

案例解析

酒精具有麻醉作用，醉酒后会让人行不知所往，处不知所持，食不知所味，使人变得野蛮、愚昧、粗暴，失去理智状态的人很容易对周围人谩骂、殴打，或者从事一些莫名其妙的活动。案例中小林和小杨就如此，最后都成为酒后事故的受害者，一个成为植物人，一个受到法律的制裁，双方家庭都遭受了巨大打击。青少年要引以为戒，做到饮酒适度，保持个人健康，避免酒后发生意外。

案例回放

2001年8月3日18时40分左右，黑龙江省哈尔滨石化分公司某车间操作工去新鲜水泵房巡检挂牌，之后又去相邻消防水泵房逗留。18时45分，消防水泵房发生闪爆，操作工当场被严重烧伤，19时左右被发现后，立即被送至哈尔滨市第五医院进行救治，因其全身95% Ⅲ度烧伤，合并重度吸入性损伤，经抢救无效死亡。

案例解析

经过调查得知，事故的直接原因是操作工违反规章制度，私自进入地下消防水泵房吸烟，在用打火机打火时引发室内达到闪爆极限的可燃气体造成闪爆。间接原因是由于规章制度落实不到位，职工安全意识不强；消防水泵房内存在可燃气体；巡视检查不够，对违章吸烟问题没有及时发现和制止。

（二）安全建议

1. 酗酒

（1）控制每天饮酒不超过15克酒精。

（2）不要空腹喝酒。

（3）人体内的各种酶一般在下午活性较高，因此在晚餐时适量饮酒对身体损伤较小。

（4）少量慢饮比较适宜。

（5）不要有边饮酒边吸烟、酒和茶混着喝及混酒喝的习惯，这样会加重身体损伤程度。

（6）饮酒前吃些食物，或在喝酒同时摄入豆类、蛋类、牛奶等富含蛋白质的食物及油腻食物，也可补充维生素 A 和 B，能起到延缓酒精的吸收、保护胃黏膜和肝脏的作用。

（7）病人、服药时应禁酒或限酒。患病时应当禁酒或遵医嘱，以免加重病情或增加新的疾病。

（8）肝病、肝损伤者不能喝酒，最好戒酒。

（9）有消化性溃疡或胃病者不要喝烈酒，也不要空腹喝酒。

（10）精神状态不好时少喝或不喝酒。身体条件、精神状况良好时，人对酒精的分解能力相对较强。

（11）女性更要少喝酒。女性比男性更易受到酒精的影响。

2. 吸烟

（1）不整条买烟，减少购买烟的数量。

（2）不随身带烟、火柴、打火机。

（3）避免在人群集中的地方吸烟。

（4）不要去以前经常吸烟的场所，避免惹起烟瘾。

（5）尽量让香烟、烟灰缸、打火机等与烟有关的物品消失在自己的生活中。

（6）逐渐延长两次吸烟之间的时间间隔，从而降低吸烟的频率。

（7）多喝水、多运动以降低对烟的需求。

小贴士

吸烟危害健康

吸烟上瘾，始于消遣。百害无益，人人知然。
一损咽喉，咳嗽痰喘。二损心肺，呼吸困难。
三损肠胃，食味不甘。四损口腔，臭气人嫌。
五损形象，萎靡不堪。六损财源，浪费金钱。
七损人和，常起事端。八损环保，空气污染。
九损世风，有伤体面。十损幼教，贻害家园。

（三）应对措施

一旦发现有人过量饮酒，应立即阻止其继续饮酒。对于醉酒者，使其保持平躺，用湿毛巾蒙住额头，安静休息，并饮用温开水加少许醋。如果有呕吐反应，则直起身任其呕吐；倘若吐不出来，可用手指伸进喉头强迫呕吐。千万注意，不要让秽物堵塞气管，以免窒息死亡。如果呕吐物中带血，或有其他严重的症状，应该立即到附近医院救治，以免造成更大的伤害。

思考题

1. 小明平时不喝酒，一次同学聚会上，五年没见的同学敬他一杯并说“今天特殊，喝一杯不妨碍”，假如你是小明，应该怎么做？

2. 结合实例，谈谈怎样才能有效地戒烟？

3.11 远离毒品

根据《中华人民共和国刑法》第三百五十七条规定，毒品是指鸦片、海洛因、甲基苯丙胺（冰毒）、吗啡、大麻、可卡因以及国家规定管制的其他能够使人形成瘾癖的麻醉药品和精神药品。《麻醉药品及精神药品品种目录》中列明了121种麻醉药品和130种精神药品。毒品通常分为麻醉药品和精神药品两大类。其中最常见的主要是麻醉药品类中的大麻类、鸦片类和可卡因类。《中华人民共和国刑法》和《中华人民共和国禁毒法》对贩卖毒品，非法持有毒品，容留他人吸毒，引诱、教唆、欺骗他人吸毒，强迫他人吸毒等行为做出了明确的刑罚。吸毒不仅触犯刑法，危害健康，还会损耗大量的钱财，甚至造成家破人亡。

1. 吸毒对社会的危害

（1）对家庭的危害。家庭中一旦出现了吸毒者，家便不称其为家了。吸毒者在自我毁灭的同时，也破坏自己的家庭，使家庭陷入经济破产、亲属离散，甚至家破人亡的困难境地。

（2）对社会生产力的巨大破坏。吸毒首先导致身体疾病，影响生产，其次是造成社会财富的巨大损失和浪费，同时毒品活动还造成环境恶化，缩小了人类的生存空间。

（3）毒品活动扰乱社会治安。毒品活动加剧诱发了各种违法犯罪活动，扰乱了社会治安，给社会安定带来巨大威胁。无论用什么方式吸毒，对人体都会造成极大的损害。

2. 吸毒对身心的危害

（1）身体依赖性。毒品作用于人体，使人体体能产生适应性改变，形成在药物作用下新的平衡状态。一旦停掉药物，生理功能就会发生紊乱，出现一系列严重反应，称为戒断反应，使人感到非常痛苦。用药者为了避免戒断反应，就必须定时用药，并且不断加大剂量，使吸毒者终日离不开毒品。

（2）精神依赖性。毒品进入人体后作用于人的神经系统，使吸毒者出现一种渴求用药的强烈欲望，驱使吸毒者不顾一切地寻求和使用毒品。一旦出现精神依赖后，即使经过脱毒治疗，在急性期戒断反应基本控制后，要完全康复原有生理机能往往需要数月甚至数年的时间。更严重的是，对毒品的依赖性难以消除，这是许多吸毒者一而在、再而三吸毒的原因，也是世界医、药学界尚待解决的课题。

3. 毒品危害人体的机理

我国目前流行最广、危害最严重的毒品是海洛因，海洛因属于阿片灯药物。正常人的脑内和体内一些器官，存在着内源性阿片肽和阿片受体。在正常情况下，内源性阿片肽作用于阿片受体，调节着人的情绪和行为。人在吸食海洛因后，抑制了内源性阿片肽的生成，逐渐形成在海洛因作用下的平衡状态。冰毒和摇头丸在药理作用上属中枢兴奋药，毁坏人的神经中枢。

2014 年犯罪形势分析及 2015 年预测报告显示，中国每年消耗毒品总量近 400 吨，因毒品而消耗的社会财富超过 5000 亿元人民币，间接损失超过万亿元人民币。其中 35 岁以下的吸毒人群比例占登记在册吸毒人员总数的 75%，由此酿成自杀自残、暴力杀人、驾车肇事等极端案件屡有发生。在校大学生对各种诱惑充满好奇，但在面对毒品时要理性判断利害，拒绝毒品带来的任何诱惑，保障自己的成长之路顺畅、美好。

（一）案例警示

案例回放

2014 年 8 月 14 日，经群众举报，北京警方在北京市东城区将艺人房某、柯某等多名涉毒人员查获，房某、柯某对吸食大麻供认不讳。警方随后在房某北京一住所缴获毒品大麻 100 余克。房某因涉嫌容留他人吸毒罪被刑事拘留，柯某因吸食毒品被行政拘留 14 天。

案例解析

明星吸毒案件近年来一直屡见不鲜，造成的社会影响和公众形象也极其不好。年轻人吸毒一般主要出于三种原因：①好奇心强，往往容易对“神秘”“奇特”的毒品产生兴趣，存在“试一把”“玩一次”的侥幸心理。②被朋友拉下水。部分涉毒年轻人由于涉世未深，辨别是非能力差，缺乏自我保护和学会拒绝的意识，在吸毒者的鼓吹和欺骗下，误把吸毒当作一种时髦和潮流。③寻求另类刺激。有的年轻人想法、行为独特，在生活中缺少家庭温暖或在学校生活中找不到认同感，就会逐渐产生逆反和自暴自弃心理，因此，许多人通过吸烟吸毒寻求刺激和享乐。案例中两位艺人由于成长环境复杂，诱惑偏多，对毒品危害性认识不足，被引上吸毒之路，幸好被警方及时发现，将其送到戒毒所，没有造成更严重的后果。

案例回放

据报道，2015 年 12 月 5 日晚，赤水市一女子睡在大街上直发抖，被巡逻民警送往医院检查，发现该女子是吸毒后引起幻觉，误将街道当成床铺，倒头就睡。事后，该女子被警方行政拘留 15 天。

案例解析

吸毒对身体的毒性作用：毒性作用是指用药剂量过大或用药时间过长引起的对身体的一种有害作用，通常伴有机体的功能失调和组织病理变化。中毒主要特征有嗜睡、感觉迟钝、运动失调、幻觉、妄想、定向障碍等。吸毒会对大脑神经细胞产生直接损害，导致神经细胞坏死，出现急慢性精神障碍，导致吸毒者全身骨骼肌痉挛、恶性高热、脑血管损害、肾功能严重损伤、急性心肌缺血、心肌病变和心律失常，有的会因高度兴奋而痉挛性收缩造成心肌断裂，加速死亡。案例中的女子就是由于吸毒过量而导致机体功能失调和组织病变引发了幻觉，年轻人要能认清吸毒的危害，提高防毒意识，避免受到毒品的毒害。

（二）安全建议

（1）不与有吸毒、贩毒行为的人接触，不听信他们的谗言，懂得学会拒绝。

（2）不进入治安混乱，违法经营的娱乐场所，如不正规歌厅、网吧等。如果出入娱乐场所，要具有警觉意识，不接受任何陌生人提供的香烟、饮料，不购买任何特殊药物，如摇头丸、K 粉等兴奋剂。

（3）养成良好的习惯，加强身体和意志品质的锻炼，科学用药，不滥用减肥药、兴奋剂等药品。

（4）可观看一些有关毒品危害的电影、视频，以加强自己的警觉意识。

（5）了解毒品的种类及危害，不以身试毒。如图 3-14 所示。

图3-14 拒绝毒品

小贴士

海洛因成瘾

海洛因成瘾有三个基本过程：一是耐药作用。当反复使用某种毒品时，机体对该毒品的反应性减弱，药效降低，为了达到与原来相等的反药效，就要逐步增加剂量。二是身体依赖。在使用了一些毒品后，若突然停止吸毒，就会引起一系列综合症状，例如，若对海洛因上瘾，一旦停止使用就会流鼻涕，可能会感冒、发烧、腹泻或出现其他症状。三是心理依赖。心理依赖是指由于使用毒品产生特殊的心理效应，在精神上驱使其表现为一种定期连续用毒的渴求和强迫行为，以获得心理上的满足和避免精神上的不适，正所谓“一朝吸毒，十年戒毒，终生想毒”。

（三）应对措施

一旦发现吸毒者，家属、亲戚、老师、同事应帮助他们了解吸毒的危害性及其严重性，让他们看到吸毒者的面前是深渊、死亡，以此唤醒他们的理性和良知。可根据不同情况采取不同的具体措施。

思考题

1. 假如你在娱乐场所碰到有人贩卖 K 粉一类的毒品药物，你会怎么做？
2. 如果你发现身边某一个朋友在吸毒，你会怎么做？

3.12 动物伤害

人类的许多疾病来源于动物，动物的疾病有的也来自人类。目前世界上已知动物传递给人的传染性和寄生性动物病有 250 多种，我国发现 169 种。人类感染的动物病，多来自食用动物、水生动物、役用动物、伴侣动物、观赏动物、实验动物、皮毛动物和野生动物等动物的各类疾病。在日常生活中，最常见的是狗、猫、蛇、老鼠、蜈蚣、蜥蜴等动物，对人们尤其是对小孩、老年人造成的损伤事件。近年来，城市、乡村家庭饲养猫、狗等宠物的数量明显增多，很多人视宠物为“忠实的朋友和伴侣”。但是动物毕竟有野性，若发起狂来，可能会给人带来致命的伤害。另外，随着社会的发展，户外休闲运动已成为人们节假日出游的重要选择之一，在郊外游玩的过程中，有可能会被毒蛇、蜈蚣、黄蜂、毛虫等咬伤、蜇伤或刺伤，轻者可不治自愈，重者可因这些毒物的毒素导致过敏性休克或急性肾衰竭等中毒危症，甚至导致死亡。为了维护自身安全，掌握预防和处理动物致伤的方法，既可以使我们远离危险，也可以把握宝贵的救援时机，提高动物致伤后的生存概率。

（一）案例警示

案例回放

2015 年 1 月，陕西省华县大明镇塬区连续发生狂犬咬伤人事件，塬区群众一度人心惶惶。为了尽快消除人们的不安情绪，华县公安局大明派出所果断出击，在辖区群众的积极配合下，成功将两只患有狂犬症的疯犬捕获。

案例解析

据统计，每年全世界有 6 万 ~7 万人死于狂犬病，平均每 10 分钟狂犬病就会夺去一条生命。我国是狂犬病发生较严重的国家，就北京而言，2005—2015 年，北京已连续 11 年发生人狂犬病，导致 60 人死亡。因此，我们在养狗或接触狗时要注意卫生安全，预防疾病传染上身。若遇到疯犬袭人事件，首先拨打 110 报警和向附近群众求助，如果受伤一定要及时到医院注射狂犬疫苗，千万不要因怕麻烦、舍不得花钱而不注射，否则一旦狂犬病发作，后果将不堪设想。

案例回放

2008 年 11 月，重庆市万州区李某驾驶摩托车载着 3 位家人到相邻的岳溪镇上赶集，行至岳溪镇某处时，被一群马蜂袭击，造成 3 人死亡，1 人重伤。

案例解析

在户外活动时，应首先做好防范措施，避免被蛇、虫等动物致伤。如果被动物致伤，尤其是被有毒的动物致伤，一定要抓紧时间，就地处理，因为大部分伤者体内的毒素会在几分钟内发作。处理时，要迅速清洗伤口并及时清除毒素残留，尽量避免静脉血和淋巴液回流到心脏，然后立刻到就近的医院救治。

（二）安全建议

（1）和猫、狗打交道，要避免做任何突然性动作，因为即使是出于善意，也会使小动物感觉受到威胁而发起攻击。

（2）不要在陌生的环境中和动物玩耍，更不要挑逗陌生的动物，因为动物对陌生的环境或人敏感，容易因自我防卫而变得不友好。

（3）与不熟悉的动物要保持距离，即使是熟悉的动物，主人不在时也要保持距离。

（4）在城市内饲养大型犬，出门遛狗时要带束犬绳，并定期为家人和爱犬注射疫苗。

（5）动物在进食和睡觉时不要去招惹，以免激怒它们。

（6）见到野狗或无主人牵引的狗，应尽快远离它们，如图 3-15 所示。

（7）观察动物进攻前发出的信号，如躬背、背毛竖起、龇牙咧嘴、尾巴高高竖起等。

（8）出游时随身携带必要的药品，以应对突发状况。

（9）在野外活动时尽量不要将手臂、下肢等部位暴露在外边，尽量穿长衣长裤，必要时应穿长筒靴。

（10）一旦在野外被动物咬伤、蜇伤或刺伤，要保持镇静，并及时处理伤口。

图3-15 警惕烈性动物

（11）在野外过夜时，必须住在帐篷中，并将周围的野草拔除，乱石搬走，并在四周喷洒杀虫药物。

（12）在野外行进时，随身携带棍棒或手杖，边走边敲打地面，可以预先赶走蛇虫。

（13）经常在有蛇出没的野外作业时，最好随身携带蛇药，以备不时之需。

小贴士

狂犬病

狂犬病是一种人畜共患疾病（由动物传播到人类的疾病），由一种病毒引起。狂犬病感染家畜和野生动物，然后通过咬伤或抓伤，经过与受到感染的唾液密切接触传播至人。除南极洲以外，其他各洲都存在狂犬病，但 95% 以上的人类死亡病例发生在亚洲和非洲。一旦出现狂犬病症状，几乎总会致命。

（三）应对措施

（1）遇到恶犬攻击时，如果手边恰好有“挡箭牌”，如背包、自行车等，可以把它们挡在你和动物之间。也可就近抓起石头、木棍等物品，或迅速攀爬至高处。

（2）如果恶犬已咬到你的手臂，不要尝试硬把手拉出，这样做只会让它咬得更紧，此时应用另一只手使劲猛击恶犬的喉咙，直至它松口为止。

（3）如果被咬的伤口只在皮肤表面，虽然没有出血，也要马上用清水、肥皂或双氧水反复清洗伤口，以防伤口发生感染。

（4）如果被咬伤或抓伤部位出血，应立即按压伤口处止血，尽量使含有病毒的血液流出，同时用大量肥皂水、盐水或清水多次反复冲洗伤口，将沾污在伤口上的血液和猫狗唾液冲洗干净，冲洗时间最好在半小时以上，然后马上去医院进行检查和处理。

（5）被猫、狗伤抓伤后，一定要在 24 小时内注射狂犬病疫苗，以便阻断病毒进入神经末梢，防止上行感染。

（6）除个别伤口大，又伤及血管需要止血的情况外，切勿包扎伤口或上药，因为狂犬病病毒会因缺氧而大量生长。

（7）如果被动物攻击，并被扑倒在地，应该蜷起身子呈球状，护住自己的头和脖子。

思考题

1. 平日中遇到狗类动物你应该注意些什么？
2. 外出旅游时遇到蛇，应该怎样做？

3.13 主要传染病的预防

传染病是由病原体微生物（病毒、立克次体、细菌、螺旋体等）感染人体后所产生的有传染性的疾病，由于病原体（如病毒、立克次氏体、细菌、原虫、蠕虫、节肢动物等，不包括真菌）均具有繁殖能力，可以在人群中从一个宿主通过一定途径传播到另一个宿主，使之产生同样的疾病，故称可传染性疾病，简称传染病。传染病在人群大量传播时则称为瘟疫。烈性传染病的瘟疫常可造成人员大批死亡。21 世纪，发达国家的死因分析中，传染病仅占 1% 以下，中国约为 5%。传染病的传播和流行必须具备 3 个环节，即传染源（能排出病原体的人或动物）、传播途径（病原体传染他人的途径）及易感者（对该种传染病无免疫力者）。若能完全切断其中的一个环节，即可防止该种传染病的发生和流行。同时传染病的薄弱环节各不相同，在预防中应充分利用这一特点。学校是一个公共场所，学生群体具有明显的聚集性、流动性和社会性，集体活动造成聚集，相互之间接触频繁，为传染病的传播提供了有利条件，因此学校成为传染病高发的场所。据中国疾病预防控制中心 2013 年公布的数据显示：学校传染病事件占全国传染病事件的64%左右。学生是一个特殊群体，一旦发生集体性的突发事件，将会造成较大的社会影响。

（一）案例警示

案例回放

2014年9月，广东省进入了登革热疫情高发季。据广东省卫生计生委通报，截至9月24日零时，广东省年内共发现7497例登革热病例，其中又以广州市的疫情形势最为严峻，为6361例，占全省病例的85%。

案例解析

登革热属于传染性非常高的病毒，而要彻底控制此类传染性非常高的疾病，就需要我们在日常生活中多注意个人和环境的安全卫生，让疾病的传染源和途径得到有效控制。如应对登革热病毒，需要我们在日常生活中参与到灭蚊防蚊的行动中，要积极动手防蚊灭蚊，翻盆倒罐清理家中积水，清除蚊虫滋生地，降低蚊虫密度。对于出现发热、皮疹和骨关节痛等症状，医生和患者都要警觉，要做到早发现、早治疗、早诊断，这样就可以有效预防这种疾病的发生。

案例回放

在一次住院检查中，“90后”女孩小雨被告知自己感染了艾滋病，而这次生病的原因就是因艾滋病病毒引起。在被问到是怎么感染时，小雨一头雾水。在排查后，小雨坦言她曾结交过3个男朋友，都发生过性关系，最后确定是被已经失踪的第二任男朋友传染的，而这个人曾经有吸毒史。

案例解析

艾滋病是因感染人类免疫缺陷病毒（HIV）所致的严重细胞免疫功能缺陷、合并感染和肿瘤的一种致命性传染病。世界卫生组织2013年发布的《全球青少年健康状况》指出，艾滋病已经成为青少年的第二大死亡杀手。在中国，性传播和毒品注射传播已占新发感染艾滋病的90%，艾滋病病毒的传播在年轻人中间也呈上升趋势。因此，在与男（女）朋友交往时，应该多一些自我保护意识，采取安全措施，不要抱有侥幸心理。

（二）安全建议

（1）保持室内外环境的清洁。

（2）经常进行体育锻炼，增强体质。

（3）保持室内空气新鲜，经常开窗通风换气。

（4）扫地前先洒水，防止尘土飞扬。

（5）根据天气的冷暖增减衣服，以防受凉。

（6）感冒流行时不要到公共场所人多的地方去。

（7）烧蒸食醋，能有效预防流感。

（8）不要随地吐痰，摒弃吐完痰后用脚一擦的习惯。

（9）牛奶要煮沸消毒后再喝。

（10）保证蛋白质、钙、磷、维生素 D 等的摄入。

（11）青少年禁止吸烟，吸烟是肺结核的致病根源。

（12）注意饮食卫生，不要吃不洁净、变质、变味的食品。

（13）水果和凉拌菜一定要洗干净后再吃。

（14）剩饭菜一定要彻底熟透再吃。

（15）被污染的水一定不能喝。

（16）苍蝇、老鼠、蟑螂要彻底消灭。

（17）餐具、牙具要自管自用。

（18）不要过早过性生活。

小贴士

传染病预防口诀

种疫苗，强免疫；
戴口罩，少聚集；
勤开窗，多通风；
晒衣被，保清洁；
勤洗手，不招菌；
常锻炼，增抗力；
学有时，乐有度；
多喝水，营养丰；
有病歇，须隔离；
早求医，对症治。

（三）应对措施

在校内发现患有传染病的学生或教职工，学校应急小组应立即亲临现场指挥，在第一时间内利用学校隔离室进行隔离观察，并由学校安全管理人员或卫生保健老师拨打 120，送定点传染病医院诊治。

思考题

1. 日常生活中我们应该如何预防传染病的传播？
2. 艾滋病的传播途径有哪些？如何保护自己不被感染？
3. 如何预防肺结核？

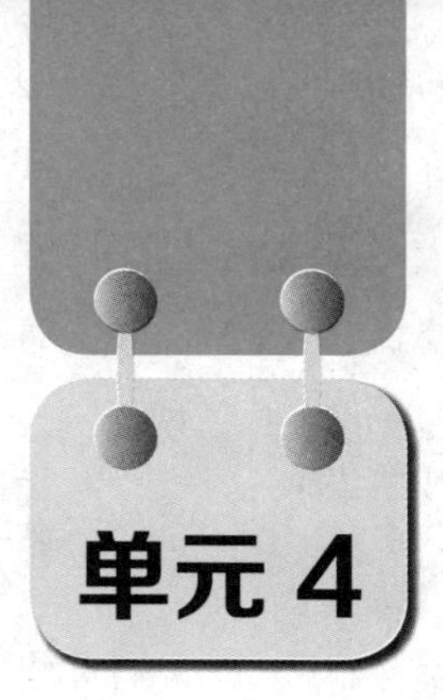

网络与公共安全

互联网在给我们的工作和学习提供便利的同时也带来了许多负面问题，网络与信息的安全已经成为社会各界密切关注的话题。诸如网瘾、网络诈骗、个人信息泄露、不良网站等安全隐患都是由网络引起的，对于此类的安全隐患我们应当树立安全意识，防患于未然。

中国互联网络信息中心发布的第 36 次全国互联网发展统计报告显示，截至 2015 年 6 月，我国网民总数已达 6.68 亿人。10 ~ 19 岁青少年上网人数占被调查总人数的 23.8%。大学生正处于青春期发展的关键阶段，对网络危害的抵抗能力较弱，加强大学生网络与信息安全教育显得尤为重要。

社会在发展的同时，随之产生的安全问题不容小觑，敲诈勒索、偷盗抢劫、暴力事件等频频发生，给人民的生命和财产安全造成了威胁。社会整体安全程度取决于一个国家的社会发展程度，另外，经济发展速度、社会公平程度、政治体制、历史文化等原因都有可能对社会安全程度产生一定的影响。作为当代大学生，应当更加积极了解并熟练掌握安全风险及防范的措施，以避免遭受社会上不安全事件的危害。

4.1 电子产品辐射

随着现代科技的不断进步，电子产品在现代人们的生活中扮演着越来越重要的角色。手机、计算机、平板电脑等电子产品种类繁多，更新换代迅速，并且逐渐成为人们日常生活的必需品。作为网络信息的基本载体，这些电子产品已经开始被越来越多的人使用，截至2015年10月，我国移动电话用户数突破13亿，4G用户占比超过1/4。但是，我们在享受电子产品带来便利的同时也不能忽视电子辐射对我们身体造成的伤害。

蓝光辐射和微波辐射是电子产品发出的危害人体健康的两种常见辐射。长时间注视计算机屏幕，眼睛会出现不同程度的疲劳，还会出现视力下降和头晕恶心等现象，这就是蓝光辐射。微波辐射也存在于电子产品使用过程中。微波是指频率300MHz～300GHz的电磁波，人的眼睛受各类电磁波的伤害，早已成为不争的事实，轻度时会感到眼干、眼涩，严重时很可能会导致视力下降甚至引发白内障等眼部问题。手机辐射主要是由其发射的高频无线电波造成的。据美国移动电话协会的研究，鞭状手机天线发射的微波中，有60%被人脑近距离吸收。手机天线是产生辐射最强的地方，而人脑与发射天线的距离仅2～5厘米，因此是存在潜在危害的。

（一）案例警示

案例回放

大学生小亮在课余时喜欢用手机阅读各类文学作品，每天只要有空就一定在盯着手机看小说。不仅吃饭时拿着手机，就连上厕所时也带着手机。当他沉浸在故事中时常常会忘记时间，忘记让眼睛放松。当小亮毕业时，他的近视眼度数已经达到800度。

案例解析

在日常使用电子产品时，持续注视屏幕不要超过1小时，间歇时要适当放松眼睛，向远处眺望，减轻电子辐射对眼睛造成的损害。在长时间使用后，应做眼保健操对眼部进行放松。

案例回放

小敏是一名大一的学生，她酷爱看“美剧”，常常在宿舍用计算机或者手机看视频到深夜。她说：“最喜欢晚上关灯看剧的感觉，完全不比电影院看大片的效果差。”可是最近，她发现自己的视力下降，眼睛也时常酸痛，就连皮肤也变得很差。

案例解析

在黑暗的环境中看手机或者计算机，更易造成眼部疲劳。因此，应选择在明亮的环境中使用电子产品，并根据周围光线的强度调整屏幕的亮度，每次使用的时间不宜过长。长期熬夜也会对人体健康产生危害，造成内分泌和神经系统功能失调，抵抗力和免疫力下降，记忆力减退，皮肤干燥等症状。

（二）安全建议

（1）避免长时间使用电子产品。

（2）如长时间使用电子产品，建议在显示器上安装防辐射保护装置。

（3）盯着计算机显示器一段时间后，适当放松休息，闭目或者远眺，缓解视疲劳。

（4）计算机显示器的亮度要随着室内光线调整，不宜过亮。

（5）使用计算机的姿势要正确，眼睛距显示器不宜过近，建议 40 ~ 50 厘米。

（6）不要躺着看手机，不要在黑暗的环境下长时间看手机。

（7）注意补充营养，多吃一些含维生素 A 的食品。

（8）不要长时间在孕妇旁使用计算机。

小贴士

护眼小食谱

维生素 A 有明目的作用，在日常饮食中注意多吃胡萝卜、豆芽、瘦肉、动物肝脏等富含维生素 A 的食物。

（三）应对措施

（1）如果在使用电子产品时出现以下症状请立刻停止使用，应闭眼放松或向远处眺望，并可使用适量的缓解疲劳的滴眼液。

① 眼干、眼涩、眼痛。

② 眼睛无法聚焦，看文字重影。

③ 出现“飞蚊症”症状，“飞蚊症”即眼前有飘动的小黑影，尤其看白色明亮的背景时更明显，还可能伴有闪光感。

（2）如果在使用电子产品时出现以下症状，你的身体很可能遭到了辐射的伤害，请及时就医。

① 头晕、恶心，并伴随呕吐。

② 眼前发黑，身体极度不适。

思考题

1. 防辐射眼镜以及计算机上的防辐射装置是否能从根本上防止电子产品对人体的辐射伤害？

2. 长时间上网后出现了恶心、呕吐等症状，该怎么办？

3. 计算机辐射有哪些危害？应该如何避免？

4.2 网络成瘾

网络成瘾在医学上称为“互联网成瘾综合征”（Internet Addiction Disorder，IAD）。上网者由于长时间和习惯性地沉浸在网络时空中，对互联网产生强烈的依赖，以致达到了痴迷的程度，产生难以自我解脱的行为状态和心理状态。来自家庭、学校、自身、机制等各方面原因都可以导致网络成瘾，因此当青少年沉迷网络时，应从各个方面分析产生问题的原因。社会环境、家庭环境、教育环境都可能是导致青少年网络成瘾的环境因素。

（一）案例警示

案例回放

卢某从刚上大学起接触计算机网络，后逐渐成瘾。大二时已没有“课堂”概念，旷课缺考，学校在给予多次警告未果后将其开除。被除名的卢某依然沉迷网络无法自拔，家人无奈报警后，才在一家网吧将失踪多日的卢某找到。

案例解析

大学时期是青少年向成人过渡的关键阶段，在这一时期，大学生的自我控制能力有待加强，应当认识到作为学生的主要任务，具有辨别外界不良诱惑的能力和自控能力。在意识到自己沉迷网络后，应及时进行自我调节，寻求同学和老师的帮助。

案例回放

大一学生小周自从接触了网上购物后，逐渐不再逛街，只要在网上看到便宜的东西，不管自己是否需要，都会忍不住去购买。后来，小周一天要在网上浏览网店 10 小时。晚上也不睡觉，就等着网上秒杀，一个月就花掉了母亲信用卡里的 8000 余元。

案例解析

当下，通过网络选购商品成为很多人的消费方式，随着越来越多的人开始网购，“网购依赖”的弊端也日益凸显。尤其是对于青少年群体，新式的购物方式和方便的网络购物环境极易使学生沉迷于网络购物，不仅影响了学业，同时对青少年身心健康也造成了很大的伤害。

（二）安全建议

（1）明确网络成瘾带来的危害，做到“自我约束”。

（2）宿舍同学间应起到相互监督作用，避免网络成瘾。

（3）树立人生目标，培养积极的人生观，明确自己现阶段的首要任务。

（4）积极参加户外活动，培养其他兴趣，从网络“虚拟世界”中走出来。

（5）多与同学和老师进行交流，避免因沉迷于网络所导致的各类心理问题。

（6）如果情况严重，必要时可进行心理治疗。

小贴士

避免网瘾小口诀

网络成瘾危害大，毁了前途真可怕。
时间观念置心间，遇到问题求帮助。

（三）应对措施

（1）当你有以下几种症状时，可能已经对网络产生了依赖，请及时注意。

① 对网络的使用有强烈的渴求或冲动感。

② 减少或停止上网时会出现周身不适、烦躁、易怒、注意力不集中、睡眠障碍等戒断反应，上述戒断反应可通过使用其他类似的电子媒介，如电视、掌上游戏机等来缓解。

（2）当你满足下列行为中的任意一种，应该立刻去咨询父母或者学校的心理教师。

① 为达到满足感而不断增加使用网络的时间和投入的程度。

② 使用网络的开始、结束及持续时间难以控制，经多次努力后均未成功。

③ 固执使用网络而不顾其明显的危害性后果，即使知道网络使用的危害仍难以停止；因使用网络而减少或放弃了其他活动。

④ 将使用网络作为一种逃避问题或缓解不良情绪的途径。

⑤ 网络成瘾的病程标准为平均每日连续使用网络时间达到或超过 6 小时，且符合

症状标准已达到或超过 3 个月。

思考题

1. 如何才能有效避免和及时发现自己沉迷于网络？
2. 当发现自己已经沉迷网络而耽误学业，应如何应对？
3. 发现周围有同学沉迷网络，你应该怎么办？

4.3 网络谣言

网络谣言是指通过各类网络媒介肆意传播没有事实基础、事实依据的消息。一般的传播途径包括网络论坛、聊天软件、社交软件等。网络谣言针对的主要对象有名人明星、各类社会突发事件等。网络谣言的产生原因大多与传播群体科学知识的欠缺、网络信息监管的滞后、各种商业利益的驱动有着密切的关系。

2013 年 9 月 9 日公布的《最高人民法院、最高人民检察院关于办理利用信息网络实施诽谤等刑事案件适用法律若干问题的解释》，明确了网络谣言的各类定罪形式。其中我们所称的网络谣言的传播媒介，不仅包括计算机，还包括手机、传真机等设备。

图4-1　网络谣言

传播网络谣言会危害国家的安定，搅乱社会秩序，影响人们的生产生活。网络谣言颠覆了新闻真实性的原则，使事情真假难辨，甚至黑白颠倒，进而给网民造成巨大的思想混乱。同时，网络谣言也对网络低俗文化流行起到推波助澜的作用，如图 4-1 所示。

（一）案例警示

案例回放

2014 年 11 月 3 日，中国青年政治学院一名学生在某社交平台上发布消息称：“APEC 期间，为了保证市民的安全，北京市三环附近安排了各国的狙击手。请大家不要乱开窗。”消息一经发出，造成了市民的恐慌。中国青年政治学院保卫处的相关负责人称：此条消息并非校方下发，希望大家不传谣、不信谣，如图 4-2 所示。

案例解析

该学生在面对网络信息时，缺乏明辨真假的能力，在没有查明来源是否可靠，消息是否确实的情况下，轻易相信并传播了这条消息。案例中的这条消息，通过传播，已经严重影响了北京市民的正常生活，造成了市民的恐慌，引发了公共秩序的混乱，该学生的做法已经触犯了法律。在信息爆炸的今天，面对随时更新的消息海，我们应当有自己的判断。

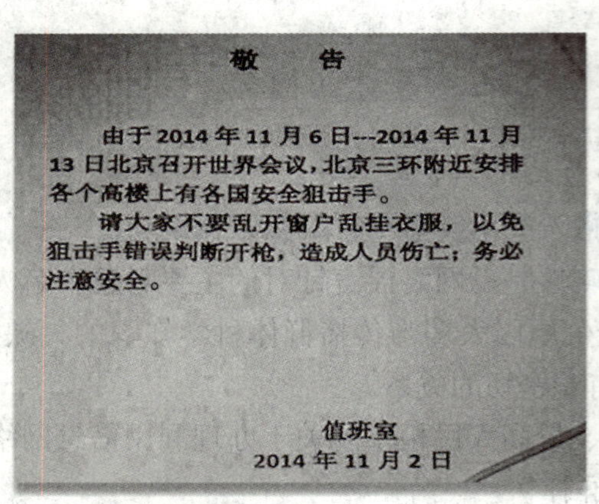

敬　告

由于2014年11月6日---2014年11月13日北京召开世界会议，北京三环附近安排各个高楼上有各国安全狙击手。

请大家不要乱开窗户乱挂衣服，以免狙击手错误判断开枪，造成人员伤亡；务必注意安全。

值班室

2014年11月2日

图4-2　谣言的传播

图4-3　虚假“求救手势”

案例回放

最近，一条“国际通用报警求助手势”的消息在网上疯传。消息称，当受害者遇到困难尤其是在被劫持没有人身自由时，可能没有机会和条件使用手机拨打电话或者写纸条报警。可以通过手势向外界求救、求助，消息里还配上了“手势图片”，如图4-3所示。

很快，经过各地公安部门的微博澄清，证明这是一个谣言，“国际通用报警求助手势”是彻头彻尾的无稽之谈。

案例解析

网络上的信息纷繁复杂，多元化的信息构成了光怪陆离的虚拟世界，谣言也因此有机会在公众的恐慌中诞生、传播。“微博”等各类社交网络的普及，更是为各类信息的传播提供了“土壤”。所以我们在利用网络的同时，应该学会如何甄别虚假信息，学会如何对自己、对他人、对社会进行保护，不能盲目相信一切网络消息。事实证明，谣言并不可怕，只要人们保持警惕，有关职能部门和媒体及时发声，击破谣言并非难事。

（二）安全建议

（1）不传谣、不造谣。

（2）当不确定的消息来临时，我们要利用所学知识，分析消息的正确性与否。

（3）提高自己的辨别觉察能力，面对流传的网络消息不轻信。

（4）明确网络谣言的严重性，提高自身的法制观念。

小贴士

避免谣言小口诀

谣言始于庸者，止于智者，说人是非者，必是是非人。

（三）应对措施

（1）看到骇人听闻，不确定是否属实的网络信息后，应及时向国家有关部门求证，不得随意散播不确定来源的网络信息。

（2）收到虚假信息时，我们要及时收集证据，并向网络违法犯罪举报网站报案。网址是 http://www.12377.cn/，或者拨打 12377 进行举报。

（3）如果情节严重，或者涉及自身的利益，对自身的名誉等造成了危害，请及时向当地公安机关报案。

思考题

1. 小李和小董吵架了，为了报复，小李发了一条朋友圈，说小董患有肺结核，小董发现后说要报警，小李后悔了，小李应该怎么办？

2. 看到未经证实的网络信息，我们应该怎么办？

4.4 网络淫秽

网络的不断发展，给我们的学习和生活带来了极大的便利。但是在网络中，也传播有落后和腐朽的思想文化，充斥着各类的不良网站和不健康信息，对广大学生的成长、健康带来了负面影响。其中网络淫秽信息是危害青少年成长的罪魁祸首，据有关部门调查，网民对各类不良信息的举报中，淫秽色情类的有害信息举报数量较为突出，占六成以上。

图4-4 掷铁饼者

淫秽物品是指具体描绘性行为或者露骨宣扬色情的淫秽性的书刊、影片、录像带、录音带、图片及其他淫秽物品。但是，有两类属于特例，第一类是有关人体生理、医学知识的科学著作。例如我们的性教育教材就不属于淫秽物品。第二类是包含有色情内容的有艺术价值的文学、艺术作品也不视为淫秽物品。例如著名的雕像“掷铁饼者”不属于淫秽物品，如图 4-4 所示。

我们要知道传播网络淫秽色情信息是违法行为，在《最高人民法院、最高人民检察院关于办理利用互联网、移动通信终端、声讯台制作、复制、出版、贩卖、传播淫秽电子信息刑事案件具体应用法律若干问题的解释》中明确指出了利用互联网传播、复制、售卖网络淫秽信息的量刑标准。其中情节严重的，处三年以上十年以下有期徒刑，情节特别严重的，处十年以上有期徒刑或者无期徒刑。在日常的学习中，我们要洁身自好，不给不法分子可乘之机。

（一）案例警示

案例回放

20 岁的管某是河南省郑州市某技校的在校生，临近毕业，管某没有按学校要求去公司实习，整天沉迷于网络，通过将淫秽视频和图片储存在云盘中售卖给他人。同时，还建立了 QQ 群，转发并上传大量淫秽的视频和图片用于宣传。近日，通许县人民检察院以涉嫌传播淫秽物品牟利罪对犯罪嫌疑人管某批准逮捕。

案例解析

根据最高人民法院、最高人民检察院颁布的司法解释，制作、复制、出版、贩卖、传播淫秽电子刊物、图片、文章、短信息等两百件以上的，根据情节严重情况处以三年以下或三年以上十年以下的处罚。云盘存储是一项新兴的网络存储技术，这项技术为我们的储存方式提供了更加便利的服务，通过账号打开云盘就能读取之前存储的信息，不想这项新技术却成了某些不法分子非法获利的工具。所以，我们在享受网络带来的便捷时，也要洁身自好，坚决抵制网上的各类淫秽信息。

案例回放

马某是上海音乐学院学生，在中文有声读物网站“动听中国”担任网络播音员，在高薪酬的诱惑下，他录制淫秽小说发布到网站上供听众下载，工作近 10 个月，网站注册会员达 2 万余人，点击数超过 200 万次，下载数超过 26 万次。马某的行为已触犯刑法，构成传播淫秽物品罪，已经被公安部门批准逮捕。

案例解析

在网络公开传播淫秽音频，已经触犯刑法，构成传播淫秽物品罪。如果接受者再传播，就会造成社会危害，也会构成传播淫秽物品罪。

（二）安全建议

（1）不上传、不下载、不传播网络淫秽色情信息。

（2）了解相应的法律法规，坚决不跨越法律的红线。

（3）提高自我约束能力，明确道德原则。

（4）坚决抵制网络淫秽色情信息，主动参与“净网行动”。

（5）积极举报不良网站，做网络健康环境的“协管员”。

小贴士

净网小口诀

网络淫秽很可怕，传播起来要犯法。
举报方式要牢记，争做净网小管家。

（三）应对措施

（1）收到不良信息的骚扰或威胁时，在第一时间留下证据，并拨打 110 报警。

（2）上网时，发现带有不良信息的网页时，可以拨打 12377 进行举报，或者登录 http://www.12377.cn 进行网上举报。

思考题

1. 西方许多名画中绘有大量的裸体人物，这些绘画作品是否属于淫秽作品？
2. 平时相处关系不融洽的同学总是发一些色情的图片给你，你该作何应对？

4.5　网络病毒

网络病毒是指计算机病毒，即病毒编制者在计算机的运行程序中插入破坏计算机功能或者数据的软件，影响计算机使用并且能够自我复制的一组指令或者程序代码。

网络病毒类似于生物病毒，它能把自身依附在文件上或寄生在存储媒介里，能对计算机系统进行各种破坏；同时有独特的复制能力，能够自我复制；具有传染性，可以很快地传播蔓延，当文件被复制或在网络中从一个用户传送到另一个用户时，它们就随同文件一起蔓延开来，而且常常难以根除。

与生物病毒不同的是，几乎所有的计算机病毒都是人为制造出来的，是一段可执行代码、一个程序。它可以通过某种途径潜伏在计算机的程序里，当达到某种条件时即被激活，从而感染其他程序，对计算机资源进行破坏，影响网络用户的使用，盗取用户的个人信息、账号以及密码等。

图4-5 网络病毒

一些不法分子利用网络病毒实施各类犯罪，骗取钱财，手段多样，并且随着信息技术的发展，手机网络病毒的传播也日益泛滥，用户只要稍不留神就会中了网络病毒，如图 4-5 所示。

（一）案例警示

案例回放

2015 年 12 月，白山市公安局接到受害人报案，称其收到一条兑换积分的手机短信，不料按提示点击链接，填写个人信息并下载软件后，银行卡上的 12000 多元现金不翼而飞。

案例解析

犯罪嫌疑人冒充电信公司号码，发送含有钓鱼网站链接的兑奖短信，引诱受害人下载含有木马病毒的软件，获取了受害人的银行卡信息资料，从而盗取钱财。近几年，类似案件时有发生。这是一种新型木马病毒，一旦受害者打开病毒，它就能记录受害人所有软件的用户名和密码，盗取网银资金。犯罪嫌疑人借助网络平台，采取高科技盗窃手段，很难追踪到犯罪嫌疑人盗取钱财的真实账号及身份。所以，我们在日常上网中，要注意保护自身网络安全，不要轻易点击附在短信中的各类链接。

案例回放

近日，一款病毒被伪装成成绩单通过短信进行扩散。家住常熟市莫城的王先生收到一条短信，短信内容是："王某某家长，你好！这是您的孩子本月在学校的考试成绩和各科学习报告，请查收。"后附一条网络链接。收到短信后，王先生按照提示的链接一步一步操作，最后下载安装了一个软件，但是也没有看到所谓的成绩报告，后来也没有把这件事放在心上。到晚上王先生突然接到很多条银行通知的短信，发现开通网银的银行卡被消费了6000多元，王先生立即拨打银行电话咨询，被告知有可能是手机被植入了木马病毒。

案例解析

该病毒之所以能够肆意猖獗，一方面主要抓住家长关心孩子学习的心理，另一方面病毒作者做了加密处理，增加了查杀难度。类似这样的病毒还有很多衍生品，遇到此类附有链接的短信，不要点击，建议用户安装具有病毒查杀的手机安全软件，对手机安装包和应用程序进行扫描，及时发现、查杀病毒。

（二）安全建议

（1）不要轻易点击带"链接"的短信。

（2）不要轻易扫描来路不明的二维码。

（3）安装具有病毒查杀功能的手机安全软件。

（4）使用计算机时，不随意点击和下载来路不明的软件和程序。

（5）为计算机安装杀毒软件，定期扫描系统、查杀病毒。

（6）定期备份数据，以便遭到病毒严重破坏后能迅速修复设备。

小贴士

上网随身小口诀

网络生活真丰富，警惕之心不可无。
短信链接切勿点，查杀病毒记心间。

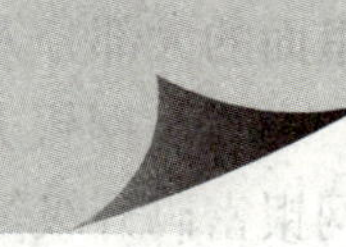

（三）应对措施

（1）当计算机被病毒侵害时，可以重新安装系统，为计算机安装强有力的杀毒软件和防火墙。

（2）当手机被病毒侵害时，应拔掉电话卡，关闭网络，全面杀毒或者恢复出厂设置。必要时为手机号办理临时冻结业务。

（3）若已造成经济损失，应当马上更换与手机关联的账户密码并且立即报警。

（4）收到他人发来的异常消息，应及时提醒对方检查账号安全问题。一旦发现自己的账号被盗，立刻通知所有联系人不要相信此账号发出的各类交易请求，防止造成更严重的损失。

思考题

1. QQ 上收到一好友发来的消息，称他要结婚了，点击链接可以查看他们的结婚请柬，我应当立即点击查看吗？

2. 浏览网页时，突然弹出某电影视频网站的信息，点击链接即可免费获得会员资格观看视频。你该如何应对？

4.6 网络诈骗

网络诈骗是指以非法占有为目的，利用互联网采用虚构事实或者隐瞒真相的方法，骗取数额较大的公私财物的行为。网络诈骗是近些年来出现的一种新兴的犯罪手段，它的特点是捏造事实、虚构真相、利用互联网实施诈骗行为。

网络诈骗的手法有以下几种。

（1）假冒好友：通过各种方法盗窃 QQ 账号、邮箱账号后，向用户的好友、联系人发布信息，声称遇到紧急情况，请对方汇款到其指定账户。

（2）网络钓鱼：犯罪分子通过使用“盗号木马”“网络监听”以及伪造的假网站或网页等手法，盗取用户的银行账号、证券账号、密码信息和其他个人资料，然后以转账盗款、网上购物或制作假卡等方式获取利益。

（3）网络“托儿”：通过论坛跟帖获取知名度后，借机宣传自己的品牌，其实帖子里面的大部分人都是“托儿”。

（4）网银升级诈骗：利用“××银行 E 令行卡过期”、网银升级、信用卡升级、网银密码升级等虚假信息实施诈骗。

青少年往往缺乏警惕心理，对于一些陷阱没有判断能力，容易上当受骗。因此应该了解一些网络诈骗手段，掌握应对措施，以免成为受害对象。

（一）案例警示

案例回放

浙江省平湖市的丁女士 2015 年 9 月在某网站上花费 17 000 多元买了一款减肥药，连续吃了 3 个月之后，不但体重没有减轻，身体还出现了头晕、恶心等不良反应，她把减肥药拿到当地质监部门鉴定，鉴定结果是假药。

案例解析

经警方查实，这个诈骗团伙所卖的减肥药品绝大多数是假冒知名品牌或者干脆是三无产品。犯罪团伙利用搜索软件和网络推广公司建立诈骗网站，诈骗金额高达1.2亿元。如果消费者遇到此类诈骗行为，一定要保留证据，及时报警。

案例回放

北京市的李小姐接到远在国外的堂妹发来的QQ信息，说她的手机、钱包、银行卡都丢了，让家里赶快给汇钱。李小姐给堂妹汇款2000美元后，堂妹又称去银行挂失还需要2000美元。李小姐打电话告诉了堂妹的父母，但是堂妹的父母也和她联系不上，情急之下，李小姐通过网上银行先后四次向堂妹指定的银行账户汇款。到了晚上，李小姐才终于明白自己是被骗了。

案例解析

如今QQ盗号网络诈骗的案件已经升级并呈现出高发态势，以前盗号诈骗只针对境内使用公共聊天界面及QQ号的群体。为了提高诈骗成功的概率，现在诈骗分子已经将对象转移到在境外的中国人，利用国内家人与国外家属距离远，沟通不方便的条件进行诈骗。在遇到QQ号上好友向自己借钱的情况时，应及时通过电话等方式联系到好友本人，确认消息是否源自好友，避免上当。

（二）安全建议

（1）网上购物时要选择适当的交流工具。
（2）在交流的过程中不要轻易接收各种文件。
（3）要识别正规网站并且习惯查网站链接的归属地。
（4）支付货款时，使用规范的第三方支付平台。
（5）不要盲目相信搜索引擎中的网站。
（6）仔细甄别，严加防范。
（7）提高自我保护意识，注意妥善保管自己的私人信息。

小贴士

避免诈骗小口诀

网络诈骗危害大，骗财骗物真可怕；
虚假信息不轻信，举报罪犯靠大家。

（三）应对措施

（1）意识到有问题后，不要主动与对方联系，拨打所谓的咨询电话。

（2）当朋友或亲人通过聊天软件借钱时，请打电话或者当面核实信息。

（3）遇到问题后多与身边的人沟通交流，寻找解决的方法。

（4）一旦发觉对方可能是骗子，马上停止汇款，不再继续交钱，防止加大损失。

（5）当发现钱财被骗时，请立刻拨打 110 报警，并保留与犯罪分子的消息记录和一切有利证据。

思考题

1. 多年不见的老同学给我发 QQ 消息，说家里着急用钱，让我给他发一个“红包”，我该怎么办？

2. 最近想换部手机，看到网上有人低价出售各类新款手机，很心动，那么我应该毫不犹豫地购买吗？

4.7 电信诈骗

电信诈骗是随着信息技术快速发展而产生的新型犯罪行为。犯罪分子利用电话、网络以及短信的方式，编造虚假信息，目的是引诱受害人上当，使受害人给犯罪分子打款或转账。整个过程都是在远程、非接触式的情况下完成的。

手机管家安全专家分析，如今的诈骗手段具有三个显著特征：用户个人信息泄露严重，伪基站、网络改号软件的使用、钓鱼网址和病毒木马参与作案。在电信诈骗中，作案者常冒充电信局、公安局等单位工作人员，以受害人电话欠费、被他人盗用身份涉嫌经济犯罪，没收受害人所有银行存款进行恫吓威胁，骗取受害人汇转资金。

电信诈骗作为一种“不接触”的新型犯罪，破案难度大，其主要特点是作案过程不接触、作案方式信息化、作案手段智能化、作案地域分散化、作案目标广泛化、犯罪分子团伙化、犯罪活动国际化、赃款流动快速化。

电信诈骗活动蔓延性强、发展迅速、波及范围广，造成的损失也相当严重。诈骗针对的受害群体广泛，犯罪分子采用各种方式、方法，诈骗针对性强，骗术手段高明，使一些受害者不知不觉迈入犯罪者布下的骗局。

（一）案例警示

案例回放

河南省的陈先生炒股十五六年了，2015年7月，他接到一个电话，对方自称是国信证券的操盘手，花6800元成为会员可以获得股市的内幕消息，陈先生抱着试试看的态度注册成为会员。没想到按照他们指示购买的股票一直下跌,这时候对方又打来电话，说近期股票市场不景气，陈先生可以转投茶叶期货，是个新商机。陈先生下载了对方所说的期货软件，购买茶叶期货，期间赚了9万余元。之后，对方告诉陈先生，可以花200万元购买期货成为高级会员，陈先生觉得有利可图，却没想到自己投进去的钱全打了水漂，而那些所谓的公司负责人也早已不见踪影。

案例解析

投资要谨慎，切不可贸然轻信他人。这个电信诈骗团伙分为上下线，下线负责吸引股民注册会员，上线利用自己控制的期货软件实施诈骗。下线遇到防范意识薄弱的受害人后会发展给自己的上线，骗取更多的钱。我们不可盲目相信内幕消息，谨防上当受骗。犯罪分子正是利用陈先生贪便宜的心理设置陷阱，实施诈骗行为。青少年更是尤其应当注意自我保护，谨慎对待金钱问题。由于青少年社会经历较少，容易在无意中受到诈骗，因此在进行投资时应当征询父母师长的意见后再做决定。

案例回放

一天早上许先生接到了一个171开头的手机号发来的短信，短信上说：“照片里的这几个人你认识吗？”后面还跟着一个网址的链接。许先生以为是朋友发来的短信，便不假思索打开短信点击了链接。他不但没有看到照片反而不断地接到一些空白的短信，直到当天中午12点银行打来电话，告知其银行卡被盗刷了11万多元。

案例解析

警方调查发现，许先生被盗的钱款并没有走常规的银行转账再套现的程序，而是通过网站购物消费，第三方支付平台转账的方式套现。木马病毒链接如果不点击就不会植入，因此对于手机上收到的网址链接，即使是银行等机构发来的，未经过核实也不要轻易点击，避免被骗。

（二）安全建议

（1）树立正确的价值观，金钱观，不要相信“天上掉馅饼”的好事。

（2）做好个人身份信息、家人信息的保密工作。

（3）在接到短信或者电话时，一定要仔细核对信息的真实性，不轻信。
（4）耐心辨别事情的真伪。
（5）平时多看新闻，了解各类电信诈骗方式，防止上当。

小贴士

遇到“八个凡是”，需要提高警惕

凡是自称公检法要求汇款的；
凡是叫你汇款到“安全账户”的；
凡是通知中奖，领取补贴要你先交钱的；
凡是通知“家属”出事要先汇款的；
凡是在电话中索要个人和银行卡信息及短信验证码的；
凡是让你开通网银接受检查的；
凡是自称领导要求打款的；
凡是陌生网站要登记银行卡信息的。

（三）应对措施

遇到诈骗类电话或者信息，及时记下诈骗犯罪分子的电话号码、电子邮件、QQ号、银行账号等，并记住犯罪分子的口音、语言特征和诈骗的经过，及时到公安机关报案，积极配合公安机关开展侦查破案和追缴被骗款等工作。

思考题

1. 刘女士接到一个001开头的电话，电话里的人自称是公安分局民警，他说有人利用刘女士的身份证办了一张银行卡，并用这张卡转出了200多万元，现在怀疑刘女士涉嫌诈骗，刘女士该怎么办？

2. 小明在网上看到了一个刷淘宝信誉的兼职广告，称在其提供的淘宝店拍下订单，为其刷信誉，待付完款后商家会把订单款和佣金一并打回小明的账户，小明该相信吗？

4.8 敲诈勒索

敲诈勒索是一种犯罪行为，是指以非法占有为目的，对被害人使用威胁或要挟的方法，强行索要公私财物。敲诈勒索主要方式有口头敲诈勒索、电话敲诈勒索、书面

敲诈勒索、书信敲诈勒索等，如图 4-6 所示。《中华人民共和国刑法》第二百七十四条规定：敲诈勒索公私财物，数额较大或者多次敲诈勒索的，处三年以下有期徒刑、拘役或者管制，并处或者单处罚金；数额巨大或者有其他严重情节的，处三年以上十年以下有期徒刑；数额特别巨大或者有其他特别严重情节的，处十年以上有期徒刑，并处罚金。在日常生活中我们要提高自己应对危险的能力，树立自我保护意识。

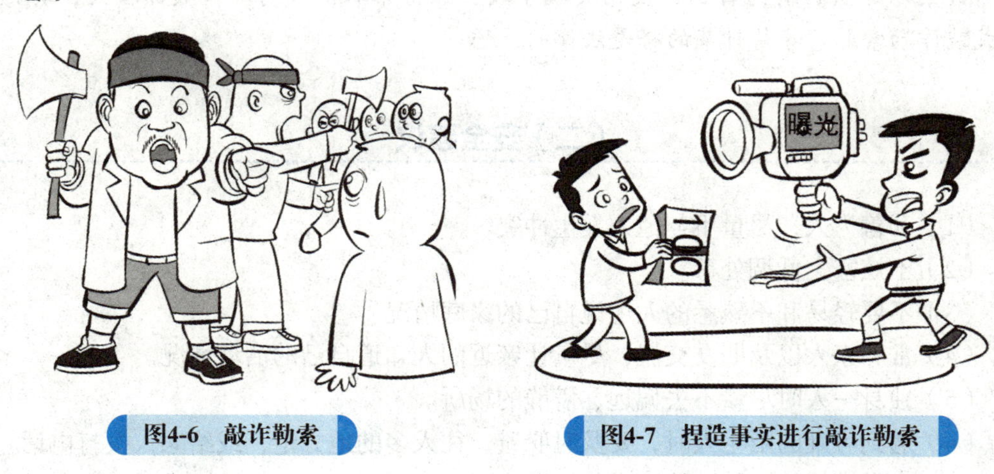

图4-6 敲诈勒索

图4-7 捏造事实进行敲诈勒索

（一）案例警示

案例回放

2003 年 7 月 2 日，在江苏省某市做生意的李某到某晚报社投诉称，自己先后于同年 5 月和 6 月在超市购买的某品牌冰红茶，里面都有苍蝇。李某说第一次发现后立即就向生产厂家投诉，该公司总部派人来处理，向李某赔偿 1000 元现金。第二次发现苍蝇后，李某再次与该公司联系，厂家不但拒绝赔偿，反而说上次的事情还没完，并说要追回“赔偿”的 1000 元。李某将后一次买的瓶子里有苍蝇的冰红茶拿给报社的编辑们看，并气愤地在报社一再强调：“我不要赔偿，我就要你们把它曝光。”其后，该市公安局的技术人员对李某所购买的冰红茶的瓶盖痕迹进行了科学检验，认定李某在瓶盖上造假。同年 7 月 11 日，李某承认了自己在瓶里放苍蝇的事实。李某因涉嫌敲诈勒索罪被警方刑事拘留，如图 4-7 所示。

案例解析

李某采用弄虚作假、欺诈的方式，人为制造事端，且以在瓶内再次发现苍蝇为由，要挟厂家要向媒体曝光此事件，李某的行为对生产厂家构成了敲诈勒索罪，最后酿成恶果。

案例回放

北流市某村民钟某，看到该村林地资源丰富，来来往往运输林木的车很多，便指使他人在车辆必经路段挖坑，阻止运输林木的车辆通行，向运输林木的老板张某索要车辆“过路费”。张某生意被阻，被迫支付给钟某 17 100 元。

案例解析

钟某以非法占有为目的，使用要挟手段，强行索取他人财物，数额较大，其行为构成敲诈勒索罪。等待钟某的将是法律的严惩。

（二）安全建议

（1）和善为人，尽量不与他人发生冲突。

（2）不炫富，低调处事。

（3）不要轻易和不熟悉的人述说自己的家庭情况。

（4）常和家人以及朋友交流，尽量让亲近的人知道自己的活动情况。

（5）独身一人时尽量不去偏远、僻静的场所。

（6）遇到可疑的陌生人时，要及时躲避，往人多的地方走，或给家人拨打电话。

（7）多做模拟情景的演练，谨记报警电话。

小贴士

防敲诈勒索安全口诀

路遇坏人莫逞强，保护自己最重要。
如被盯上不要怕，要往人多地方跑。
财物被抢别硬拼，记下坏人把案报。
如果坏人下毒手，随机应变想高招。
路遇碰瓷不要慌，警察处理不私了。

（三）应对措施

遭遇陌生人敲诈时要沉着冷静，并想方设法与歹徒周旋和拖延时间，如果附近有人，可以边大声呼救，边向人多的地方跑。在未脱离险境的情况下，尽量不要当着歹徒的面声称要报警，从自身安全角度考虑，不要鲁莽行事，应当沉着冷静，随机应变，寻找机会脱离险境，伺机及时报案。

思考题

1.《中华人民共和国刑法》对敲诈勒索做出了哪些规定？

2. 小周总是被学校周边的“小混混”勒索钱物，小周该如何应对？

4.9 抢劫抢夺

抢劫是以非法占有为目的，对财物的所有人、保管人当场使用暴力、胁迫或其他方法，强行将公私财物抢走的行为。抢夺是指以非法占有为目的，公然夺取数额较大公私财物，但没有采用暴力或暴力威胁等侵犯人身权利的行为。《中华人民共和国刑法》第二百六十三条规定：“以暴力、胁迫或者其他方法抢劫公私财物的，处三年以上十年以下有期徒刑，并处罚金；有下列情形之一的，处十年以上有期徒刑、无期徒刑或者死刑，并处罚金或者没收财产：①入户抢劫的；②在公共交通工具上抢劫的；③抢劫银行或者其他金融机构的；④多次抢劫或者抢劫数额巨大的；⑤抢劫致人重伤、死亡的；⑥冒充军警人员抢劫的；⑦持枪抢劫的；⑧抢劫军用物资或者抢险、救灾、救济物资的。”

青少年是犯罪分子实施抢劫抢夺的主要群体之一，因此，青少年要学会如何应对突发抢劫，如何在危险的环境中保护自己的生命安全。

（一）案例警示

案例回放

2011 年 9 月 17 日下午 6 时，杨方振乘坐魏某驾驶的夏利出租车，从黄骅港至黄骅市区，当晚在返回黄骅港的途中起意抢劫该出租车。当出租车行驶至石黄高速黄骅收费站西侧齐庄路口附近时，杨方振持刀朝魏某头、颈、胸等部位捅刺 20 余刀，致其颈总动脉断裂大出血死亡，后杨方振将魏某的尸体抛弃在路边的水沟内。

案例解析

杨方振为满足个人私欲，以非法占有为目的，采用暴力的方法抢劫别人财物，其行为已构成抢劫罪。君子爱财，取之有道，靠自己劳动赚来的钱财心安理得，靠抢劫得来的钱财心神不宁，因一时的贪念铸成大错，终究难逃法律的制裁。

案例回放

2015 年 11 月 27 日上午，住在某小区的女青年王某准备出门上班。门刚打开，就被守在门外的祝某持刀逼入屋内，祝某威胁她："如果想活命就把钱拿出来！"王某虽然害怕，但还是迅速镇定下来。她与祝某聊天，告诉他："我银行卡上有钱，楼下就有自动取款机，可以到那取给你。"同时，又假装关心祝某："这位小哥，还是把刀收起来吧，给人看见可就不好了。"祝某觉得有道理，就把刀收了起来。两人出门，王某在前，祝某在后，一起下楼取钱。走到楼下，王某看到两名小区保安，便快走几步，向保安求助："快报警，后面那个男的要抢我钱！"通过保安的帮助，祝某最后被赶来的警察抓获。

案例解析

遭遇抢劫时要保持镇定，不要恐慌，首先要保持镇定自若的心态，冷静分析自己所处的环境，对比双方的力量，针对不同的情况，用不同的对策，像案例中的王某一样，与劫匪斗智斗勇，保护自己的生命和财产安全。

（二）安全建议

（1）回家上楼梯、开门时，注意观察是否有可疑陌生人尾随。

（2）独自一人在家时要反锁房门，在门上安装"猫眼"，遇有陌生人敲门，应问明身份、情况再决定是否开门。

（3）家中现金存放不宜过多，首饰、存折、有价证券等贵重物品，应放在不易被发现的地方。

（4）不当众数钱财，若携带大量现金或贵重物品，应找一两个人结伴同行，尽量不要靠路边走。

（5）若经常走夜路，要准备好防袭击警报器、哨子、防狼喷雾等。

（6）觉得周围有可疑人员，可立即站在原地，背靠掩护物，或到附近商店、单位内暂避。

（7）在路口停车或在路边停靠时，将所有车门锁死。

（8）存取款时，要留意身边是否有可疑人员。输入密码时，挡住其他人视线。在柜面上清点现金，并尽量不让旁边的人看到。

（9）取款后避免在僻静的道路行走。开车存取款也要提高防范意识，一旦汽车轮胎被扎，应做到钱物不离身。

（10）若夜间独自外出，不要将包不加固定地放在自行车筐里，可把包带绕在自行车车把上，不要让包离开自己的视线。

小贴士

抢劫安全口诀

防范两抢要注意，财产一定要保密；
银行提款防盯梢，路上行走防偏僻；

夜晚单身结伴行，睡觉门窗要关闭；
遭遇抢劫不要慌，保护生命是第一；
寻找机会快逃脱，边跑边喊寻生机；
条件有利要反抗，瞄准机会致命击；
记住车牌人特征，及时报警有勇气。

（三）应对措施

（1）保持镇定，不要表现出惊慌失措的样子，冷静分析自己所处的环境，沉着应对。

（2）尽量避开与坏人的正面交锋，向人多或有灯光的地方奔跑或者跑进商店。

（3）遭遇抢劫时不可一味求饶，在可能的情况下对坏人进行心理刺激或理智周旋。当坏人心理上有所放松时，趁机跑掉。

（4）只要有可能，就要大声呼救。

（5）制造机会，及时报案。

思考题

1. 自己一个人在家时应如何做好预防抢劫的措施？
2. 遇到有人尾随该怎么办？
3. 独自去银行 ATM 机取钱时应当注意哪些事项？

4.10 暴力事件

暴力事件是以人身、财产为侵害目标，采取暴力手段，对被害人的身心健康和生命财产安全造成极大的损害，直接危及人的生命、健康与自由的一种行为。暴力事件包括侵犯他人人身、财产等权利的强暴行为，如杀人、爆炸、强奸、抢劫等以暴力实施的行为。在生活中表现为家庭暴力、学校暴力、街头暴力、竞赛场暴力等具体行为。近年来，我国的暴力行为演化为暴力犯罪的情况日趋严重，并出现了团伙犯罪增多，暴力型破坏活动加剧，作案手段日益凶残、日趋智能化等特点。值得注意的是，青少年在暴力犯罪中所占比例日益提高；人民内部矛盾激化而形成的凶杀、伤害等暴力犯罪也占有相当比例。因奸情、恋爱、婚姻家庭、邻里关系、农村争水争地等发生的暴力事件不在少数，甚至教师管理学生、家长管教孩子、上级批评下级、军官管教战士等行为，都会导致暴力事件的发生。由于暴力行为、暴力案件危害极大，所以一直是我国“严打”的重点对象。

（一）案例警示

案例回放

2014 年 3 月 1 日 21 时 20 分左右，在云南省昆明市昆明火车站，一团伙持械冲进火车站广场、售票厅，见人就砍。该团伙共有 8 人（6 男 2 女），现场被公安机关击毙 4 人、击伤抓获 1 人（女），其余 3 人落网。此案共造成 31 人死亡、141 人受伤。经查证这是一起以阿不都热依木·库尔班为首的新疆分裂势力一手策划组织的严重暴力恐怖事件。

案例解析

新疆分裂势力不顾广大普通群众安危，蓄意制造暴力恐怖事件，犯下反人类、反社会罪行，丧心病狂、罪大恶极，理应受到法律的严惩。遇恐怖袭击时，美国教导民众的三准则：逃！躲！战！即能跑先跑，及时报警，并在不会过度拖慢你速度的情况下拉上其他人；跑不了就藏起来锁好门，手机静音；藏不住就要勇敢机智地与歹徒搏斗。

案例回放

2014 年 5 月 25 日，北京市朝阳区崔各庄乡奶西村“三光背男子殴打一少年”的视频在网上流传，视频长达 8 分 40 秒，视频中 3 名光背男子持续殴打一名少年，引起社会广泛关注，如图 4-8 所示。通过警方连夜工作，5 月 26 日凌晨，公安机关在河北省燕郊将犯罪嫌疑人杨某、程某控制，并采取刑事拘留强制措施。其他参与人员也相继到案。2014 年 7 月 5 日，北京市朝阳区人民检察院对杨某以涉嫌寻衅滋事罪批准逮捕，对未达寻衅滋事罪刑事责任年龄的程某、郭某收容教养。

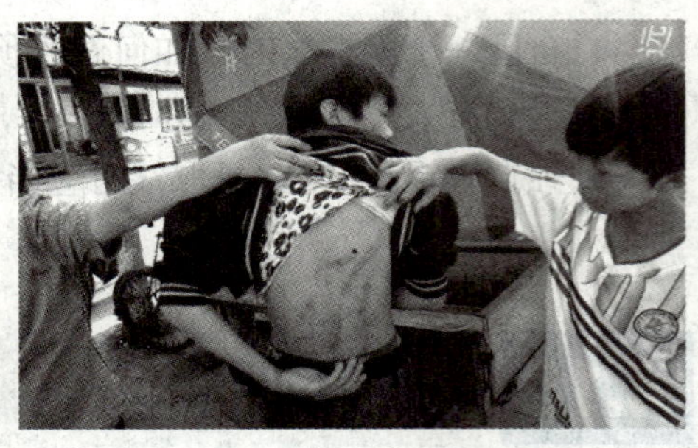

图4-8　遭到殴打的少年

案例解析

犯罪嫌疑人在北京市朝阳区崔各庄乡奶西村内，借故生非，持凶器对被害人进行殴打，造成被害人受轻微伤，涉嫌寻衅滋事罪，最后酿成恶果。父母对孩子的惩戒教育、一些暴力游戏和电影对青少年的影响很大，很多孩子选择使用暴力的手段来解决问题，最终害了自己。

（二）安全建议

（1）平时注意自身言辞，讲话要讲究方式，不逞一时的口舌之快。

（2）提高自身道德修养，保持和善的心态，礼让为先。

（3）青少年学生不去或少去人员集中的场所。

（4）发生突发事件，不要围观。

（5）在确保自身安全的情况下，见义勇为。

（6）不轻信、不转载关于暴力的谣言，经历暴力事件后，禁忌传播，以免给自己带来更大的麻烦及伤害。

预防暴力口诀

自身言辞多讲究，宽容真诚待他人。
遇到问题不慌乱，保证安全把警报。

（三）应对措施

（1）当预知或遇到公共场所有突发暴力事件时，应在第一时间报警，请专业人员来处理。

（2）心里不要产生惧怕感，尽量稳定情绪，找大型器物遮掩自己并卧倒。

（3）观察现场情况，为配合警察救己、救他人做好准备。一旦现场被控制或时机成熟，迅速撤走、远离现场。

思考题

1. 谈谈你对校园暴力的看法。
2. 公共场所遇到暴力事件，应该如何应对？

4.11 踩踏事故

踩踏事故是指在某一事件或某个活动过程中，因聚集在某处的人群过度拥挤，致使一部分甚至多数人因行走或站立不稳而跌倒未能及时爬起，被人踩在脚下或压在身下，短时间内无法及时控制、制止的混乱场面。人在意识到危险时，逃生是本能行为，大多数人都会因为恐惧而“慌不择路”，引发拥挤甚至踩踏，轻则造成局部的混乱，重则严重影响社会秩序。纵观历史上发生的踩踏事件，大都会造成严重的人员伤亡，给家庭和社会造成无法弥补的损失。

发生踩踏事故的起因主要有人群过于集中，前面有人摔倒，后面的人没有留意，未止步进而发生踩踏事故；人群受到惊吓，产生恐慌，如听到爆炸声、枪声，出现惊慌失措的失控局面，在无组织、无目的的逃生中，相互拥挤踩踏；人群因过于激动（兴奋、愤怒等）而出现骚乱，发生踩踏；因好奇心驱使，专门找人多拥挤处去探索究竟，造成不必要的人员集中而发生踩踏。

学校是人员密集区域，集体活动较多，如不掌握必要的安全常识，很容易引发拥挤和踩踏事故。

（一）案例警示

案例回放

2015 年 9 月 24 日上午，沙特阿拉伯圣城麦加进行每年一度的朝觐活动，当地时间 9 时，朝觐者准备举行投石活动。大批朝觐者从距离麦加数千米的米纳帐篷城步行向射石驱鬼仪式地杰马拉特进发，快到目的地时，因为一些朝圣者没有按照官方要求行事引发拥挤和推挤，最终导致踩踏事故发生。死亡 1399 人，伤者 2000 多人，如图 4-9 所示。

图4-9　朝觐活动踩踏事故

案例解析

参加大型集会、处于人多的环境中时，一定要了解必要的急救知识。同时对于非必要的情况，应当避免举行大型的集会。活动举办方应当做好详尽的应急预案，控制好现场秩序，避免踩踏事故的发生。

图4-10　2014年上海跨年夜踩踏事件

案例回放

2014 年 12 月 31 日 23 时 35 分，正值跨年夜活动，很多游客、市民聚集在上海外滩迎接新年，上海市黄浦区外滩陈毅广场东南角通往黄浦江观景平台的人行通道阶梯处底部有人失衡跌倒，继而引发多人摔倒、叠压，致使拥挤踩踏事件发生，造成 36 人死亡，49 人受伤。如图 4-10 所示。

案例解析

2015年1月21日，上海市公布了该事故调查报告，认定这是一起对群众性活动预防准备不足、现场管理不力、应对处置不当而引发的拥挤踩踏并造成重大伤亡和严重后果的公共安全责任事件。黄浦区区政府和相关部门对这起事件负有不可推卸的责任。调查报告建议，对包括黄浦区区委书记周伟、黄浦区区长彭崧在内的11名党政干部进行处分。

（二）安全建议

（1）举止文明，人多的时候不拥挤、不起哄、不制造紧张或恐慌气氛。

（2）尽量避开就餐、集会等人员密集时间，避免到拥挤的人群中凑热闹，不得已时，尽量走在人流的边缘。

（3）在通过较窄的通道或上下楼梯时相互礼让，靠右行走，遵守秩序，注意安全。

（4）在人群中走动，遇到台阶或楼梯时，尽量抓住扶手，防止摔倒。

（5）在拥挤的人群中，要时刻保持警惕，当发现有人情绪不对，或人群开始骚动时，就要做好准备保护自己和他人。

（6）入住酒店、去商场购物、观看演唱会或体育比赛时，务必留心疏散通道、灭火设施、紧急出口及楼梯方位等，以便关键时刻能尽快逃离现场，保证人身安全。

小贴士

拥挤的人群有多大的能量

如果你被汹涌的人潮挤在一个不可压缩的物体上，比如一面砖墙、地面或者一群倒下的人身上，背后七八个人推挤产生的压力就可能达到一吨以上。实际上在踩踏事故中，遇难者大多并不是死于踩踏，而更多的是死于挤压性窒息，也就是人的胸腔被挤压得没有空间扩张。在最极端的踩踏事故中，遇难者甚至可以保持站立的姿态。

（三）应对措施

（1）在发生拥挤时我们要躲避向自己走来的人群，保持沉着，不要惊慌，以免在乱窜时发生摔倒引起踩踏。

（2）当发现前面有人突然摔倒，要马上停下脚步，同时大声呼救，告知后面的人不要向前靠近，如图4-11所示。

（3）顺着人流走，不要逆着人流前进，否则，很容易被人流推倒。

（4）如果陷入拥挤的人流时，一定要先站稳，保持镇静，即使鞋子被踩掉，也不要弯腰捡鞋子或系鞋带。有可能可先尽快抓住坚固可靠的东西站稳，待人群过去后再迅速离开现场。

（5）在拥挤的人群中，双手互握臂弯，双肘撑开约 90° 平放胸前，形成一定的空间保证呼吸。如有儿童，应将他们举过肩头，如图 4-12 所示。

图4-11　踩踏事件应对方法　　图4-12　踩踏事件应对措施

（6）采用人体麦克法进行自救。

① 迅速与周围的人进行简单沟通——如果你意识到有发生踩踏的危险或者已经发生了踩踏，要迅速与身边的人（前后左右的五六个人即可）做简单沟通：让他们也意识到有发生踩踏的危险，要他们迅速跟你协同行动。

② 一起有节奏地呼喊“后退”——你先喊“一、二”，然后和周围人一起有节奏地反复大声呼喊“后退”。

③ 让更外围的人加入呼喊——在核心圈形成一个稳定的呼喊节奏后，呼喊者要示意身边更多的人一起加入呼喊，争取在最短的时间内把呼喊声传递到拥挤人群的最外围。

④ 最外围的人迅速撤离疏散——如果你是身处拥挤人群最外围的人，当你听到人群中传出有节奏的呼喊声（“后退”）时，应意识到这是一个发生踩踏事故的警示信号。此时你要立即向外撤离，并尽量让你周围的人也向外撤离，同时尽量劝阻其他人不要进入人群。

⑤ 不要前冲寻亲——即便你有亲属甚至孩子在人群中，在听到“后退”的呼喊声后，不要冲向人群进行寻亲或施救。你应该意识到后退疏散是此时最明智的救助亲人的方式。前冲寻亲只会迟滞或妨碍对亲人的有效救助，从而让你的亲人陷入更危险的境地。

（7）如不慎倒地，应两手十指交叉相扣，护住后脑和后颈部；两肘向前，护住双侧太阳穴；双膝尽量前屈，护住胸腔和腹腔的重要脏器；侧躺在地，不要仰卧或俯卧。发生踩踏事故时，在确保自己安全的前提下及时拨打 110 或 999 急救，当医护人员无法及时抵达现场，互救可能是唯一可以延续生命的方法。对于失去生命迹象的伤者，要不间断地实施心肺复苏术，直到救护人员到来，如图 4-13 所示。

图4-13 倒地后的安全姿势

思考题

1. 发生踩踏事故的起因有哪些？
2. 如何有效避免踩踏事故的发生？
3. 假如遭遇踩踏事故，应该如何自救？

4.12 性骚扰与性侵害

性骚扰是一方通过言语的或形体的有关性内容的侵犯或暗示，从而给另一方造成心理上的反感、压抑和恐慌。性侵害主要是指在性方面造成的对受害人的伤害。性骚扰与性侵害的主要形式有暴力型性侵害、胁迫型性侵害、社交型性侵害、诱惑型性侵害以及滋扰型性侵害。夏天是女生容易遭受性侵害的季节，公共场所和僻静处所是女生容易遭受性侵害的地方，如图 4-14 所示。

图4-14 校园性骚扰

性骚扰和性侵害是危害学生身心健康的问题之一。由于两性的社会地位和角色不同，相对而言，性骚扰和性侵害的受害对象以女性为主。因此，女大学生了解一些性骚扰和性侵害的基本知识，掌握一些基本应对方法是很有必要的。

（一）案例警示

案例回放

2016 年 4 月 13 日，南京一所高等职业学校的女生，被男老师高某以谈话为由叫到办公室，强迫她看一些女子的裸体照，并问“有没有对性的需求”，她录下谈话过程随后报警。警方调查时，同班 14 名女生联名指证高某。经审讯高某被刑拘。

案例解析

高某作为人民教师，对案件中的被害人负有教育、保护的职责，但其却利用教师身份，多次对女学生进行性骚扰。2005 年 5 月 21 日，提交北京市人大常委会第十一次会议审议的《北京市实施〈中华人民共和国妇女权益保障法〉办法（修订草案）》第三十八条：禁止以语言、文字、图像、电子信息、肢体行为等任何形式对妇女实施性骚扰。《中华人民共和国治安管理处罚法》第四十二条第五款规定：多次发送淫秽、侮辱、恐吓或者其他信息，干扰他人正常生活的，处五日以下拘留或者五百元以下罚款；情节较重的，处五日以上十日以下拘留，可以并处五百元以下罚款。

案例回放

佩佩是湖南某职业技术学院大一学生，2012 年 5 月 5 日晚 9 点多，她与同校同学王某以及其他三名同学（二男一女）一起外出吃夜宵，并喝醉酒。当晚近 11 点，在两名男同学的协助下，佩佩被王某带至学校附近某酒店。随后，在该酒店 402 号房间内，王某对佩佩实施了性侵。第二天早上 6 点多，王某叫不醒佩佩，便叫来一起喝酒的几名同学，拨打了 120。急救人员到达后，发现佩佩已死去多时。

案例解析

佩佩夜晚与同学一起吃饭并喝醉，结果导致悲剧的发生。作为学生，公共场合喝酒要有节制，尤其不能喝醉酒。而作为女学生，更应该洁身自爱，任何场合都应该保持头脑清醒，如果遭遇对方动手动脚时，要明确地予以拒绝。

（二）安全建议

（1）筑起思想防线，提高识别能力。

（2）行为端正，态度明朗，不给坏人可乘之机。

（3）不轻易与陌生人接近或交谈；避免与刚认识的男子独处或饮用由其提供的饮料。

（4）不单独一人进入僻静的教室或其他场所。如果独自在宿舍时，要关好门窗，不要让陌生人进入。

（5）夜间不与陌生人一起乘坐出租车；不搭陌生人的便车。外出时，随时与家人或好友联系，让他们知道自己的位置。

（6）强身健体，学习简单的女子防身术，独自一人外出时应携带防身用品。

小贴士

性骚扰与性侵害安全口诀

自我辨别需提高，洁身自好危险少。
不与生人多交谈，观念预防记心间。

（三）应对措施

（1）对于那些失去理智、纠缠不清的无赖或违法犯罪分子，不要惧怕他们的要挟和讹诈，更不要怕他们打击报复，要大胆揭发其阴谋或罪行，及时向老师报告，学会运用法律武器保护自己。

（2）遭遇性侵害后：

① 生理救助，告诉亲人、找医生、不洗澡、取证、做身体检查。

② 法律救助，拨打 110 报案。

③ 心理救助，获得家庭关怀，与亲人交谈，缓解伤害。

思考题

1. 在公交车上遇到“色狼”该如何应对？
2. 你觉得哪些方法可以更好地避免遭遇性骚扰或者性侵犯？

4.13 宗教信仰安全

宗教信仰是一种意识形态，它作为一种精神风俗，是极其复杂的，与人类的生产、生活、工作和学习等各个方面有着千丝万缕的联系。宗教信仰可以看作全人类所具有的普遍特征。信仰是人类的一种本能、天赋的主观行为，是人类对于宇宙、天地、命运、历史的整体超越性的意识，是信奉某种特定宗教的人群对其所信仰的神圣对象（包括特定的教理教义等），由崇拜认同而产生的坚定不移的信念及全身心的皈依。这种思想信念和全身心的皈依，表现和贯穿于特定的宗教仪式和宗教活动中，并用来指导和规范自己在世俗社会中的行为。中国是个多宗教的国家。中国宗教徒信奉的主要有佛教、道教、伊斯兰教、天主教和基督教。中国公民可以自由地选择、表达自己的信仰和表明宗教身份。

但是在日常社会生活中，有些不法分子冒用宗教、气功或者其他名义，神化首要分子，利用制造、散布迷信邪说等手段迷惑、蒙骗他人，发展、控制成员，建立危害社会的非法组织，成为国际公害。当今世界上有邪教组织近万个，他们制造了一系列骇人听闻的事件。

（一）案例警示

案例回放

2014 年 5 月 28 日，山东省招远市 6 名“全能神”成员在麦当劳餐厅向正在就餐的吴某索要电话号码，遭拒绝后，将其残忍殴打致死。案发后，招远市公安局出警民警快速反应，4 分钟内到达案发现场，将张某等 6 人抓获到案。

案例解析

张某等 6 人受到邪教的严重影响，歪曲事实，虚构角色，自以为是，被捕后，对殴打吴某致死的犯罪行为供认不讳，经最高人民法院核准，山东省烟台市中级人民法院依法对犯故意杀人罪、利用邪教组织破坏法律实施罪的罪犯张某、张某某执行死刑。

案例回放

吴泽衡标榜宗教名人，自称禅宗第 32 代传人，法力无边，弟子拜他为师可以成佛。1990 年，他自创“华藏法门”组织，以“遵规排辈”说操纵组织，以“特异功能”说控制信徒，以“圣物法器”说骗钱敛财，以“男女双修”说奸淫女性。2014 年 7 月 30 日凌晨，一代邪教教主的“神话”被警方的“猎枭行动”粉碎，广东省公安机关在珠海市依法查处非法组织，传唤审查涉案人员 80 多名，搜查取缔活动窝点多处，搜缴该组织宣传品及财物一大批。教首吴泽衡等 21 人因涉嫌组织和利用邪教破坏法律，实施诈骗、强奸等犯罪活动，已被刑事拘留。

案例解析

邪教是祸害，参与邪教活动违法，善良的人们要远离邪教，自觉抵制和防范邪教。邪教对人的残害是巨大的，上述两起案例中，受害人数巨大，让人触目惊心。邪教往往抓住人们的心理，迎合人们的需求，用美丽诱人的言辞骗人入教，得手后就恶毒地用歪理邪说麻醉人们，慢慢地毒蚀人们的心灵，最后使信徒被精神控制而走上绝路。信徒们之所以会被精神控制，是因为他们入教后，长期被封闭在邪教的生活圈子里，与外界隔绝，久而久之，他们的视野就会变得狭窄，意识就会变得模糊，感觉敏锐力下降，甚至失去对现实世界的正确理解和判断能力，最后导致践踏人权，残害生命，如图 4-15 所示。

图4-15 远离邪教活动

（二）安全建议

（1）要树立崇尚科学，破除迷信的思想。

（2）树立正确的人生观和价值观。

（3）不听、不信、不传，不听邪教的宣传，不相信邪教的“鬼话”，更不要帮着邪教去传播。

（4）树立勤劳致富思想，通过自己的双手创造美好生活。

（5）树立科学强身健体的意识。

（6）智慧地抵制邪教。发现邪教违法犯罪行为后，要勇于揭露、举报、起诉。

（7）带动亲人朋友远离邪教。

小贴士

邪教危害口诀

科学知识心中想，邪教邪说勿当真。
不听不信不谣传，锻炼身体强体魄。

（三）应对措施

（1）发现邪教分子在非法串联、秘密集会、聚众闹事，散发反动宣传品，悬挂、张贴反动标语，或者收到邪教组织的信件、邮件、光盘等，立即报告当地政府有关部门或拨打 110 报警。

（2）当发现人民币上印有邪教内容字样，要迅速向公安机关报警并及时到银行兑换。

（3）收到宣传邪教内容的手机短信、电子邮件，请向 12321 网络不良与垃圾信息举报中心举报（http://www.12321.cn）并及时删除，切勿转发。接到骚扰电话直接挂断。

（4）当浏览到宣传邪教内容网站时，请立即向中国互联网违法和不良信息举报中心（http://www.12377.cn）举报。

思考题

1. 邪教有哪些危害？
2. 说一说你了解的邪教危害案例。
3. 如果身边的亲人受到邪教组织的鼓动，你该怎么做？

4.14 公共设施安全

公共设施是指为大众提供的各种公共性、服务性设施，按照具体的项目特点可分为教育、医疗卫生、文化娱乐、体育、交通、社会福利与保障、行政管理与社区服务等公共设施。公共设施安全是指城市内的人员生命和财产安全未受到威胁，涉及公共领域的秩序、利益、价值能够按照公共生活的固有逻辑正常运转的状态。维护和保障城市公共安全至关重要，一旦公共设施安全出现危机，人民群众的切身利益就会遭受损害，经济、社会的发展和稳定也会受到负面影响。公共安全管理存在的不足，主要反映在四个方面：一是有关部门和群众缺乏安全风险意识。二是城市公共安全基础设施薄弱。三是公共安全管理体系尚未建成。四是社会参与公共安全管理不足。由于种种原因，因公共设施引发的安全事故频发，例如电梯伤人、井盖吞人、健身器材事故等，因此，除了要爱护公共设施以外，还要了解一些公共设施的安全隐患和应急处理办法，减少和避免意外伤害事故的发生。

（一）案例警示

案例回放

2013—2015 年，深圳市发生路面坍塌事故 579 起，仅 2013 年发生坍塌事故 211 起，6 人死亡。这些事故中，给排水管道破损占 57.4%，管线施工不当占 11.8%，地铁轨道施工占 10.6%。

案例解析

通过数据可以看到，地面塌陷事故实质上并不是大家以为的“天灾”，相反，更像是“人祸”。各个施工单位胡建乱建、野蛮施工，施工技术不成熟加上使用材料质量低劣成为公共安全潜在的威胁。由此可见，公共设施的安全，需要全社会各个部门协力共同维护。

案例回放

2015年7月26日上午，湖北省荆州市安良百货公司自动扶梯发生事故，据监控显示，一对母子乘坐上行自动扶梯，当母亲抱着孩子走上最后一块踏板时，原本已翘起的踏板突然下陷，母亲在遇险那一刻，奋力将幼小的儿子托举而出，其他人立即救下孩子，而这个母亲却被自动扶梯卷走，如图4-16所示。

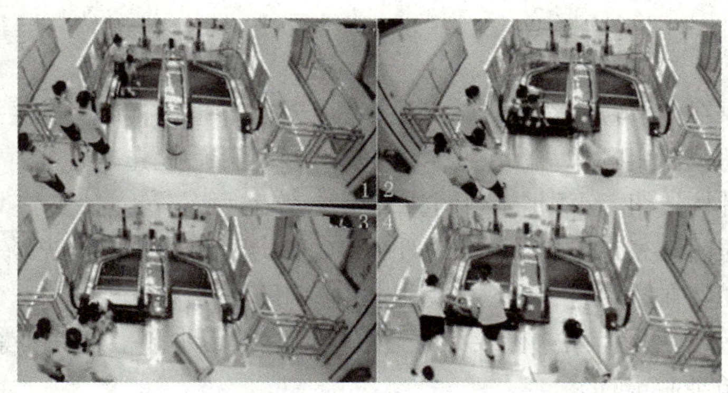

图4-16 自动扶梯“吃人”事件

案例解析

安良百货公司工作人员发现自动扶梯踏板有松动翘起现象，但未采取停梯检修等措施，导致当事人踏在已松动翘起的踏板末端发生翻转，坠入上机房驱动站内防护挡板与梯级回转部分的间隙内，属安全生产责任事故。作为普通市民，我们要提高自身防范意识，掌握基本的自动扶梯乘坐安全知识。

（二）安全建议

1. 乘坐自动扶梯

（1）登上自动扶梯前，确定自动扶梯运行方向，避免踏反。

（2）不要将头、手伸到扶手带以外的区域。

（3）不要随意玩弄扶手、梳齿板或梯级等有相对运动的部件。

（4）要照顾好随行的幼儿，大人应当陪同儿童乘梯。

（5）教育儿童不要在自动扶梯附近攀爬玩耍，不要在自动扶梯上打闹、逆行或坐卧在梯级上。

（6）进入自动扶梯时，不要踩在两个阶梯的交界处，以免因前后阶梯的高差而摔倒。

（7）乘坐自动扶梯时，紧握扶手，双脚稳站在梯级黄线内，不要靠在自动扶梯两边或倚在扶手上。

（8）当出现突发状况时，不要紧张，大声呼救，提醒他人马上按下紧急停止按钮。

（9）如不慎摔倒，应两手十指交叉相扣、护住后脑和颈部，两肘向前，护住双侧太阳穴。

（10）不要光脚或穿着松鞋带的鞋子乘坐自动扶梯。

（11）留意长裙或垂地的衣服，留意洞洞鞋等轻薄的鞋子，防止扶梯“咬”住裙子和鞋底。

2. 乘坐电梯

（1）不要靠在电梯轿厢门、楼层门上，禁止撬门、撞门，以免发生意外。

（2）切勿超载使用电梯，以免发生意外；电梯开门后，先出后进。

（3）不要乱按按钮，否则会降低电梯的运行效率。

（4）轿厢照明灯亮时才能乘梯，轿厢内严禁吸烟，以免引起火灾。

（5）乘客切勿在轿厢内跳动，以免引起电梯不正常运行。

（6）残疾人请使用专用电梯或有专人陪同乘梯，带小孩乘电梯要紧紧握住孩子的手；勿让幼童单独乘电梯。

（7）乘客可以按电梯内操作面板上的“关门按键”关闭电梯门；电梯门扇也会定时、自动关闭，乘客切勿在楼层与轿厢接缝处逗留，以免被夹伤。

3. 其他安全建议

（1）下雨天注意路面情况，看到马路上冒水，应提防井盖被水冲走。

（2）对于没有路灯或者路灯昏暗的地方，最好自备手电照明。

（3）不要乱穿马路，过马路要走人行横道。

（4）使用公共设施时，提前检查有没有损坏，避免受伤。

（5）在公共场所，要有秩序地进行活动。

小贴士

乘坐电梯安全口诀

乘电梯，看须知，讲秩序；门关闭，身莫挡，防伤己；
井道深，莫踹门，防坠底；遇困梯，莫扒门，呼应急；
乘扶梯，握扶手，靠右立；踏板边，有间隙，要注意；
扶手外，危险区，需远离；出入口，不停留，莫嬉戏；
不攀爬，不逆行，防万一；我遵章，你守纪，齐欢喜。

（三）应对措施

（1）若发生公共设施安全事故，根据发生的情况，及时拨打110、119、120或999。

（2）如果被困在电梯内，可以按下警铃和求救电话求助，在电梯角落下蹲抱头（以防下坠），耐心等待救援，不可擅自采取撬门、扒门等错误的自救方法。

（3）如果电梯出现故障下坠时，无论有几层，赶紧把每一层楼的按键都按下（切记要从底部往上按，以最快的速度全按亮，哪怕不亮也按）。如果电梯内有手把，应一只手紧握手把。整个背部跟头部紧贴电梯内墙，呈直线，膝盖呈弯曲姿势。

思考题

1. 城市公共设施潜在的安全隐患有哪些?
2. 如果被困在电梯内应该怎么办?

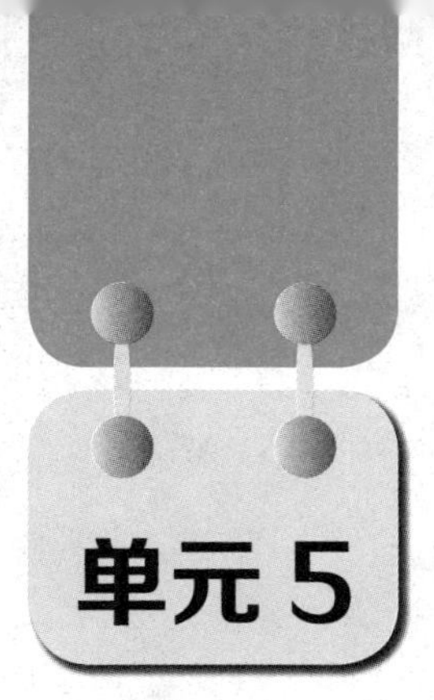

单元5

交通与旅游安全

当今社会，不管是在城市，还是农村，交通状况都日趋复杂，交通风险也随之不断上升。因此，无论是步行、骑行、驾车，还是乘坐公共交通工具，都要注意交通安全。

近年来，我国的机动车、非机动车数量不断攀升，超速、超员、超载、酒驾、怒驾、毒驾、闯红灯、不礼让行人等危险行为时有发生，道路交通事故已成为我国安全生产中死亡人数最多的领域。据不完全统计，世界上每年因道路交通事故造成约 50 万人死亡，1000 多万人受伤，在我国，每年因车祸死亡约 10 万人。冰冷的数字背后有无数家庭承受着亲人离别的悲伤和伤残带来的巨大痛苦。而避免交通安全事故最有效的方法就是遵守交通规则、养成交通文明习惯和严格按照规定使用各类交通工具。如果不幸遇到交通事故，就需要采取有效的应对措施、恰当的处理方法使自己尽快脱离危险。因此，掌握各种交通工具的特性及相应的逃生、自救的方法非常重要。

5.1 步行安全

行人是交通事故中的弱势群体，步行外出时一定要注意行走在人行横道内，在没有人行横道的地方要靠路边行走，横过马路时注意来往车辆，要听从交通民警的指挥或遵守交通信号，不要斜穿、猛跑。行人不遵守交通规则，极易受到各种交通工具的伤害，非常危险。因此，处于弱势群体的行人，在遵守交通规则的同时要主动躲避机动车与非机动车辆，以保护自己和他人的人身安全。另外，当使用旱冰鞋、滑板车、平衡车等休闲娱乐工具时，一定不能作为交通工具在开放性的交通环境中使用，以免控制不住或躲避不及，造成人身伤害。

（一）案例警示

案例回放

2014 年 11 月，上海市一位 40 岁左右的中年妇女在路口的斑马线上等待红绿灯时，被一辆转弯行驶的大货车撞倒并碾压，当场死亡。交警赶到现场后发现，该女士所站位置与货车通行时距离较近，正处在货车的“内轮差”区域，导致该女士被车尾撞倒。

案例解析

车辆在转弯时，由于前后轮行驶轨迹的不同，产生的差值区域叫内轮差。车辆在转弯过程中即使车头已绕过行人，由于“内轮差”的存在，车身也有可能碰撞到行人。上述案例就是因为驾驶人员忽视车辆“内轮差”的存在，才导致严重的事故。若该女士在等车时，站在马路安全线外等红绿灯，也许悲剧就不会发生，如图 5-1 所示。

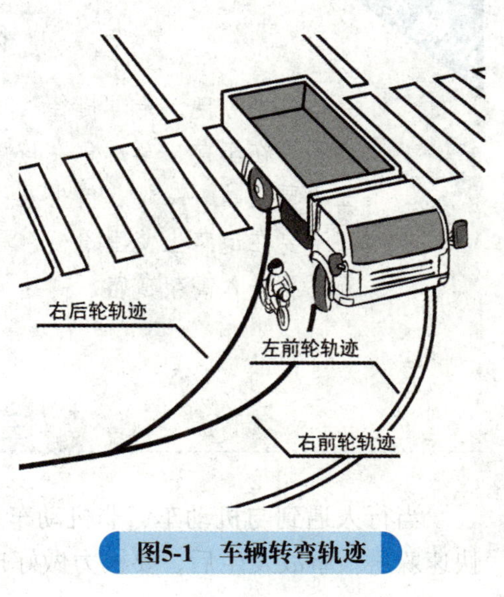

图5-1　车辆转弯轨迹

案例回放

2014 年 4 月 16 日凌晨 4 时 50 分，56 岁的高某驾驶重型半挂牵引车，由南向北行驶至北京市通州区永顺镇朝阳北路邓家窑桥上路口

时，将人行横道内欲横穿马路的行人肖某撞倒，造成肖某颅脑损伤合并创伤性休克死亡。

案例解析

路况较好时，驾驶员经常会以道路最高限速行驶，突然发现闯红灯、横穿马路的行人，很难立即将车停住。此案例中，行人肖某存在闯红灯的行为，没能在第一时间采取躲避措施，因此造成了严重的后果。行人在公路上行走时，要遵守交通法规，尤其在穿行马路时，一定要按照交通信号灯指示通过，切莫心存侥幸。

（二）安全建议

（1）在等待过马路时，尽量站在人行横道上，当允许通行时，不要同转弯的车辆抢行，最好与其保持 3 米以上的距离。

（2）行人通过路口或者横过道路，应当走人行横道或者过街设施。

（3）行人通过有交通信号灯的人行横道，应当按照交通信号灯指示通行。

（4）行人通过铁路道口时，应当按照交通信号或者管理人员的指挥通行。

（5）行走时要专心，并随时留意周围情况，不要边走边看手机，也不要戴耳机过马路。

（6）行人在没有人行横道的路口通过时，应当观察来往车辆的情况，确认安全后直行通过，不得在车辆邻近时突然加速横穿或者中途倒退、折返。

（7）不要扒车、强行拦车或实施妨碍道路交通安全的其他行为。

（8）不要在汽车尤其是大车附近停留或玩耍，以防车辆突然启动造成危险。

（9）在冰冻、雨雪天气出行时，要做到防滑、防摔、防砸、防撞、防磕，最好减少冰冻、雨雪天气出行。

小贴士

行路五不要

一不要图方便，走“捷径”，乱穿马路。

二不要在车前、车后急穿马路，在车行道内坐卧、停留、嬉闹。

三不要钻越、跨越、倚坐人行护栏或道路隔离设施，扒车、强行拦车。

四不要在道路上使用滑板、旱冰鞋等滑行工具。

五不要进入高架道路、高速公路以及其他禁止行人进入的道路。

（三）应对措施

当行人遇到与机动车、非机动车发生交通事故时，应迅速判断车辆的前行方向，快速躲避。事故发生后，要极力做好自我保护，避免发生二次事故或其他原因造成更大伤害。在意识清醒时，记下肇事车辆的车体特征（如颜色、车型、品牌、损坏位置等）、车牌号等信息，并立即拨打 122 报警，等待交警进行处理。如果事故造成人员受伤，要在保证自己安全的情况下，先控制现场，并立即拨打 120 或 999 急救电话，同时尽可能对伤者进行必要的急救处理，做到先救命后治伤。

思考题

1. 行人在通过没有交通信号灯的路口时，怎样做最安全？
2. 行人在路口过马路时，应与拐弯车辆保持多远的距离？
3. 行人与机动车发生事故后，应该采用怎样的步骤进行处理？

5.2 骑行安全

自行车作为日常生活中绿色、低碳、缓解拥堵的主要交通工具之一，不仅方便快捷，骑行更是大学生一种时尚、休闲的生活方式。无论是平时上学、就餐、出行，还是节假日出游，越来越多的大学生都愿意采用骑行方式。而在当今车多人多的城市交通环境中，一旦在骑行时疏忽大意，不注意安全规范，很容易导致意外伤害事故的发生。另外，随着时代的发展、科技的进步，电动自行车、平衡车以其方便快捷、价格低廉、实用性高等优势，越来越受到大学生的喜欢，在全国各地的普及率也越来越高，但由于其行驶速度大多超过国家标准，潜在的安全隐患与日俱增。仅北京 2015 年电动二轮车就发生交通事故 31 404 起，死亡 113 人，伤 21 423 人，受伤人数占北京市交通事故伤人总数的 36.7%。因此，无论何时何地，在骑行时一定要遵守交通规则，以避免发生不必要的事故伤害。

（一）案例警示

案例回放

2015 年 7 月 14 日下午 4 点，位于江苏省扬州市广陵区广陵中学路段发生一起自行车交通事故，由于 3 名中学生在步行道上逆向并排骑行，其中一名骑行者因避让步行道上的一名戴耳机的女子而干扰了另外一名骑行者，使其摔倒在机动车道上，不幸被后方正常行驶的摩托车撞伤，造成右手骨折。

案例解析

城市中的步行道比较窄，而且行人较多，在步行道上单人逆向骑行时，尚且存在撞到行人的隐患，更何况三人并排骑行。并排骑行时车把距离一般较小，其中一人突然调整方向，极易干扰相邻的骑行者，进而发生危险。

案例回放

2014 年 8 月一天的凌晨，李女士骑自行车擅自进入北京市房山区某高速路，途中不幸与一辆重型半挂货车相撞，事故导致李女士当场死亡。

案例解析

电动自行车属于非机动车，应该在非机动车道内行驶，案例中的李女士安全意识淡薄，违反交通规则驾驶非机动车进入高速路，造成与在高速路正常行驶的重型半挂货车发生碰撞，导致事故发生。

（二）安全建议

（1）骑行前要对自行车进行全面的安全检查，如图 5-2 所示。

图5-2 自行车安全设备

（2）骑行中，务必双手握把，手指轻触刹车。

（3）骑行中，禁止随意变道。变道时，请左右观察身后路况再进行。

（4）骑行者若需要穿过没有信号灯的路口，需在到达路口前减速或停车，左右观察来往车辆和行人情况，确定安全后再通过路口。

（5）骑行者应尽量避免在人多的步行道上骑行，若不得已要从步行道上通过，一定要下车推行。

（6）两人及两人以上共同骑行时，应该呈一路纵队，同时保持安全间隔，禁止并排骑行；骑行中，尽量以匀速行进，不宜突然加速或急刹车，以免影响其他人的判断。

（7）骑行时，若要从机动车旁边绕行时，应先减速，尽量与机动车保持1米以上的距离，避免车内人开门下车而与车门相撞。

（8）夜骑时，请保证让别人能清楚看到你的灯光反光标志。

（9）骑电动自行车时一定要遵守交通法规，不能超速、超载，注意躲避机动车，避让行人。

（10）骑行时，若突遇情况需要紧急刹车，应同时使用前后刹车制动，并控制身体重心不要过于前倾，屁股必须靠紧坐垫后部，以免翻车或侧滑。

小贴士

骑车十不准

一不准闯红灯或推行、绕行闯越红灯。

二不准双手离把、攀附其他车辆或手中持物。

三不准在市区或城镇道路上骑车带人。

四不准在机动车道、人行道上骑车。

五不准在公共道路上学习骑车。

六不准醉酒骑行、扶肩并行、互相追逐、曲折竞驶、突然猛拐。

七不准牵引车辆或被其他车辆牵引。

八不准擅自在自行车、三轮车上加装动力装置。

九不准违反规定载物。

十不准未满12周岁的儿童在公共道路上骑自行车。

（三）应对措施

骑车时一旦与机动车发生事故，要注意自我保护，必要时拨打122报警，等候交通警察前来处理。若遇到撞人后驾车或骑车逃逸的情况时，应记下逃逸车辆的车牌号，并立即拨打122报警或向周围群众求助。如果事故中有人受伤，在保障自己安全的情况下，拨打120或999急救电话，同时尽可能对伤者进行必要的急救处理，注意先救命后治伤。

思考题

1. 骑车前如何对自行车进行安全检查？
2. 骑行时膝关节受伤怎么处理？

3. 两人以上团队骑行应注意什么？

5.3 乘车安全

汽车是重要的交通工具之一，人们在享受汽车带来的方便、快捷的同时，也不得不面对交通事故带来的困扰。大学生日常选乘出租车、公交汽车、长途汽车等公共交通工具出行已经是生活中不可缺少的一部分，在等待和乘坐时一定要遵守公共秩序，文明乘车，确保乘车安全。近年来，交通环境日趋复杂，马路上到处都是奔流不息的汽车，由车辆引发的交通事故频频发生，也经常有大学生卷入交通事故中，造成意外伤害，因此大学生了解乘坐汽车出行的相关安全知识非常必要。

（一）案例警示

案例回放

一辆由上海市开往浙江省上虞市的大客车，冒雨行驶在沪昆高速浙江嘉兴段，车速相当快，车上的乘客完全没有意识到危险，聊天、睡觉，甚至在车厢里走来走去。突然失控的大客车一头撞上高速公路右侧的护栏，然后发生侧翻。车辆失控后，乘客们尽管已经拼命抓住椅背或扶手，但发生碰撞的瞬间，有的人还是很快被甩出车去。侧翻事故导致22位乘客中，1人死亡，21人受伤。

案例解析

大客车在高速行驶时，一旦出现急刹车、急转弯或撞车、追尾等情况，由于惯性，人的身体会因不受控制而与周边物体产生碰撞，从而造成身体伤害。因此，系上安全带是非常重要的安全措施。案例中，由于乘车人员的安全意识淡薄，没有系安全带，最终导致悲剧发生。

案例回放

2015年6月7日下午5时30分，一辆由汉口开往湖北省孝昌县的长途客车，在107国道孝南区路段烟灯山公墓附近由南向北行驶时，与一辆从北向南行驶的运沙车猛烈相撞。半边客车车体被撕裂，多名乘客被甩到车外，客车上有37位乘客，造成9人死亡，11人受伤，如图5-3所示。

图5-3 长途客车事故

案例解析

车辆高速行驶时，因雨天道路湿滑、能见度低，遇到紧急情况无法及时制动，造成与对面车辆迎面相撞，从而造成严重的交通事故。此案例就是由于道路湿滑，车速较快而引发的交通事故。

（二）安全建议

（1）乘坐公共汽车、电车和长途汽车须在指定地点依次候车，待车停稳后，先下后上。

（2）不要在行车道上或交叉路口处拦出租车，应当在非交叉路口处的行人道上拦出租车；在道路上搭乘出租车时，应当从车身右侧上车，上车系好安全带。

（3）车辆行驶中禁止将身体的任何部位伸出车外，不准向车外丢弃物品。

（4）乘车途中要扶稳坐好，没有座位时，要双脚自然分开，侧向站立，手应握紧扶手，以免车辆紧急刹车时摔倒受伤。

（5）车辆在行驶过程中不要与司机说话，以免干扰其驾驶。

（6）禁止在车未停稳前抢上、抢下，下车时要观察车门外有无来往车辆。

（7）禁止携带易燃、易爆等危险品乘车。若在车内闻到烧焦物品的气味或看到不明烟雾、不明物体时，要及时通知司售人员，同时撤离到安全位置，切勿自行处置。

（8）切勿乘坐“黑车”“黑摩的”等非法交通工具。

（9）避免乘坐在货车车厢内，因为货车车厢仅为装卸货物方便而设计，没有考虑乘车人安全而设置扶手、座位等设施，车辆转弯时的离心作用或行驶中因车身颠簸，很容易导致磕碰等伤害。

（10）下车后，不要从车前、车后突然走出横穿马路。

（11）一旦发生意外事故，切忌惊慌、拥挤，应服从司售人员的指挥，积极开展自救和互救。

小贴士

轿车里哪个座位最安全

美国的一个专家小组，通过近10年的事故调查分析和实车检测后得出结论：如果将汽车驾驶员座位的危险系数设定为100，则副驾驶座位的危险系数是101，驾驶员后排座位的危险系数是73.4，副驾驶后排座位的危险系数为74.2，后排中间座位的危险系数为62.2。也就是说，小汽车内安全性由高到低可排列为：后排中间座位、驾驶员后排座位、后排另一侧座位、驾驶座位、副驾驶座位。

（三）应对措施

（1）乘车时若突遇车辆失控，不要惊慌，应抓紧扶手，身体尽量靠近车辆中间座位，不能影响驾驶员操作，更不能随意移动或跳车。

（2）在碰撞发生前，要深坐在座椅中，双手握拳，用手腕护住前额，同时屈身抬膝护住腹部和胸部，若前方靠背较近，也可以将手抵住靠背，头放在手背上。相撞时避免喊叫，应该咬紧牙齿，以免碰撞时咬坏舌头，如图5-4所示。

图5-4　防碰撞姿势

（3）乘坐公共汽车或旅游客车遇到紧急事故时，司机座位旁边和前、后车门顶部各有一个应急断气开关，在按下应急开关后，乘客就可以按开门方向手动打开车门。如车门无法打开，应使用安全锤将玻璃击碎逃生。

（4）车子刚落入水中时，车门是最容易打开的，应迅速打开车门逃生。无论是天窗逃生、敲碎玻璃逃生，都不如奋力推开车门来得直接。如果车子进水车门打不开，应选择用羊角锤敲碎侧窗玻璃逃生。

（5）突遇汽车发生火灾，一定要保持头脑冷静，不要慌乱，此时被困人员必须明确，人的生命安全是第一位的。首选打开附近的车门，其次应用安全锤砸击车窗的破窗点或车窗的四个边角，砸破后用脚将玻璃踹出窗外马上逃生。

思考题

1. 乘坐小轿车，坐哪个座位更安全？
2. 乘车过程中即将发生碰撞，怎样的姿势可以减轻一些伤害？

5.4 轨道交通出行安全

轨道交通具有较高的运载能力、准时性、速达性、舒适性和安全性，运营费用较低，对环境污染小，能充分利用地上地下空间等特点。随着城市地铁与城际高铁建设的发展，轨道交通网线结构越来越完善，列车密度越来越大，列车速度越来越快，人们出行乘坐轨道交通的频率也越来越高。但人们在享受快速、高效、便捷的轨道交通服务的同时，也要关注轨道交通因为设备故障、人为破坏、不可抗力等原因，可能突发轨道交通重大安全事故。据相关消息，2015 年全国铁路交通事故死亡人数 1037 人。掌握一些轨道交通出行安全知识和应对措施是十分重要的。

（一）案例警示

案例回放

2013 年 11 月 6 日 18 时 57 分，正值北京地铁晚高峰期间，在地铁 5 号线惠新西街南口站，一名 33 岁女性乘客在乘车时被卡在屏蔽门和车门之间，列车启动后掉下站台，后经医院抢救无效身亡。

案例解析

早晚高峰期间，地铁的人流量非常大，为尽快赶回家，乘车人员通常不顾拥挤，车厢拥堵情况时常发生，案例中的乘客被夹在屏蔽门和车门之间就是因非常拥挤而造成的，而从地铁公司方面来看，由于没有在车门空隙安装感应装置，当出现意外时，车辆照常行驶也是导致乘客掉下站台而最终死亡的原因之一。

案例回放

2011 年 7 月 23 日 20 时 30 分，甬温线浙江省温州市境内，由北京南站开往福州站的 D301 次列车与杭州站开往福州南站的 D3115 次列车发生动车组列车追尾事故，造成 40 人死亡、172 人受伤，中断行车 32 小时 35 分，直接经济损失 19 371.65 万元。

案例解析

由于列控中心设备存在严重设计缺陷、上道使用审查把关不严、雷击导致设备故障后应急处置不力等因素造成安全责任事故。这样的事故虽然很少发生，但我们乘坐高铁也要掌握一些高铁安全防范知识，以备不时之需。

（二）安全建议

（1）按照车次的规定时间进站候车，以免误车。

（2）在站台候车时，一定要站在站台一侧白色安全线以内，以免被列车卷下站台，发生危险。

（3）禁止在车门即将关闭时抢上、抢下，同时要注意脚下站台间隙。

（4）在车上要注意保管好自己的手机、钱包等财物，尤其在人多拥挤时，以免被盗。

（5）列车行进中，不要把头、手、胳膊伸出车窗外，以免被沿线的信号设备等刮伤。

（6）不要在车门和车厢连接处逗留，那里容易发生夹伤、扭伤、卡伤等事故。

（7）严禁摆弄火车上的专业设备。

（8）严禁携带烟花爆竹、管制刀具、汽油等违禁物品上火车。

（9）要熟记车上安全通道位置及安全设备的使用方法。

（10）不向车窗外扔废弃物，以免砸伤铁路边行人和铁路工人，同时也避免造成环境污染。

（11）高铁列车是全封闭车厢，运行速度快。在运行中，一旦有旅客在车厢内的任何部位吸烟都会触发烟雾报警器，从而导致列车自动降速甚至紧急停车，严重影响列车安全。

（12）一旦发生紧急情况，听从乘务人员指挥，不要慌乱逃生，以免发生其他危险。

小贴士

地铁屏蔽门打不开怎么办

遇到屏蔽门打不开时，站台上的工作人员会用钥匙解锁开门。乘客也可以手动解锁开门或从邻近的车门下车，手动解锁装置在门框中部。候车乘客不要挤靠屏蔽门，列车滑动状态时，也不要上下车，更不要强行扒门。

（三）应对措施

1. 被夹于屏蔽门和车门之间，该怎么办

（1）设法用手中物品或胳膊、腿抵住车门，绝不让它关闭，只要门不关闭严实，列车绝不会开动。

（2）若不幸屏蔽门、车门都已经关闭，屏蔽门内侧有一对黄色或红色的把手，只需要把屏蔽门打开一个小缝隙，列车也会紧急停止。

（3）站台上若有候车群众，应请其立刻按动靠近车头和车尾站台柱子上的紧急停车按钮。

（4）列车上的乘客，应立刻按动车厢中车门两侧或窗户上方或车厢连接处的乘客报警按钮或紧急开门栓，如图 5-5 所示。

图5-5 轨道交通应急装置

2. 若不慎掉下站台怎么办

（1）一旦不慎掉下站台，应赶紧向站台工作人员大声呼救，以便工作人员及时采取停电措施进行救助，切忌盲目爬上站台，以免发生触电事故。

（2）坠落后如看到有列车驶来，最有效的方法是立即紧贴里侧墙壁，避免列车刷到身体或衣物。带电的铁轨通常在靠近站台一侧。

（3）看到列车驶来，不要就地趴在两条铁轨之间的凹槽里，因为地铁和枕木之间没有足够的空间让人容身。

3. 火车发生事故时该如何应对

火车发生事故时，乘客会察觉紧急刹车、剧烈晃动、车厢向一边倾倒。此时要马上采取比较安全的姿势。远离门窗的乘客可趴下，抓住牢固的物体，以防被抛出车厢；若座位靠近门窗，就应尽快离开，跑到车厢中部并迅速抓住车内的牢固物体；面朝行车方向坐的人要紧靠在固定的物体上，马上抱头屈肘，稍低头，下巴紧贴胸前，以防脸部、颈部受伤；背朝行车方向坐的人也应马上用双手护住后脑部，同时屈身抬膝护住胸、腹部。火车发生事故时，不要尝试跳车，否则身体会以全部冲力撞向铁轨，此外还会发生碰到通电流的铁轨、飞脱的零件等伤害，非常危险。

思考题

1. 若不慎被夹于地铁屏蔽门和车门之间，该怎么办？
2. 地铁屏蔽门打不开怎么办？

3. 火车发生事故紧急刹车时如何应对？

5.5 乘船安全

随着“海上丝绸之路”战略的提出和水路经济的发展，我国水上交通运输也日新月异，飞速发展。乘船出行的乘客数量逐年增加，但受天气以及其他人为因素的影响，乘船出行有时也会遇到意想不到的事故，因为水上逃生和救援的难度远远大于陆地交通，所以一旦发生事故，就会对乘客人身安全造成极大的伤害，尤其是大学生，正值花季年华，了解一些乘船的安全常识和容易引起乘船事故的原因，同时掌握一些自救逃生的方法，避免和减少伤害事故的发生是非常有必要的。

（一）案例警示

案例回放

2015年6月1日21时32分，重庆东方轮船公司所属“东方之星”号客轮由南京开往重庆，当航行至湖北省荆州市监利县长江大马洲水道（长江中游航道里程300.8千米处）时翻沉，造成442人死亡（事发时船上共有454人，经各方全力搜救，12人生还，442具遇难者遗体全部找到）。经调查认定，“东方之星”轮翻沉事件是一起由突发罕见的强对流天气带来的强风暴雨袭击导致的特别重大的灾难性事件。

案例解析

经调查，“东方之星”客轮抗风压倾覆能力不足以抵抗所遭遇的极端恶劣天气。该轮建成后，历经三次改建、改造和技术变更，风压稳性衡准数逐次下降，虽然符合规范要求，但基于“东方之星”客轮的实际状况，经试验和计算，该轮遭遇21.5米/秒（9级）以上横风时就会倾覆。此次沉船事故就是船舶设施落后造成的，若乘船人员事先发现问题，拒绝乘坐违规船只，也许悲剧就不会发生。

案例回放

2009年8月的一个下午，河北省沧州市一名学生乘船旅行。轮船行驶中，他趁船员不注意，站到甲板边缘低头欣赏波浪，不慎失足落水。幸好被船员及时发现，才没有造成严重后果。事后船长解释说：“站在甲板往下看时，有些人会产生一种眩晕的感觉，若不注意，很容易失足落水。”

案例解析

船只行驶时，若站在甲板边缘处，由于身体受到船身振动、摇晃的刺激，人体不能很好地适应和调节机体的平衡，容易使神经功能发生紊乱，引起眩晕，极有可能导致身体失衡而落入水中。案例中的学生就是因为上述原因失足落水，幸好被船员及时发现才幸免于难。

（二）安全建议

（1）严禁乘坐渔船、农用船、普通货船等非载客船舶出行。

（2）严禁乘坐缺乏救护设施、无证经营的船只，更不能冒险乘坐超载的船只或“三无”船只（没有船名、没有船籍港、没有船舶证书）。

（3）不选择在恶劣天气和海况下乘船出行。若在航行途中遇到恶劣天气临时停泊时，要静心等待，不要求船员冒险开航，以免发生事故。

（4）凭票乘船，严禁携带危险物品上船，发现有人将危险品带上船，应通知管理人员妥善处理。

（5）上下船时，须等船只靠稳，工作人员安置好上下船的跳板后才可行动。上下船不要拥挤，不能随意攀爬船杆，更不能跨越船挡，以免发生意外落水事故。

（6）上船后要留意观察安全通道，记住救生衣、救生船、灭火器、灭火栓的位置及使用方法。

（7）不能将行李放置在阻塞通道和靠近水源的地方。

（8）禁止在船上嬉闹，不能拥挤到甲板一侧观景，不能紧靠船边摄影，更不能站在甲板边缘向下看波浪，以防眩晕或失足落水。

（9）客舱内严禁卧床吸烟，严禁违章用火，勿过量饮酒。如发现有影响旅客和船舶安全的情况，应及时向船舶负责人报告。

（10）航行途中一旦发生意外事故，旅客应按工作人员的指示穿好船上配备的救生衣，不要慌张，更不要乱跑，以免影响客船的稳定性和抗风浪能力。

（11）若所乘船只发生局部火灾或其他不安全现象，应及时与工作人员联系。在未搞清情况之前，切勿大声喧哗。

小贴士

救生衣的使用方法

（1）将救生衣口哨袋朝外穿在身上。

（2）拉好拉链，双手拉紧前领缚带，缚好颈带。

（3）将下缚带在前身左右交叉缚牢。

（4）穿妥后检查每一处是否缚牢。

（三）应对措施

1. 船只发生事故报警求救信号有哪些

（1）用号笛、号钟或者其他任何有效鸣响器连续发出急促短声。

（2）用无线电报或者其他通信方法发出国际莫尔斯电码求救信号（SOS）“…---…”。

（3）用无线电话发出“求救”或者“MAYDAY”的语音信号。

（4）在船上燃放火焰（晚上）或浓烟（白天）。

（5）人力船、货帆船遇险时，若在白天，可摇红光灯或红光手电筒。

2. 水上遇险报警的主要内容有哪些

（1）船名、联系方式和救助需求。

（2）险情种类、险情发生的时间和地点。

（3）遇险人数及伤亡情况。

3. 救助落水人员应遵循哪些原则

救助落水人员的原则：先发现先救，后发现后救；先救近处的，后救远处的；先救无救生器材的，后救有救生器材的；先救伤病员，后救其他人员。

4. 旅客在听到火灾警报后应如何行动

（1）保持镇静，听从船上人员的指挥。

（2）查看舱室内有关警报声响代表的含义，了解警报的种类。

（3）迅速穿好衣服和正确穿好救生衣。

（4）听从船员的指挥，进入集合地点。

（5）不要拥挤，保持通道和梯道上的秩序，顺着脱险通道路线前进。

（6）进入集合地点要听从船员的指挥。如需撤离船舶，要有组织地进入救生艇筏，妇女和儿童优先，不要争抢救生设备，更不能盲目跳入海中。

思考题

1. 救助落水人员应遵循哪些原则？
2. 不能乘坐什么样的船只？
3. 穿救生衣跳水逃生时，该如何做？

5.6 乘飞机安全

随着我国民航事业的发展和人们生活水平日益提高，飞机已成为人们出行的重要交通工具。由于飞机高空、高速飞行，会遇到雷电、气流、飞鸟等各种因素的影响，也会产生意外事故。飞机一旦遭遇事故，往往后果比较严重。据2015年航空事故数据显示，2015年有记录的航线飞机致命空难有16起，共造成560人死亡。因此，应该高度重视乘机安全，了解乘机安全常识和一些自救措施，能够帮助人们减轻乘机时的不安心理。

（一）案例警示

案例回放

2015年2月4日上午中国台湾复兴航空GE-235班机自台北松山机场起飞2分钟后偏离航道，撞到高架桥后坠入基隆河，飞机坠河后，机身、机尾和机头断裂，机头垂直栽入基隆河底，机上共58人，其中有2个内地旅行团的31名游客。此次坠河事故造成48人罹难，如图5-6所示。

图5-6 2015年中国台湾坠机事故

案例解析

飞机在起飞和降落期间，是最容易发生事故的阶段。此次空难，飞机起飞后因驾驶员关错引擎，引起1号发动机被关断，停止工作，造成坠河伤亡事故。

案例回放

2012年3月，由成都飞往北京的航班，在飞行过程中，乘客李某因疏忽未将手机关机，对飞机导航系统产生干扰，造成飞机偏离正常航线30°。所幸当晚天气较好，加上机组人员及时发现，采取了补救措施，没有对飞行造成严重影响。北京首都国际机场公安分局依据有关法律法规给予李某行政拘留5天的处罚。

案例解析

手机在使用过程中会发出电磁波信号并占用一定的频率，飞机的通信导航设备也有着属于自己专用的频率和波段。如果在这段频谱上有其他无线电信号，它们就会相互干扰，使机上工作人员接收信号时做出错误的判断，影响飞机的正常飞行，甚至导致航空事故的发生。

（二）安全建议

（1）选择班机时，最好选择大飞机且直航的航班，大部分飞机事故都发生在起飞、下降、爬升或在跑道上滑行时，减少转机次数也就能降低遭遇飞行意外的概率。

（2）不要携带危险物品上飞机。

（3）登机后，应仔细阅读前排椅背上放置的安全须知，熟记飞行前的安全指示，熟记安全门的位置，学会使用氧气面罩。

（4）在飞机起飞或降落未停稳前，应坐稳并系好安全带，系紧安全带能为乘客提供更多一层的保护，严禁起身站立。

（5）飞机在起飞、着陆的过程中应打开窗户的遮阳板，收起小桌板，调直座椅靠背。

（6）在飞行期间，禁止使用以下设备：手机、AM/FM 收音机、便携式电视机、遥控玩具等。

（7）飞行期间，不要打闹、打架或做出其他威胁飞机安全行驶的行为。

（8）不要在飞机上喝太多的酒，由于机舱内的舱压与地面不同，过多酒精将使乘客在紧急时刻应变能力减缓，丧失逃生的机会。

（9）在非紧急情况下，不要乱动安全门或其他逃生设备。

（10）当飞机发生紧急情况时，应保持镇定，听从机上工作人员指挥。

小贴士

飞机上有哪些救生设施

应急出口：一般在机身的前、中、后段，有提醒标志。

应急滑梯：每个应急出口和机舱门都备有应急滑梯。

救生艇：平时被折叠包装好存储在机舱顶部的天花板内。

救生衣：救生衣放在每个旅客的座椅下，飞机在水面迫降后穿上。

氧气面罩：每个座位上方都有一个氧气面罩存储箱，当舱内气压降低到海拔高度 4000 米气压值时，氧气面罩便会自动脱落，只要拉下戴好即可。

灭火设备：所有民航客机上都有各种灭火设备，例如干粉灭火器、水灭火器等。

（三）应对措施

（1）乘机发生意外时，应保持冷静，服从机组人员的指挥；系好安全带；竖直椅背，收回小桌板，保证逃生通道畅通；打开遮阳板，让机舱保持一定的亮度，确保乘客能观察到机内机外的情形，以决定逃生方向；如果自己或别人受伤，应尽快通知乘务人员，以便及时采取急救措施。

（2）当飞机需迫降时，应脱下眼镜、假牙和高跟鞋。口袋里的尖锐物品，如铅笔、圆珠笔等也应该拿出来。将双腿分开，低头，两手抓住双腿。飞机即将着陆时，应两手用力抓住双腿、屏气，使全身肌肉紧张，来对抗飞机着陆时的猛烈冲击。

（3）如机舱内有烟雾，用手巾（最好是湿的）掩住鼻子和嘴。走向安全门时尽可能俯屈身体，贴近机舱地面。

（4）飞机停稳后，应立即解开安全带，找到机舱门或紧急逃生门，用坐着的姿势从充气逃生梯滑下，从滑梯撤离时，应双臂前平举，轻握双拳，双腿伸直并拢紧贴梯面，滑至梯底，迅速离开，如图 5-7 所示。

图5-7 滑梯撤离姿势

（5）如果飞机迫降或坠毁在陆地上，乘客应撤离至飞机残骸 200 米以外的上风向区域。

（6）如果飞机迫降在水上，飞机的救生艇会自动充气，停放在机翼上。乘客应听从机组人员指挥，穿上救生衣，依次通过安全门，登上救生艇（注意：不要在机舱内为救生衣充气，这样会造成行动不方便）。

（7）飞机迫降后，应迅速离开飞机，因为飞机随时有起火、爆炸的危险。

思考题

1. 飞机起飞后乘客能否使用手机?
2. 从滑梯撤离时，动作要求是怎样的?
3. 飞机机舱内有烟雾应该怎么办?

5.7 驾车安全

随着汽车行业的快速发展，以及人们生活水平的日益提高，自驾车出行以其方便自由、快捷舒适等优势，越来越受到人们的喜爱，成为多数家庭，以及大学生出行的首选。据国家统计局公布的数据显示，截至2015年5月，我国机动车驾驶人员数量为309 833 813人，机动车保有量为269 857 309辆，仅2015年5月机动车保有量增量就超过120万辆，机动车增长速度属于较快增长水平。机动车飞速增长的同时，也隐藏着交通事故多发的危险，2014年全国共发生机动车交通事故196 812起，机动车交通事故受伤人数达194 887人，这给人们的出行安全敲响了警钟。因此，驾车出行一定遵守交通法规，养成良好的驾驶习惯。

（一）案例警示

案例回放

2013年8月7日清晨，麦先生开车送老婆、儿子去旅游，行驶至佛山市南海区桂城海八路金融隧道由西往东方向入口处撞倒一位行人，下车抢救伤者的过程中，4人同被后来驶至的货车如打保龄球般撞倒。事故造成2人当场死亡，1人送院不治，还有1名14岁少年被送入ICU，其中2名死者为重伤少年的父母。

案例解析

交警部门调查，该事故为撞人后抢救时发生的二次事故。在道路上发生事故后，驾驶员除立即开启应急灯、放置警示标志外，还应当召集所有乘客转移到相对安全的高速路右侧路肩上或者应急车道内，并及时报警。如果车辆难以移动，则应当持续开启应急灯，提醒后面的车辆。同时，还应当在来车方向150米外放置发光或反光的警告标志等扩大示警的距离。如果是在夜间、雾天等能见度低时，驾驶员还应该打开示廓灯。

案例回放

2012年9月10日晚9时左右，河南省郑州市西四环马寨附近一条尚未完工的路上，一辆面包车撞倒一名年轻农民工，经抢救无效死亡。肇事司机称，当时车速不快，对面的大货车开着远光灯，“走近时，眼被‘闪瞎’了，什么也看不见”。等他看到路上有人时才紧急刹车，但为时已晚。

案例解析

正面会车时，开远光灯会导致对方瞬间致盲，对速度和距离的感知力下降，对宽度的判断力下降。而后方车辆开启远光灯，前车内外3个后视镜中都会出现大面积光晕。案例中，事发地点并没有路灯或人行横道，大车司机为了照明开启了远光灯，正是由于远光灯照射，使对面司机瞬间致盲，才导致了严重的车祸。因此，在会车时，一定要提早将远光灯调节为近光灯，以免影响对面车辆，如图5-8所示。

图5-8 远光灯瞬间致盲

（二）安全建议

（1）自驾游前一定检查车辆，尤其要检查汽车发动机、气囊、ABS 指示灯、轮胎、制动装置、离合器片、雨刷器等。

（2）上车后系好安全带，并提醒乘车人员系好安全带，安全带位置不要过高或过低，如图 5-9 所示。

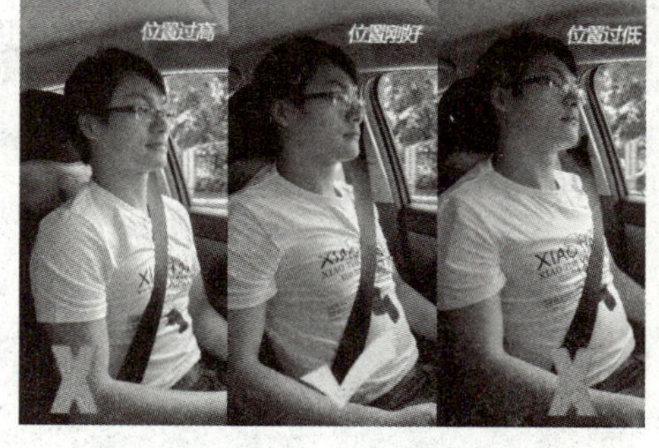

图5-9 安全带位置

（3）随时检查轮胎气压，防止长途旅行发生爆胎，同时要带上备胎。

（4）驾车过程中一定要遵守交通规则，按信号灯指示通行，并注意礼让行人。

（5）避免“三超一疲劳”，不超速、不超员、不超载、不疲劳驾驶。

（6）文明驾驶，不要不打转向灯强行并线，不开斗气车、不占用应急车道。

（7）行车过程中尽量不要长时间使用空调内循环功能，防止因缺氧加速司机疲劳。如感到疲劳，可将车停放到安全的地方小憩。

（8）记住驾车三原则：集中注意力、仔细观察和提前预防。

（9）行车遇到路口情况复杂时，要做到“宁停三分，不抢一秒”。

（10）要注意与前方车辆，尤其是大型车辆保持安全距离，避免有突发事故难以闪躲。

（11）会车时，如果对方开了远光灯，可以用远近光灯转换来提醒对方车辆关闭远光灯。

（12）雾霾天气开车不要使用远光灯，应及时打开雾灯。

（13）车上常备警告标志、药箱、破窗工具等物品，以备不时之需。

（14）外出加油时应选择正规加油站，避免劣质油对发动机等部件造成损害。

小贴士

十大不良驾驶习惯

（1）不系安全带。
（2）进食、打电话。
（3）躺着、伸直腿、穿高跟鞋开车。
（4）与乘客尤其是后排座乘客聊天。
（5）转弯、变线不打转向灯。
（6）与行人抢道。
（7）在高速公路、立交桥上错过出口，图省事倒车。
（8）占快车道慢行。
（9）从辅路进主路或者转弯不让行。
（10）跟车太近。

（三）应对措施

1. 高速公路上发生事故该如何处理

（1）迅速转移车内人员。
（2）设警示标志。
（3）打电话报警。
（4）向保险公司报案。

2. 行驶中失火怎么办

一般扑救方法：马上停车熄火，切断电源，并立即设法离开驾驶室，如果驾驶室门无法打开，可以从挡风玻璃处逃离。如果着火范围较小，可用车上现有的物品进行覆盖；如果着火面积大，又无灭火器时，应用路旁的砂土、冰雪进行覆盖或堵截过往车辆索取灭火器材；如果火情危及车上货物时，应在扑救的同时，迅速把货物从车上卸下。但无论何种情况，都必须做好油箱的防火防爆工作。若汽车失火危及周围群众或会引起更大灾害时，在灭火的同时，应想方设法将汽车驶离失火地点。

3. 发生车祸如何自救

（1）迅速检查车祸现场，积极寻找伤员，并对重伤员优先进行救助处理。

（2）对呼吸、心搏骤停的伤员，应立即清理其上呼吸道，实施人工呼吸。

（3）对昏迷伤员，应迅速解开其衣领，采取侧俯卧位，如遇舌头后坠时，可将其舌头牵出，也可让伤员的头部后仰，以保证其呼吸道畅通，防止窒息。

（4）对创伤出血，可临时采用指压止血法。

（5）就地取材及时包扎伤口，对脱出的肠管不要送回腹腔，应用大块敷料覆盖后，扣上盆、碗以保护肠管；对脑膨出时，可用纱布圈围在膨出部周围，或用碗覆盖脑膨出部，包扎固定，以防脑实质干燥或受压。

（6）对骨关节伤、肢体挤压伤和大块软组织伤，应灵活采用木棍、树枝、玉米秆、铁锹等固定；对已离断的肢体，应妥善包扎，送往医院，以备再植。

（7）对大面积的烧伤，可用较清洁的衣服、雨衣、布单保护烧伤面，粘在烧伤面上的衣服可不脱掉。

（8）在运送脊柱、脊髓受伤伤员时，务必谨慎、得当，避免脊柱弯曲或扭转，应用硬板担架运送，尽量减少搬运次数。

另外，受伤后至手术时所间隔的时间与死亡率成正比，危重伤病员每迟疑 30 分钟，死亡率增加 3 倍，因此运送伤员应力求迅速。

思考题

1. 驾车出发前，第一步应该做什么？
2. 驾车时若遇到对方开着远光灯行驶，应该怎么办？
3. 如何避免二次交通事故的发生？

5.8 旅游安全

随着人们生活水平的日益提高，旅游度假已成为多数人休闲、娱乐的重要方式。据统计，2015 年旅游业占全球 GDP 的 10%，占就业总量的 9.5%。中国国内旅游突破 40 亿人次，旅游收入超过 4 万亿元人民币，出境旅游 1.2 亿人次。中国国内旅游、出境旅游人次和国内旅游消费、境外旅游消费均列世界第一。世界旅游业理事会（WTTC）测算：中国旅游产业对 GDP 综合贡献率为 10.1%，超过教育、银行、汽车产业。国家旅游数据中心测算：中国旅游就业人数占总就业人数的 10.2%。但是随着旅游业的飞速发展，旅游人数的暴涨，再加上受到旅游设施、旅游交通、自然灾害等因素的影响，人们在旅游中发生意外伤害事故屡见不鲜。因此，旅游前掌握一些旅游安全知识，可以有效降低旅途的风险，更好地享受旅程。

（一）案例警示

案例回放

2015 年 7 月 18 日，陕西省西安市临潼区一名 19 岁的女大学生，与家人到蒲城县龙首黑峡谷景区游玩时，从双龙洞栈道天梯一处阶梯摔下 3 米高的石崖，致身体多处损伤，右侧鼻骨骨折，右眼球破裂，视力为零。

案例解析

外出旅游时一定要注意人身安全，对险峻的旅游景点要量力而行，不可贸然前往。蒲城县文物旅游局文物稽查大队相关工作人员表示，案例中是一家民营景区，虽然景区在石崖处安置了保险设施，但还是没能阻止事故的发生。因此，在旅游景区的危险地段，更要提高警惕，不要因为一时的疏忽大意造成不可挽回的损失。

案例回放

2015 年 9 月 20 日，6 名驴友在广东省英德市波罗镇中峪大峡谷游玩时遭遇山洪失踪。救援人员于 2015 年 9 月 21 日 13 时左右，在中峪大峡谷一线天往下游方向发现一具女性遗体，经确认是失联 6 人中的一人。直至 9 月 22 日 14 时，搜救人员找到最后一名女性失联驴友的遗体。至此，9 月 20 日在中峪大峡谷遭遇山洪失联的 6 名驴友已全部找到，但遗憾的是，失联驴友均已罹难。

案例解析

虽然国家制定了严明的法律，禁止个人或单位在自然保护区内及一些未开发的地方进行游玩，但一些驴友，以及非法旅行社还是通过 QQ 群、微信朋友圈、网络论坛等途径，组织驴友去户外游玩。这些相约活动，往往只有几句短短的留言，出发时间和地方、联系方式，而具体的线路、安全注意事项等内容均没有，使户外旅游风险大大增加。爱好户外运动、野游的朋友，尤其是大学生一定要通过正规旅行社进行旅游活动，避免造成不必要的生命财产损失。

（二）安全建议

（1）提前安排旅游行程，选择一家服务好、信誉佳的旅行社，谨防上当受骗，不要轻信过低价格的诱惑。

（2）准备好必备的证件，如护照、身份证、学生证等，旅行前，一定要仔细检查自己的证件，以免因为疏忽大意造成不必要的麻烦。

（3）带好旅行常备药品，如呼吸系统用药、消化系统用药、外伤用药，以及防过敏、晕车等药品。

（4）外出旅游时，事先安排好车辆或乘坐正规交通工具，即使在危机的情况下，也不要乘坐黑车。

（5）外出旅游购物要慎重，做到理智、健康消费。

（6）选择正规的宾馆住宿，出入酒店房间请随手关门。安排好住宿后记得查看逃生路线图，最好沿着安全通道实际走一次。

（7）每次退房前检查携带的行李物品，特别注意证件和贵重财物。

（8）外出旅行，注意身体健康，切勿吃生食、生海鲜、已剥皮的水果，不要光顾路边无牌照的摊档，防止暴饮暴食。多喝开水、多吃蔬果，少抽烟、少喝酒。

（9）夏季出游，高温、高湿天气易发生中暑，心脑血管病人及老幼体弱者更应注意采取必要的预防措施。

（10）团体旅游时不可擅自脱队。如果需要单独离队，须征得领队和全陪导游同意，并随身携带当地住宿饭店地址、电话。

（11）遇到雷雨、台风、热带风暴、泥石流、洪水、海啸等恶劣天气和自然灾害时，应远离危险地段或危险地区，切勿进入景区规定的禁区内。

（12）到海滨地区游玩时，要在景区限定的区域内游泳，最好结伴而行，有较强的自我保护意识，携带必要的防护救生用品，不私自下水，以防溺水事故发生。

（13）山区旅游要防跌防迷失。到山区或地形复杂的地方旅游，要防滑、防跌、防迷失，要牢记景区规定的行走路线，不要去无防护设施的危险地段，最好结伴游览，防止走错路、迷路。

（14）切勿在公共场所露财，购物时不要当众清点钞票。

小贴士

野外生存六要素

（1）寻找藏身之处。

（2）发出求救信号。

（3）寻找饮水。

（4）寻找食物。

（5）取火与保存火种。

（6）辨别方向。

（三）应对措施

1. 旅游安全事故处理的一般程序

（1）立即报警。

（2）组织救援。

（3）保护事故现场。

（4）妥善做好旅游安全事故的善后工作。

2. 旅游过程中发生食物中毒事故怎么处理

（1）设法为中毒者催吐，并多喝水解除毒性。

（2）尽快去医院抢救，并请医生开具诊断证明。

（3）与旅行社协商，追究餐厅责任。

3. 在遇到旅游纠纷事件时，首先要确保人身安全，然后通过报警、投诉等方式维护个人利益

思考题

1. 旅行中饮食应注意哪些方面？如何处理食物中毒事故？
2. 遇到旅游纠纷应该如何处理？

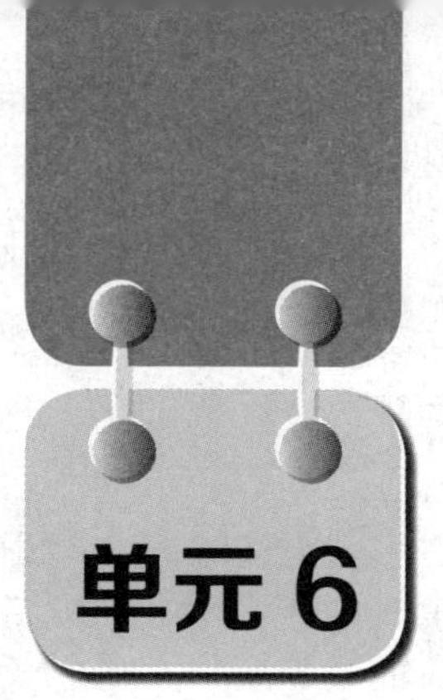

常见自然灾害的预防与应对

自然灾害是指自然界中发生的异常现象，这种异常现象给周围的生物造成悲剧性的后果，对于人类社会而言即构成灾难。世界气象组织指出，所有的自然灾害有 90% 与天气、水和气候事件有关，自然灾害分为地质灾害、气象灾害、气候灾害、水文灾害、生态灾害、天文灾害。我国幅员辽阔，是世界上自然灾害发生种类最多的国家。自然灾害是人类与自然之间矛盾的一种表现形式，是人类过去、现在、将来需面对的最严峻的挑战之一，虽然人类无法完全预测和阻止自然灾害的发生，但是了解自然灾害的发生规律和特点，采取积极的防范措施，就可以减轻其造成的危害和损失。本单元介绍各种自然灾害的相关避险知识，目的在于加强大学生对自然灾害的防范意识，提高应对自然灾害的素质和能力。

6.1 雾霾

雾霾顾名思义是雾和霾，但是雾和霾的区别很大，空气中的灰尘、硫酸、硝酸等颗粒物组成的气溶胶系统造成视觉障碍的叫霾。PM2.5（空气动力学当量直径小于等于 2.5 微米的颗粒物）被认为是造成雾霾天气的最大元凶。PM2.5 由一般无机元素、元素碳、有机碳、有机化合物、微生物、硫酸铵、硝酸铵、金属元素铅、铜、镉、铝等化学成分组成。美国环保署 2009 年发布《关于空气颗粒物综合科学评估报告》指出，有足够的科学研究结果证明大气细颗粒能吸附大量致癌物质和基因毒性诱变物质，给人体健康带来不可忽视的负面影响，包括提高死亡率、使慢性病加剧、使呼吸系统及心脏系统疾病恶化，改变肺功能及结构、影响生殖能力、改变人体的免疫结构等。如今，在我国 1/4 国土中，约有 6 亿人受到了雾霾的影响，环保专家提出治霾是我国一项长期的任务，因此，防护雾霾的常识应该得到重视，大学生更应该了解雾霾，掌握防护雾霾的知识，减少雾霾对自己及家人带来的危害。

（一）案例警示

案例回放

北京市某大学的体育课上，教师为了让学生完成本学期过程性考核，组织学生课上进行 1500 米测试，部分学生测试后感觉呼吸困难，身体不适。课后学生父母以让其孩子在雾霾天气剧烈运动，伤害孩子身体为由将学校告到教委，教委得知后对此学校进行批评，并责令学校领导与教师应认真阅读并实施《北京市教育委员会空气重污染应急预案》。

案例解析

《北京市教育委员会空气重污染应急预案》中明确规定：雾霾天气蓝色预警时小学、幼儿园、少年宫及校外教育机构减少户外活动；黄色预警三级时中小学、幼儿园、少年宫及校外教育机构停止体育课、课间操、运动会等户外活动……本预案适用于北京市辖区内所有中小学校及幼儿园，包含高等职业学校、外籍人员子女学校、驻华使馆学校、少年宫及校外教育机构。案例中的学生家长很好地利用了空气重污染应急预案，保护了自己的孩子，同时提醒了学校。在校学生应该了解本地空气重污染应急预案等相关文件详情，在遇到雾霾天气参加户外课程时，能及时用政策、法规来保护自己。

案例回放

近年来肺癌发病率的飙升与空气污染和雾霾天气不无关系。据统计，2001—2010 年，北京市肺癌发病率 10 年来增长了 56%。全市新发癌症患者中有 1/5 为肺癌患者。2015 年冬季，连日的雾霾天气使包括北京、南京在内的全国多个城市医院呼吸科病人增加 30% ~ 50%。

案例解析

由细颗粒物造成的雾霾天气对人体健康的危害甚至要比沙尘暴更大。粒径 10 微米以上的颗粒物，会被挡在人的鼻子外面；粒径在 2.5 ~ 10 微米的颗粒物，能够进入上呼吸道，但部分可通过痰液等排出体外，另外也会被鼻腔内部的绒毛阻挡，对人体健康危害相对较小；而粒径在 2.5 微米以下的细颗粒物，直径相当于人类头发直径的 1%，不易被阻挡，被吸入人体后会直接进入支气管，干扰肺部的气体交换，引发包括哮喘、支气管炎和心血管病等方面的疾病，久而久之极易引起肺炎、肺癌等疾病，危及生命。建议雾霾天气，以北京环境保护监测中心公布的空气质量指数为参考，如果在户外无法查询空气质量，不要抬头看天空，即使天空是蓝的，近地面也可能污染严重，要平视远方的树木或楼房，如果感觉有浅浅的烟雾，就需要采取防护措施。

（二）安全建议

1. 雾霾天气户外防护

（1）时时关注城市的空气污染监测数据，警惕高污染天气和时段。

（2）雾霾天气要减少户外运动，尽量不晨练。

（3）雾霾天气出行应避开主干道路，尽量不去人多的地方，例如超市、商场和医院，这些地方空气流通差，易造成呼吸系统疾病交叉感染。

（4）戴口罩对进入肺部的空气有一定的过滤作用，但人们无法 24 小时佩戴口罩，也不是所有人都适合戴口罩，而且要注意选择有效的防护口罩，并正确使用。

2. 雾霾天气室内防护

（1）家中（宿舍）使用空气净化器。

（2）家中（宿舍）种植一些安全的绿叶植物。

（3）雾霾天气应尽量不要开窗，确实需要开窗透气，应尽量避开雾霾高峰时段，可以将窗户打开一条缝短时间通风。

雾霾防护误区：围巾能当口罩用

雾霾天，很多大学生外出会戴口罩进行防护，不过有些学生图方便，用围巾代替口罩。实际上围巾和普通棉布口罩一样，对 PM2.5 这样的有害颗粒物没有过滤作用。

（三）应对措施

按照《中华人民共和国突发事件应对法》的有关规定，依据空气质量预测结果，综合考虑空气污染程度和持续时间，将空气重污染预警分为 4 个级别，并制定了相应的应急预案，见表 6-1。

表 6-1　空气污染应急预案级别

预警级别	预测空气重污染将持续天数	应急预案
蓝色预警（四级）	1 天（24 小时）	小学、幼儿园、少年宫及校外教育机构减少户外活动
黄色预警（三级）	2 天（48 小时）	中小学、幼儿园、少年宫及校外教育机构停止体育课、课间操、运动会等户外活动
橙色预警（二级）	3 天（72 小时）	中小学、幼儿园、少年宫及校外教育机构停止户外活动
红色预警（一级）	3 天以上（72 小时以上）	小学、幼儿园、少年宫及校外教育机构停课

思考题

1. 如何正确地选择防护口罩？
2. 宿舍如何正确通风？
3. 雾霾天气户外活动应该注意什么？

6.2 高温

空气温度达到或超过 35℃时称为高温。高温使人体不能适应环境，超过人体的耐受极限，从而导致疾病的发生或加重，甚至死亡；同时高温也可以影响植物生长发育，使农作物减产；高温过程还会加剧干旱的发生发展，从而给人们的生活、生产带来很大影响。连续高温天气会给交通、用水、用电等方面带来影响，往往使人心情烦躁，甚至会出现神志错乱的现象，容易造成公共秩序混乱、事故伤亡以及中毒、火灾等事件的增加。大学生要了解我国不同地区的高温状况，掌握高温天气的应对措施，以减少高温对生活、学习的危害。

（一）案例警示

案例回放

江西省南昌市城区连续两天出现最高温度达40.1℃的天气，连日的高温天气也使省城各大医院的患者猛增。某医院每天门诊量由年初的1600人次增至现在几乎每天维持在日门诊量2200多人，有的专家每天接诊超过100名病人。与此同时，该院住院部病人数量也持续上升，特别是内科的10个病区，病房使用率超过100%。据悉一些就诊的儿童大多是由于天气炎热和吹空调引发的感冒、发烧、拉肚子，以及没有及时就诊引起的支气管炎等并发症。

案例解析

就如何防治中暑，医生提醒说：在“热老虎”发威时，大家要避免长时间在太阳下暴晒，特别是有慢性病的中老年患者。另外，要多喝水、减少户外活动。一旦发生中暑应迅速采取有效的物理降温措施：立即将患者安置在通风阴凉处，用冷湿毛巾按摩四肢外侧皮肤及头部，也可在两侧颈部或腋下及腹股沟处放置冰袋，然后立即送医院。

案例回放

2014年7月29日18时左右，巡防三大队民警宋海涛带领巡防队员正在北京东路巡逻，发现一辆正在行驶的102路公交车的车尾忽然冒出滚滚浓烟。宋海涛立即让司机将车停靠在应急车道上，并迅速将所有乘客疏散，所幸，最后车上人员与财物未发生伤亡与损失。

案例解析

每年七八月，我国多个城市都会出现异常高温天气，地面温度甚至会升高到70℃，除了人在经受热浪的考验，多地公交车和私家车也频频发生自燃。夏季高温天气，大学生应尽量减少外出，如果必须外出时，除做好防中暑措施外，还要留意乘坐的交通工具是否安全。在乘车时要警惕车内异味，观察车上是否有冒烟的地方，如果发现要及时告诉司机；自己驾车要检查车胎气压是否过高，线路是否有老化、破损现象，车内是否配有1～2个干粉灭火器，另外车内不能放置易燃易爆物品，如打火机、香水等。

（二）安全建议

（1）高温天气，在户外工作时，要采取有效防护措施，切忌在太阳下长时间裸晒皮肤。

（2）多喝水，适当补充盐分，尽量少吃辛辣食物和油腻食品。多吃水果、蔬菜等新鲜绿色食品，在食用前最好以流动水冲洗。

（3）尽量避开在中午炎热的时间段出行。

（4）少吃多餐，注意高温天气饮食卫生，防止胃肠感冒。

（5）炎热天气外出旅游时，最好随身携带藿香正气水、风油精、肠道消炎药等常用药。

（6）宜穿吸汗、宽松、透气衣服，以浅色为好，也应勤换勤洗。

（7）预防日光暴晒后日光性皮炎的发病。如果皮肤出现红肿等症状，应用凉水冲洗，严重者应及时到医院治疗。

（8）出现头晕、恶心、口干、迷糊、胸闷气短等症状时，可能是中暑早期症状，应立即休息，补充水分，病情严重者应立即到医院治疗。

（9）在屋内时最好多通风，保持室内空气流通，尽量减少在人口密集的地方逗留的时间。

小贴士

高温天气科学饮水

（1）饮水莫待口渴时，口渴时表明人体水分已失去平衡，细胞开始脱水，此时喝水为时已晚。

（2）大渴忌过饮，这样喝水会使胃难以适应，造成不良后果。

（3）用餐前和用餐时不宜喝水，因为进餐前和进餐时喝水，会冲淡消化液，不利于食物的消化吸收，长期如此对身体不利。

（4）早晨起床时先喝一些水，可以补充一夜所消耗的水分，降低血液浓度，促进血液循环，维持体液的正常水平。

（三）应对措施

1. 高温预警

高温预警信号、标准及防范措施见表6-2。

表 6-2　高温预警信号、标准及防范措施

预警信号	标　准	防 范 措 施
高温黄色预警	连续三天日最高气温将在 35℃以上	（1）天气闷热，要注意防暑降温。 （2）避免长时间户外或者高温条件下作业。 （3）各相关部门、单位做好用电、用水的准备工作。 （4）媒体应加强防暑降温保健知识的宣传
高温橙色预警	24 小时内最高气温将升至 37℃以上	（1）尽量避免午后高温时段的户外活动，对老、弱、病、幼人群提供防暑降温指导，并采取必要的防护措施，有条件的地区应当开放避暑场所。 （2）有关部门应注意防范因用电量过高，电线、变压器等电力设备负载大而引发火灾。 （3）户外活动或者在高温条件下作业的人员应当采取必要的防护措施。 （4）注意作息时间，保证睡眠，必要时准备一些常用的防暑降温药品。 （5）媒体应加强防暑降温保健知识的宣传，各相关部门、单位落实防暑降温保障措施。 （6）有关部门应当加强食品卫生安全监督检查
高温红色预警	24 小时内最高气温将升至 40℃以上	（1）注意防暑降温，白天尽量减少户外活动。 （2）有关部门要特别注意防火。 （3）建议停止户外露天作业。 （4）教育部门应安排没有防暑降温设备的学校停课；在强烈阳光下，暂停或取消学生的户外活动

2. 高温天气户外运动应对措施

运动前需要补充水分的量可以通过观察小便颜色获知，颜色较深说明缺水。运动期间不要喝冰水，尽量喝温水，且不要一饮而尽，而应多次少饮。由于出汗导致大量电解质流失，热天运动更要注意补充维生素和矿物质，因此需要多吃水果和蔬菜。运动时穿透气性好的衣物，运动前可以洗个凉水澡，降低体温。尽量不使用油性防晒霜，以防堵塞毛孔，阻碍排汗，如出现头痛、腹痛、痉挛等不适，应立即停止运动，到阴凉处休息。

思考题

1. 高温橙色预警应采取哪些措施进行防御？
2. 高温天气外出有哪些注意事项？

6.3 寒潮

寒潮是一种大型天气过程，北方的冷空气大规模地向南侵袭我国，会造成沿途大范围的急剧降温、大风和雨雪天气，一般多发生在秋末、冬季、初春时节。**我国规定寒潮的标准：一次冷空气活动使长江流域及以北地区 48 小时内降温 10℃以上，长江中下游地区最低温度达到或者低于 4℃，陆地上有相当于三个行政区的范围出现 5～7 级大风，沿海有三个海区伴有 6～8 级大风。**寒潮在我国各地都可能发生，引发的大风、霜冻、冻害等灾害对农业、交通、电力有很大影响，低温环境还会大大削弱人体防御功能和抵抗力，从而诱发各种疾病，甚至出现生命危险。

（一）案例警示

案例回放

2016 年 1 月 24 日，“霸王级”寒潮袭击台湾省北部，许多平常不会出现降雪的地方，皆被白雪覆盖，台湾省各地气象站录得入冬以来最低温纪录。台南市 3 天共 42 人因心血管疾病发作送医，但 15 人到医院前死亡，死者多是长期有心血管疾病的老人。此外，桃园、苗栗、台中、南投、台东也有民众疑因天冷不适猝死。全台至少 60 人死于这波寒流，如图 6-1 所示。

图6-1 2016年“霸王级”寒潮

案例解析

寒潮来袭会对人体健康造成危害，大风降温天气容易引发感冒、气管炎、冠心病、肺心病、中风、哮喘、心肌梗死、心绞痛、偏头痛等疾病，有时还会使患者的病情加重。在这种极端的天气下，大学生尽量少出门，防滑倒、防冻伤、防倒塌或被坠落物砸伤。

案例回放

2016 年 1 月 23 日，张佳为了完成实习任务，计划走访 5 个工厂。室友提醒他：23 日最低气温将降至 -17℃左右，建议他改天再去，张佳却不以为然，没有改变计划。在回学校的路上，张佳在寒风中等了半小时车。回到宿舍，张佳拎笔记本电脑包的手已经麻木，而且感觉头晕、全身发冷。后到医务室测量体温达到38.4℃，医务室医生诊断张佳为感冒、手冻伤。由于身体不适，张佳不得不休息数天，实习任务也只能推后。

案例解析

案例中的张佳不相信天气预报，没有采纳室友的建议，也没有采取有效的御寒措施，导致其冻伤、冻病，甚至不能完成实习任务。大学生要了解冻伤防护措施和寒冷天气的应对措施，来保护自己抵御严寒，而不能因为爱美、自认为身体好就忽视保暖。

（二）安全建议

（1）及时关注天气预报，提前做好防冻、防风、防雪灾的措施。

（2）当气温骤降时，要注意添衣保暖，特别是要注意手、脚、耳朵等部位，应充分保暖。

（3）提防煤气中毒，尤其是采用煤炉取暖的家庭更要提防。

（4）车辆外出要采取必要的防滑措施；尽量不骑车外出，以免滑倒跌伤。

（5）老弱病人，特别是心血管病人、哮喘病人等对气温变化敏感的人群尽量不要外出。

（6）牧区要尽快将户外牲畜赶回棚圈，并采取适当防雨雪、防寒措施。

（7）独自在野外遭遇强寒流时，最好能保持清醒状态，以免在熟睡中被冻昏迷而发生危险。

（8）事先对农作物、畜群等做好防寒准备。

小贴士

天冷要注意预防感冒

每晚用热水泡脚20分钟，泡脚时水量要没过脚面，泡后双脚要发红，有助于预防感冒；每日早晚、餐后用淡盐水漱口，以清除口腔病菌，仰头含漱使盐水充分冲洗咽部效果更佳。

（三）应对措施

在寒潮天气里，如果皮肤苍白、麻木，出现充血、水肿、发痒和疼痛等症状那就可能是冻伤，要尽快治疗。

（1）应使冻伤人员尽快脱离低温环境，同时查看冻伤人员伤情，视情况尽快到医院救治或拨打120、110急救电话。

（2）脱去或剪掉患者的湿冷衣裤，保暖恢复体温。患者出现体温下降，要大声呼喊，一定不要让其睡觉，出现脉搏、呼吸变慢，要保证呼吸道畅通，并开展心肺复苏急救。

（3）对于患者局部冻伤，受冻部位宜用温水浸泡或局部摩擦，促进血液循环，涂以冻疮膏。受伤部位有创面的，应清洁创面，包裹保护伤处并保温。

思考题

1. 冻伤后应该采取哪些措施？
2. 寒冷天气户外运动有哪些注意事项？

6.4 雪灾

雪灾也称白灾，是因长时间大量降雪造成大范围积雪成灾的自然现象。冬季适量的积雪覆盖对于农作物越冬、减轻大气污染等是有益的，但过多的降雪，甚至连续数天或十多天的暴风雪，就会造成灾害。**雪灾是中国牧区常发生的一种畜牧气象灾害，主要是指依靠天然草场放牧的畜牧业地区，由于降雪量过多和积雪过厚，雪层维持时间长，影响畜牧正常放牧活动的一种灾害。**雪灾还严重影响甚至破坏交通、通信、输电线路等，对人们生活会产生严重影响。

（一）案例警示

案例回放

2015 年 11 月 22 日，由于下雪地面路滑，一辆大货车行驶过程中突然打滑失控，撞向了右侧行驶的轿车，将轿车挤到桥边上，随后交警赶到拖走了大货车，封闭了结冰路段。

案例解析

雨雪过后，道路结冰打滑，交通事故会明显上升，所以司机在行驶过程中要缓慢行驶，如果减速建议采用点刹制动。大学生在冰雪天气要远离行车道，注意脚下路面安全，避免打滑车辆撞到自己。

案例回放

2009 年 11 月 9—12 日，北京、河北、山西、河南和山东等地先后出现暴雪过程，降雪量和积雪深度突破历史同期极值，局部地区百年一遇。暴雪致灾导致机场关闭、公路运输瘫痪，造成32人死亡，损失近70亿元，如图6-2所示。

图6-2 2009年雪灾

案例解析

“入冬之后全国大部分地区出现如此频繁的雨雪天气，在几十年来都是比较罕见。”中央气象台首席预报员林建表示。我国北方地区出现降雪首要的条件必须要有水汽，这次降雪是因为偏东气流很强盛，把东部海上的水汽吹过来，同时南方的西南暖湿气流比较强，在这两个较好的水汽条件配合下，冷空气到达后就出现了大范围降雪。此次雪灾对北方大部分地区的交通、能源、通信、农业、供水等生产和人们日常生活造成了严重影响。

（二）安全建议

（1）关注气象部门关于暴雪的最新预报、预警信息。

（2）做好道路清扫和积雪融化准备工作。

（3）行人注意防寒防滑，小心驾驶，车辆应当采取防滑措施。

（4）做好防寒保暖准备，储备足够的食物和水。

（5）暴雪天气，不在不结实、不安全的建筑物内停留，远离广告牌、临时搭建物等，避免砸伤。

（6）注意收听天气预报和交通信息，避免因机场、高速公路、轮渡码头等停航或封闭而耽误出行。

（7）驾驶汽车时要慢速行驶并与前车保持适当距离。车辆转弯前要提前减速，避免踩急刹车。有条件的要安装防滑链，佩戴墨镜。

（8）不要因为怕冷就一下子穿上很厚的衣服，也不要整天待在空调房里享受空调的温暖，最好的方法就是让自己动起来，因为运动能促进身体的血液循环，增强心肺功能，对我们的呼吸系统也是一个很有益的锻炼。

小贴士

寒冷天气防止关节疼痛小妙招

寒冷天气防止关节痛，平时除了注意肢体保暖外，还可利用护膝、护肘等用品。有规律地进行运动，可以强化腿部的肌肉，促进血液循环。在温水泳池中做水中运动，游泳是比较不错的选择。也可依据天气预报，在天气变化前采取保暖、祛湿措施。

（三）应对措施

暴雪预警信号、标准及防范措施见表 6-3。

表 6-3 暴雪预警信号、标准及防范措施

预警信号	标 准	防 范 措 施
暴雪 蓝 SNOW STORM 暴雪蓝色预警	12 小时内降雪量将达 4 毫米以上，或者已达 4 毫米以上且降雪持续	（1）政府及有关部门按照职责做好防雪灾和防冻害的准备工作。 （2）交通、铁路、电力、通信等部门应当进行道路、铁路、线路巡查维护，做好道路清扫和积雪融化工作
暴雪 黄 SNOW STORM 暴雪黄色预警	12 小时内降雪量将达 6 毫米以上，或者已达 6 毫米以上且降雪持续	（1）政府及相关部门按照职责落实防雪灾和防冻害措施。 （2）交通、铁路、电力、通信等部门应当加强道路、铁路、线路巡查维护，做好道路清扫和积雪融化工作。 （3）行人注意防寒防滑，驾驶人员小心驾驶，车辆应当采取防滑措施。 （4）农牧区和种养殖业要备足饲料，做好防雪灾和防冻害准备。 （5）加固棚架等易被雪压的临时搭建物
暴雪 橙 SNOW STORM 暴雪橙色预警	6 小时内降雪量将达 10 毫米以上，或者已达 10 毫米以上且降雪持续	（1）政府及相关部门按照职责做好防雪灾和防冻害的应急工作。 （2）减少不必要的户外活动。 （3）加固棚架等易被雪压的临时建筑物。 （4）将户外牲畜赶入棚圈喂养
暴雪 红 SNOW STORM 暴雪红色预警	6 小时内降雪量将达 15 毫米以上，或者已达 15 毫米以上且降雪持续	（1）政府及相关部门按照职责做好防雪灾和防冻害的应急和抢险工作。 （2）必要时停课、停业（除特殊行业外）。 （3）必要时飞机暂停起降，火车暂停运行，高速公路暂时封闭。 （4）做好牧区等救灾救济工作

思考题

1. 大雪天气出行有哪些注意事项？
2. 暴风雪来临前应该采取哪些防御措施？

6.5 风灾

风灾是指因暴风、台风或飓风过境而造成的灾害。风对人类的生活具有很大影响，它可以用来发电，帮助制冷和传授植物花粉。但是，当风速和风力超过一定限度时，它也会给人类带来巨大灾害。2015 年期间，我国就受到了“彩虹”“杜鹃”“苏迪罗”“灿鸿”“鲸鱼”等台风的袭击，导致台湾、福建、广东、广西、上海等 12 个省市受灾。学习和了解风的基本知识，掌握对风灾防护的方法是提高防护技能的重要途径，如图 6-3 所示。

图6-3 风灾

（一）案例警示

案例回放

2014 年 7 月 18 日，记者刘文静记录报道台风“威马逊”时，发现当地人对于台风的到来并没有显出紧张感。刘文静以为他们可能还不知道，问过后都说早就收到了台风消息，只是对台风已经见怪不怪。

案例解析

受台风“威马逊”及其残留云系影响，广东、广西、海南和云南 4 省（自治区）154 个县（市、区）超过 1100 万人受灾，62 人死亡，21 人失踪，灾区电力、供水、道路、通信等基础设施损毁严重，直接经济损失 384.8 亿元。灾区居民开始并没有想到“威马逊”台风会有生命史长、登陆次数多、登陆强度极强、风雨凶悍的特点，如果最初收到台风信息时就从思想上重视，提早做好应对措施，很多伤亡与损失是可以避免或减少的。

案例回放

2016 年 4 月 19 日，云南省昆明市出现大风天气，云南农业大学一教室窗户被风吹倒，被吹倒的是老校区 4 号阶梯教室的一扇窗户，当时教室内正在上课，很多学生被倒下窗户的碎玻璃片刮伤，现场老师组织学生把伤者送到医院。当晚，云南农业大学发布公告称，9 名学生在此次事件中受伤，其中一名女学生头部缝针，如图 6-4 所示。

图6-4　2016年昆明风灾

案例解析

事后公告显示，因受强对流天气影响，19日晚7时10分左右，校园及周边遭遇罕见大风袭击造成该事故。校方应提前排查危险区域，消除安全隐患。大学生自身也应提高警惕，遇到风灾天气时，应避开危险建筑、高层建筑与高层建筑之间道路等。步行者可选择雨衣作雨具，特别是学生应少使用雨伞；骑车者应下车步行，以免失去控制；开车者应减速慢行，注意加强观察，并避免将车辆停放在低地、桥梁、路肩及树下，以防淹水、塌方或压损。

（二）安全建议

（1）及时收听、收看或上网查阅大风或台风预警信息，了解政府的防风行动对策。

（2）要了解安全撤离的路径，以及政府提供的避风场所。

（3）检查并且准备关好门窗，迎风面门窗应加装防风板，以防玻璃破碎。

（4）尽量减少外出，若必须外出时要远离施工工地，不在临时建筑物、高大建筑物、广告牌、铁塔、大树等附近停留。

（5）常检查电力设施、设备和用电器，注意炉火、煤气、液化气安全，以防火灾。

（6）户外遇到突然强风来袭，要立即选择坚固结实的房屋避风。

（7）遇到大风，机动车和非机动车驾驶员应减速慢行。

（8）居住在河边或低洼地带，应预防河水泛滥，及早撤到较高地区；如果居住在移动房、海岸线上、小山上、山坡上容易被洪水或泥石流冲击的房屋内，要时刻准备撤离该地。

（9）台风过后需要注意环境卫生，注意食物、水的安全。

（10）不要到台风经过的地区旅游或到海滩游泳，更不要乘船出海。

小贴士

风向、风力、风级

风向是指风吹来的方向，例如由北方吹来的风叫北风。风向通常可由风向标等观察出来，风向标箭头指向的风向就是风吹来的方向。

风力是指风的力量。风力的大小与风速大小成正比。

风级风力的等级，一般分为 12 级，速度 0.2 米 / 秒以下的风是零级风，32.6 米 / 秒以上的风是 12 级风。按风力的大小，还可分为无风、软风、轻风、微风、和风、劲风、强风、疾风、大风、烈风、狂风、暴风和飓风。

（三）应对措施

台风预警信号、标准及防范措施见表 6-4。

表 6-4　台风预警信号、标准及防范措施

预警信号	标　准	防 范 措 施
台风 蓝 TYPHOON 台风蓝色预警	24 小时内平均风力达 6 级以上，或者阵风 8 级以上并可能持续	（1）政府及相关部门按照职责做好防台风准备工作。 （2）停止露天集体活动和高空等户外危险作业。 （3）相关水域水上作业和过往船舶采取积极的应对措施。 （4）加固门窗、围板、棚架、广告牌等易被风吹动的搭建物，切断危险的室外电源。 （5）注意媒体报道的台风动态，外出的人员应尽快回家
台风 黄 TYPHOON 台风黄色预警	24 小时内平均风力达 8 级以上，或者阵风 10 级以上并可能持续	（1）政府及相关部门按照职责做好防台风应急准备工作。 （2）停止室内外大型集会和高空等户外危险作业，中小学生及幼儿园、托儿所停课。 （3）相关水域水上作业和过往船舶采取积极的应对措施，加固港口设施，防止船舶走锚、搁浅和碰撞。 （4）加固或者拆除易被风吹动的搭建物，人员切勿随意外出，确保老人、小孩留在家中最安全的地方，危房人员及时转移
台风 橙 TYPHOON 台风橙色预警	12 小时内平均风力达 10 级以上，或者阵风 12 级以上并可能持续	（1）政府及相关部门按照职责做好防台风抢险应急工作。 （2）停止室内外大型集会，停课、停业（除特殊行业外）。 （3）相关水域水上作业和过往船舶应当回港避风，加固港口设施，防止船舶走锚、搁浅和碰撞。 （4）加固或者拆除易被风吹动的搭建物，人员应当尽可能待在防风安全的地方。 （5）相关地区应当注意防范强降水可能引发的山洪、地质灾害

续表

预警信号	标 准	防 范 措 施
台风红色预警	6小时内平均风力达12级以上并可能持续	（1）政府及相关部门按照职责做好防台风应急和抢险工作。 （2）停止集会，停课、停业（除特殊行业外）。 （3）回港避风的船舶要视情况采取积极措施，妥善安排人员留守或者转移到安全地带。 （4）加固或者拆除易被风吹动的搭建物，人员应当待在防风安全的地方，当台风中心经过时风力会减小或者静止一段时间，切记强风将会突然吹袭，应当继续留在安全处避风，危房人员及时转移。 （5）相关地区应当注意防范强降水可能引发的山洪、地质灾害

思考题

1. 如遇大风天气且必须外出，有哪些注意事项？
2. 面对台风橙色预警应采取哪些应急预案？

6.6 雷电

雷电是伴有闪电和雷鸣的一种雄伟壮观而又有点令人生畏的放电现象。产生雷电的条件是雷云中电积累并形成极性，大气中的水蒸气是雷云形成的内因，雷云的形成与自然界的地形以及气象条件有关。根据不同的地形及气象条件，雷电一般可分为热雷电、锋雷电、地形雷电三大类，雷电常伴有强烈的阵风和暴雨，有时伴有冰雹和龙卷风，发生时产生的电流是主要破坏源。在雷雨天，如果没有可靠的防雷装置，建筑物、仪器设施、人体都可能遭到雷击，造成触电、火灾、爆炸等严重灾害事故。大学生要了解雷电的相关知识，提高安全自救意识，减少雷电造成的伤害。

（一）案例警示

案例回放

据湖南省长沙市气象台监测显示，2014年3月28日19—20时，在短短1小时内，长沙城区雷电次数惊人，达100多次。长沙县黄花镇鱼塘村42岁的村民曹红光在回家路上，一道白色的闪电从天而降，她应声倒地身亡。位于长沙县黄花镇与干杉镇相邻的两个村庄，数十年来，频频发生雷电致人伤亡事件。

案例解析

雷电的电压很高，为1亿～10亿伏特，一个中等强度雷电的功率可达1万千瓦，相当于一座小型核电站的输出功率。人们在自然灾害面前非常无奈，为了减少伤亡，只能预防为主。案例中曹红光所在村庄附近频繁发生雷电安全事故，她更应该加强防范，冒雷雨回家很容易被雷电击中，提醒大学生雷雨天要减少外出，如果户外突遇雷电，应立即蹲下，降低自己高度，同时双脚并拢，如图6-5所示。

图6-5　野外遭遇雷电的正确姿势

案例回放

2014年9月5日，加拿大安大略省滑铁卢市，一名大学生当天早晨在该市滑铁卢大学校园内遭到雷击。受害人是一名大学一年级的女学生，当地消防部门称，遇难女学生当时站在树下，雷电击中树木，电流传到了她身体。据两名目击者称，他们看到一名女生被雷击中倒在树下，这名女学生被发现时已经没有了生命迹象，送医院后被宣布死亡。

案例解析

有一种现象叫作“尖端放电”，在尖端容易产生强电场，电离空气而放电。我们知道树有许多树梢及尖端，容易聚集电荷，从而吸引雷电。雷击时若人站在树下，虽没有与大树直接接触，但强大的雷电流通过大树流入地下向四周扩散时，会在不同的地方产生不同的电压，而人体站立的两脚之间存在着电位差，因而有电流流过人体造成伤害。大学生要吸取这次雷击事件的教训，在雷电天气应远离树林，不要停留在空旷的场地，尽快躲避到附近的建筑物内，如图6-6所示。

图6-6　“尖端放电”现象

（二）安全建议

1. 雷击易发生的部位

（1）缺少避雷设备或避雷设备不合格的高大建筑物、储罐等。

（2）没有良好接地的金属屋顶。

（3）潮湿或空旷地区的建筑物、树木等。

（4）由于烟气的导电性，烟囱特别易遭雷击。

（5）建筑物上有无线电设施而又没有避雷器和没有良好接地的地方。

2. 预防雷电的方法

（1）注意关闭门窗，室内人员应远离门窗、水管、煤气管等金属物体。

（2）关闭家用电器，拔掉电源插头，防止雷电从电源线入侵，如图 6-7 所示。

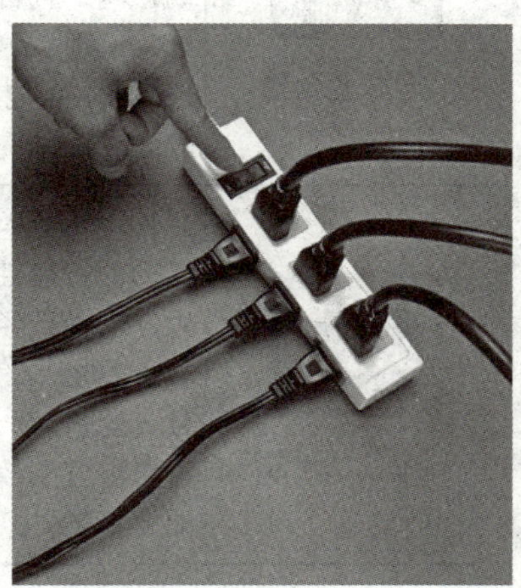

图6-7 及时关闭电源

（3）在室外时，要及时躲避，不要在空旷的野外停留。在空旷的野外无处躲避时，应尽量寻找低洼之处（如土坑）藏身，或者立即下蹲，且双脚并拢。

（4）远离孤立的大树、高塔、电线杆、广告牌。

（5）立即停止室外游泳、划船、钓鱼等水上活动。

（6）如多人共处室外，相互之间不要挤靠，以防雷击中后电流互相传导。

（7）在户外不要使用手机。

（8）雷雨天尽量少洗澡，太阳能热水器用户切忌洗澡。

小贴士

防雷避雷小歌谣

雷电天气莫等闲，防雷避雷记心间。造房安装避雷针，太阳能须接地线。
防止雷电毁电器，出门关掉电源线。空旷地方把身缩，山脚水边最危险。
响雷不要打电话，关好门窗防未然。水面最易遭雷击，躺在船底避灾难。
跑步摩擦引雷电，身边金属是祸患。切莫躲在大树下，高墙脚下更危险。
发生雷击莫慌张，人工呼吸能防患。劝君牢记在心间，雷击天灾可避免。

（三）应对措施

雷电预警信号、标准及防范措施见表 6-5。

表 6-5　雷电预警信号、标准及防范措施

预警信号	标　准	防 范 措 施
雷电黄色预警	6 小时内可能发生雷电活动，可能会造成雷电灾害事故	（1）政府及相关部门按照职责做好防雷工作。 （2）尽量避免户外活动
雷电橙色预警	2 小时内发生雷电活动的可能性很大，或者已经受雷电活动影响，且可能持续，出现雷电灾害事故的可能性比较大	（1）政府及相关部门按照职责落实防雷应急措施。 （2）人员应当留在室内，并关好门窗。 （3）户外人员应当躲入有防雷设施的建筑物或者汽车内。 （4）切断危险电源，不要在树下、电杆下、塔吊下避雨。 （5）在空旷场地不要打伞，不要把农具、羽毛球拍、高尔夫球杆等扛在肩上
雷电红色预警	2 小时内发生雷电活动的可能性非常大，或者已经有强烈的雷电活动发生，且可能持续，出现雷电灾害事故的可能性非常大	（1）政府及相关部门按照职责做好防雷应急抢险工作。 （2）人员应尽量躲入有防雷设施的建筑物或者汽车内，并关好门窗。 （3）切勿接触天线、水管、铁丝网、金属门窗、建筑物外墙，远离电线等带电设备和其他类似金属装置。 （4）尽量不要使用无防雷装置或者防雷装置不完备的电视、电话等

思考题

1. 雷雨天在户外的注意事项有哪些？
2. 如何防止电器遭雷击？

6.7 冰雹

冰雹是一种常见的自然现象，当地表的水被太阳暴晒汽化，升到空中，许多的水蒸气在一起，凝聚成云，遇到冷空气液化，以空气中的尘埃为凝结核，形成雨滴，要是遇到冷空气而没有凝结核，水蒸气就凝结成冰或雪，如果温度急剧下降，就会结成较大的冰团，这就是冰雹。中国各地每年都会遭受到不同程度的雹灾，尤其是北方的山区及丘陵地区，地形复杂，天气多变，冰雹多，受害重，对农业危害很大。猛烈的

冰雹打毁庄稼，损坏房屋，人被砸伤、牲畜被砸死的情况也常常发生，特大的冰雹甚至比柚子还大，会致人死亡、毁坏大片农田和树木、摧毁建筑物和车辆等，具有强大的杀伤力，雹灾是中国严重自然灾害之一。

（一）案例警示

案例回放

2015 年 5 月 6 日，河南省洛阳市等多地雷雨交加，鸡蛋大小的冰雹从天而降。冰雹天气延续的时间并不长，但由于冰雹个头大，20 分钟内就造成了不少车辆、门窗受损。网友纷纷晒图，展示什么叫“鸡蛋大的冰雹”，如图 6-8 所示。

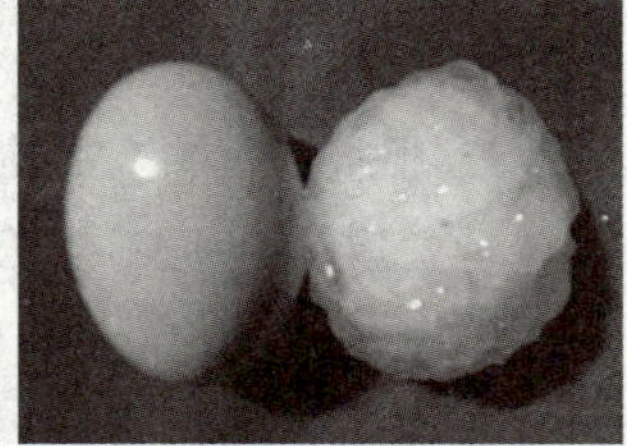

图6-8 “鸡蛋冰雹”

案例解析

冰雹出现时间短促，但来势凶猛，如果冰雹体积较大，很容易造成人员伤亡，冰雹砸伤人群、车辆及建筑物的案例经常发生。若冰雹天气正在驾驶汽车或在车内，应立即将车停在可以躲避的地方，切不可贸然前行以免受到不必要的伤害。如果车主投保了车损险或者玻璃单独破碎险，在冰雹天气中被砸坏汽车时，可以向保险公司申请理赔。

案例回放

图6-9 2015年冰雹灾害

2015 年 8 月 12 日 16 时 30 分至 17 时，云南省昭通市昭阳区守望乡、布嘎乡突降特大冰雹，造成烤烟、玉米、葡萄、苹果、核桃、辣椒等农作物大面积受灾，部分房屋受损、倒塌。据不完全统计，截至当日 18 时 30 分，灾害造成6000多户2万多人受灾，农作物受灾面积23 000多亩，如图 6-9 所示。

案例解析

冰雹是春、夏季节一种对农业生产危害较大的灾害性天气。一场冰雹袭击，轻则减产，重则绝收。因此要了解冰雹的有关知识，能判断冰雹天气，及时采取措施，减少灾害带来的伤亡与损失。

（二）安全建议

（1）关注天气预报，及时接收有关冰雹的信息。

（2）冰雹天气要提前关好门窗，妥善安置好易受冰雹大风影响的室外物品。

（3）在做好防雹准备的同时，也要做好防雷电的准备。

（4）冰雹来时尽量不要外出，不得已要出门时，应注意保护头、面部。

（5）在外突遇冰雹，一定要沉着冷静，可以将书或书包顶在头上，保护头部，迅速找可以躲避冰雹的地方，最好是坚固的建筑物。

（6）有时冰雹会伴有狂风暴雨，需特别注意预防及躲避。

小贴士

飞机也怕冰雹

飞机怕冰雹，冰雹容易进入飞机发动机的进气道，严重损害发动机，给飞机带来安全隐患。

其他飞机不能正常起飞的天气：雷雨天气，飞机会产生强烈的颠簸，容易损坏飞机的结构，强烈的雷电还会击毁飞机;大雪天气，妨碍了人们的视野，跑道被白雪覆盖，在积雪上起降会使阻力发生变化，轮胎打滑，这也是不利于飞行的。只有扫清跑道上的积雪，飞机才能正常起飞和降落。

（三）应对措施

冰雹预警信号、标准及防范措施见表 6-6。

表 6-6　冰雹预警信号、标准及防范措施

预警信号	标　准	防 范 措 施
冰雹 橙 HAIL 冰雹橙色预警	6 小时内可能出现冰雹天气，并可能造成雹灾	（1）政府及相关部门按照职责做好防冰雹的应急工作。 （2）气象部门做好人工防雹作业准备并择机进行作业。 （3）户外行人立即到安全的地方暂避。 （4）驱赶家禽、牲畜进入有顶篷的场所，妥善保护易受冰雹袭击的汽车等室外物品或者设备。 （5）注意防御冰雹天气伴随的雷电灾害
冰雹 红 HAIL 冰雹红色预警	2 小时内出现冰雹可能性极大，并可能造成重雹灾	（1）政府及相关部门按照职责做好防冰雹的应急和抢险工作。 （2）气象部门适时开展人工防雹作业。 （3）户外行人立即到安全的地方暂避。 （4）驱赶家禽、牲畜进入有顶篷的场所，妥善保护易受冰雹袭击的汽车等室外物品或者设备。 （5）注意防御冰雹天气伴随的雷电灾害

思考题

1. 开车时突遇冰雹，应如何应对？
2. 冰雹橙色预警时应采取什么措施？

6.8 暴雨

我国气象上规定，24 小时降水量为 50 毫米或以上的强降雨称为暴雨。特大暴雨是一种灾害性天气，往往造成洪涝灾害和严重的水土流失，导致工程失事、堤防溃决和农作物被淹等重大的经济损失。特别是一些地势低洼、地形闭塞的地区，雨水不能迅速宣泄使农田积水和土壤水分过度饱和，会造成更多的地质灾害，严重干扰我们的正常生活秩序，危害到人们的生命安全。据统计，因暴雨洪涝灾害导致 2015 年上半年全国农作物受灾面积 2274 千公顷，成灾 1100 千公顷，受灾人口 3856 万人，因灾死亡 169 人，失踪 52 人，倒塌房屋 12.57 万间，直接经济损失 260 亿元。

（一）案例警示

案例回放

2015 年 6 月，我国长江、珠江流域自西向东发生强度较大的降雨过程，引发严重洪涝灾害。在此轮强降雨中，广西、广东、福建等 12 个省区遭遇洪水袭击，此轮暴雨降雨范围广、强度大、历时长，受灾范围广、灾情重、损失大，如图 6-10 所示。

图6-10　2015年洪涝灾害

案例解析

在各种自然灾害中，暴雨导致的洪涝是最常见且又危害最大的一种。洪水出现频率高，波及范围广，来势凶猛，破坏性极大。受到洪水威胁，如果时间充裕，受灾人员应按照预定路线，有组织地向山坡、高地等处转移；在措手不及，已经受到洪水包围的情况下，要尽可能利用船只、木排、门板、木床等，做水上转移。如果洪水来得太快，已经来不及转移时，要立即爬上屋顶、楼房高屋、大树、高墙，做暂时避险，等待援救，不要单身游水转移。在山区，如果连降大雨，容易暴发山洪，遇到这种情况，应该注意避免渡河，以防止被山洪冲走，还要注意防止山体滑坡、滚石、泥石流的伤害。发现高压线铁塔倾倒、电线低垂或断折，要远离避险，不可触摸或接近，防止触电。洪水过后，要服用预防流行病的药物，做好卫生防疫工作，避免发生传染病。

案例回放

2012 年 7 月 21—22 日，北京市及其周边地区遭遇 61 年来最强暴雨及洪涝灾害。根据北京市政府举行的灾情通报会的数据显示，此次暴雨造成房屋倒塌 10 660 间，160.2 万人受灾，经济损失 116.4 亿元。

案例解析

“7·21”灾害是由于短时间内连续降雨引起的洪涝，7 月 21 日的北京市并不缺乏应对措施，先后发布过六次预警，仅房山区共转移撤离群众 65 000 余人，转移安置被困游客 1.6 万人，解救受困群众、学生、乘客等人员 1200 多人，但依旧没有抵挡住暴雨的肆虐。所以，在任何地方，暴雨、洪涝灾害都不容忽视，掌握洪灾知识与防灾常识更是必不可少，如图 6-11 所示。

图6-11　北京“7·21”洪涝灾害

（二）安全建议

1. 暴雨前的准备

（1）检查房屋，如果是危旧房屋或处于地势低洼的地方，应及时转移人员。

（2）暂停室外活动，学校可以暂时停课。

（3）检查电路、炉火等设施是否安全，关闭电源总开关。

（4）暂停田间劳动，户外人员应立即到地势高的地方或山洞暂避。

2. 暴雨应急要点

（1）预防居民住房发生内涝，可因地制宜，在家门口放置挡水板、堆置沙袋或堆砌土坎，危旧房屋或在地势低洼处住宅的人员及时转移到安全地方。

（2）关闭煤气阀和电源总开关。

（3）室外积水漫入室内时，应立即切断电源，防止积水带电伤人。

（4）立即停止田间农事活动和户外活动。

（5）在户外积水中行走时，要注意观察，贴近建筑物行走，防止跌入窨井、地坑等。

（6）注意夜间暴雨，提防旧房屋倒塌伤人。

（7）驾驶员遇到路面或立交桥下积水过深时，应尽量绕行，避免强行通过。

（8）雨天汽车在低洼处熄火，不要在车上等候，应下车到高处等待救援。

（9）河道是城市中重要的排水通道，不要将垃圾、杂物丢入马路下水道，以防堵塞，积水成灾。

（10）家住平房的居民应在雨季来临之前检查房屋，维修房顶。

（11）暴雨期间尽量不要外出，必须外出时应尽可能绕过积水严重的地段。

（12）在山区旅游时，注意防范山洪。上游来水突然混浊、水位上涨较快时，须特别注意。

小贴士

雨天安全行车注意事项

保持良好的视野，防止车轮侧滑，低速挡缓慢行驶，防止涉水陷车，切忌熄火后再次启动车辆，注意跟车，注意观察行人，及时开启车灯。

（三）应对措施

暴雨预警信号、标准及防范措施见表6-7。

表6-7　暴雨预警信号、标准及防范措施

预警信号	标　准	防 范 措 施
暴雨 蓝 RAIN STORM 暴雨蓝色预警	12小时内降雨量将达50毫米以上，或者已达50毫米以上且降雨可能持续	（1）政府及相关部门按照职责做好防暴雨准备工作。 （2）学校、幼儿园采取适当措施，保证学生和幼儿安全。 （3）驾驶人员应当注意道路积水和交通阻塞，确保安全。 （4）检查城市、农田、鱼塘排水系统，做好排涝准备
暴雨 黄 RAIN STORM 暴雨黄色预警	6小时内降雨量将达50毫米以上，或者已达50毫米以上且降雨可能持续	（1）政府及相关部门按照职责做好防暴雨工作。 （2）交通管理部门应当根据路况在强降雨路段采取交通管制措施，在积水路段实行交通引导。 （3）切断低洼地带有危险的室外电源，暂停在空旷地方的户外作业，转移危险地带人员和危房居民到安全场所避雨。 （4）检查城市、农田、鱼塘排水系统，采取必要的排涝措施

续表

预警信号	标　准	防 范 措 施
暴雨橙色预警	3小时内降雨量将达50毫米以上，或者已达50毫米以上且降雨可能持续	（1）政府及相关部门按照职责做好防暴雨应急工作。 （2）切断有危险的室外电源，暂停户外作业。 （3）处于危险地带的单位应当停课、停业，采取专门措施保护已到校学生、幼儿和其他上班人员的安全。 （4）做好城市、农田的排涝，注意防范可能引发的山洪、滑坡、泥石流等灾害
暴雨红色预警	3小时内降雨量将达100毫米以上，或者已达100毫米以上且降雨可能持续	（1）政府及相关部门按照职责做好防暴雨应急和抢险工作。 （2）停止集会、停课、停业（除特殊行业外）。 （3）做好山洪、滑坡、泥石流等灾害的防御和抢险工作

思考题

1. 大雨天气外出有哪些注意事项？
2. 面对暴雨黄色预警应该采取哪些防范措施？

6.9 泥石流

泥石流是暴雨、洪水将含有沙石且松软的土质山体饱和稀释后形成的洪流，它的面积、体积和流量都较大，典型的泥石流由悬浮着粗大固体碎屑物并富含粉砂及黏土的黏稠泥浆组成。泥石流流动的全过程一般只有几个小时，短的只有几分钟，是一种广泛分布于世界各国一些具有特殊地形、地貌状况地区的自然灾害。它与一般洪水的区别是洪流中含有足够数量的泥沙石等固体碎屑物，碎屑物体积含量最少为15%，最高可达80%左右，因此比洪水更具有破坏力，如图6-12所示。**滑坡是指斜坡的局部稳定性受到破坏，在重力作用下，岩石或土体沿一个或多个破裂滑动面向下做整体滑动的过程。**降雨、地震等对滑坡的影响很大。

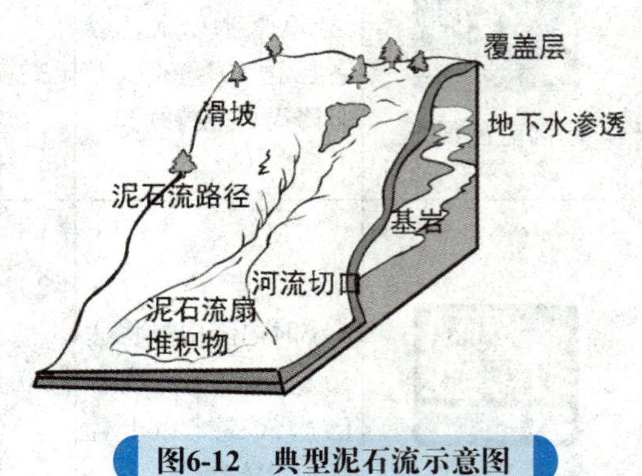

图6-12　典型泥石流示意图

（一）案例警示

案例回放

2015年12月20日11时40分左右，广东省深圳市光明新区凤凰社区恒泰裕工业园发生山体滑坡，附近西气东输管道发生爆炸。深圳市应急办主任杨峰20日晚在新闻发布会上表示，滑坡造成59人失联（其中男性36人，女性23人）、33栋建筑被毁。现场塌方面积10多万平方米。

案例解析

深圳市光明新区垮塌体为人工堆土，原有山体没有滑动。人工堆土垮塌的地点属于余泥渣土收纳场，主要堆放渣土和建筑垃圾，由于堆积量大、堆积坡度过陡，导致失稳垮塌，造成多栋楼房倒塌。近些年，人们对自然资源的开发程度和规模不断发展，人为因素诱发的泥石流数量也不断增加。不合理开挖，不合理的弃土、弃渣、采石，滥伐乱垦都可能诱发滑坡和泥石流。

案例回放

2010年8月7日22时左右，甘肃省甘南藏族自治州舟曲县城东北部山区突降特大暴雨，降雨量达97毫米，持续40多分钟，引发三眼峪、罗家峪等四条沟系特大山洪地质灾害，泥石流长约5千米，平均宽度300米，平均厚度5米，总体积750万立方米，流经区域被夷为平地。截至2010年9月7日，舟曲“8·7”特大泥石流灾害中遇难1481人，失踪284人，累计门诊治疗2315人。

案例解析

舟曲是全国滑坡、泥石流、地震三大地质灾害多发区。这一带是秦岭西部的褶皱带，山体分化、破碎严重，大部分是炭灰夹杂的土质，非常容易形成地质灾害。且舟曲是“5·12”地震的重灾区之一，地震导致舟曲的山体松动，极易垮塌。由于岩体产生裂缝，瞬时的暴雨和强降雨深入岩体深部，导致岩体崩塌、滑坡，形成泥石流，如图6-13所示。

图6-13　泥石流

（二）安全建议

（1）在外出旅游或者野外实习时，应随时收听、收看当地气象预报，尽量避免大雨天或连续阴雨天去山区旅游。

（2）到山区时，应清楚了解紧急情况下躲灾避灾的安全路线和地点。

（3）去山地户外游玩时，要选择平整的高地作为营地，尽可能避开河（沟）道弯曲的凹岸或地方狭小高度又低的凸岸。

（4）在雨季到来之前，最好能主动清除沟道中的障碍物，保证沟道有良好的泄洪能力。

（5）泥石流常滞后于降雨暴发，白天降雨较多后，晚上或夜间应密切注意雨情，最好提前转移、撤离。

（6）留心附近土地变化，如斜坡的雨水排水方式发生变化，土地移动、小面积滑动或树木逐步倾斜，路面上有裂缝并变大等要迅速撤离。

（7）雨天不要在沟谷中长时间停留，一旦听到上游传来异常声响，应迅速向两岸上坡方向逃离，如图 6-14 所示。

图6-14　逃离方向

（8）野外露宿时避开陡峭的悬崖和沟壑，避开植被稀少的山坡，非常潮湿的山坡也是滑坡的可能发生地区。

小贴士

泥石流发生的前兆

（1）河流突然断流或水势突然加大，并夹有较多柴草、树枝。

（2）深谷内传来似火车轰鸣或闷雷般的声音。

（3）沟谷深处突然变得昏暗，并有轻微震动感等。

（三）应对措施

（1）正处在滑坡的山体上，向滑坡方向的两侧逃离，并尽快在周围寻找安全地带。当无法继续逃离时，应迅速抱住身边的树木等固定物体。

（2）驱车从发生滑坡地区经过时，注意路上随时可能出现的各种危险，如掉落的石头、树枝等。查看清楚前方道路是否存在塌方、沟壑等，以免发生危险。

（3）遇到山体崩滑时，可躲避在结实的遮蔽物下，或蹲在地坎、地沟里，应注意保护好头部，可利用身边的衣物裹住头部。

（4）发生滑坡后，不要在滑坡危险期未过就回发生滑坡的地区居住，以免再次滑坡发生带来危险。滑坡已经过去，在确认自家的房屋远离滑坡区域、完好安全后，方可进入生活。

（5）抢救被滑坡掩埋的人和物时，从滑坡体的侧面开始挖掘，先救人，后救物。

思考题

1. 哪种地势最容易发生泥石流？
2. 去山区旅游应该怎样避免遭受泥石流的威胁？

6.10 地震

地震是地壳快速释放能量过程中造成振动，期间会产生地震波的一种自然现象。地球上板块与板块之间相互挤压碰撞，造成板块边沿及板块内部产生错动和破裂，是引起地震的主要原因。地震是一种破坏力极强的自然灾害，其具有很强的突发性，且余震的频度较高，难以预测，让人防不胜防。地震除了能够直接造成房倒屋塌、山崩地裂等灾害以外，还会引起火灾、水灾、泥石流、滑坡、瘟疫、有毒气体泄漏等次生灾害，给人们的生命和财产安全造成重大损失。我国是一个地震多发的国家，地震发生频率高、强度大、震源浅、分布广。面对突发性强、涉及面广的地震，每个人都要有居安思危、预防为主的意识，掌握一些必要的应急避险措施，最大限度减少地震带来的伤亡与损失。

（一）案例警示

案例回放

2008 年 5 月 12 日，四川省汶川县、北川县发生 8.0 级地震，震中位于四川省阿坝藏族羌族自治州汶川县映秀镇与漩口镇交界处。地震波及大半个中国及亚洲多个国家和地区。北至辽宁，东至上海，南至香港、澳门地区，泰国、越南，西至巴基斯坦均有震感。汶川大地震共造成 69 227 人死亡，374 643 人受伤，17 923 人失踪，直接经济损失 8451 亿元。是新中国成立以来破坏力最大的地震，也是唐山大地震后伤亡最严重的一次，如图 6-15 所示。

图6-15　地震灾害

案例解析

在这次地震中，团结和爱国浪潮席卷中国，全国人民紧紧地团结在一起，国家领导人对灾区群众高度关切的形象和亲临第一线的鲜明姿态一次次出现在电视屏幕上。与其他一些国家发生灾害后政府的迟缓表现形成了鲜明对比，关键时刻中国政府和军队的反应速度，人员、装备、物资投放能力均给人留下深刻印象。

案例回放

某大学一名体育系学生搞恶作剧，深夜在楼道里滚动铅球，发出轰隆隆的响声，并大声呼喊“地震了”。酣睡中的同学闻声惊醒迅速逃离，其中有8名学生忙乱中跳楼躲避地震造成严重伤害。

案例解析

地震谣言仅次于地震的危害，据不完全统计，我国近30年，地震谣言造成严重社会秩序混乱和严重经济损失的谣言就有40多起。大学生不能把地震当作儿戏，另外当听到地震的消息要临危不乱，迅速做出正确判断，切不可做出跳楼等错误逃生方式，如图6-16所示。

图6-16　遭遇地震不可慌乱

（二）安全建议

（1）通过各种途径了解地震的相关知识，掌握地震时的逃生方法。

（2）积极参加学校、社区组织的防震演练，如图6-17所示。

图6-17　参加地震演习

（3）动物是观察地震前兆的“活仪器”，它们往往在震前出现各种反常行为，向人们预示灾难的临近。

（4）临近地震发生前，往往有声响自地下深处传来，这就是“地声”，地声一般出现在震前几分钟、几小时、几天或更早，以临震前几分钟出现得最多。

（5）关注地震前地下水异常，水发浑、冒泡、翻花、升温等现象。

（6）关注电磁异常，电磁异常是指地震前家用电器，如收音机、电视机、日光灯等出现的失灵现象。最常见的是收音机的失灵、手机信号减弱或消失、电子闹钟失灵等现象。

小贴士

地震时房间里哪处最安全

地震来，忌外跑；三角地，就近找；卫生间，最安全；厨房间，次安全；承重墙，第三名；实木床，第四名。

（三）应对措施

（1）如果在平房里，突然发生地震，要迅速钻到床下、桌下，同时用被褥、枕头、脸盆等物护住头部，等地震间隙再尽快离开住房，转移到安全的地方。地震时如果房屋倒塌，应待在床下或桌下不要移动，等到地震停止再进出室外或等待救援。

（2）如果住在楼房中，发生了地震，不要试图跑出楼外，因为时间来不及。最安全、最有效的办法是及时躲到两个承重墙之间最小的房间，如厕所、厨房等，也可以躲在桌、柜等家具下面以及房间内侧的墙角，并且注意保护好头部，不要去阳台和窗下躲避。

（3）如果正在上课时发生了地震，不要惊慌失措，更不能在教室内乱跑或争抢外出。靠近门的同学可以迅速跑到门外，中间及后排的同学可以尽快躲到课桌下，用书包护住头部，靠墙的同学要紧靠墙根，双手护住头部。

（4）如果已经离开房间，不要地震一停就立即回屋取东西，因为第一次地震后，接着会发生余震，余震对安全的威胁会更大。

（5）如果在公共场所发生地震，不能惊慌乱跑，可以随机应变躲到就近比较安全的地方。

（6）如果正在街上，绝不能跑进建筑物中避险。也不要在高楼下、广告牌下、狭窄的胡同、桥头等危险地方停留。

（7）如果地震后被埋在建筑物中，应先设法清除压在腹部以上的物体，用毛巾、衣服捂住口鼻，防止烟尘窒息，要注意保存体力、设法找到食物和水，创造生存条件，等待救援。

思考题

1. 地震震级如何划分？
2. 在户外发生地震时应该怎样做？

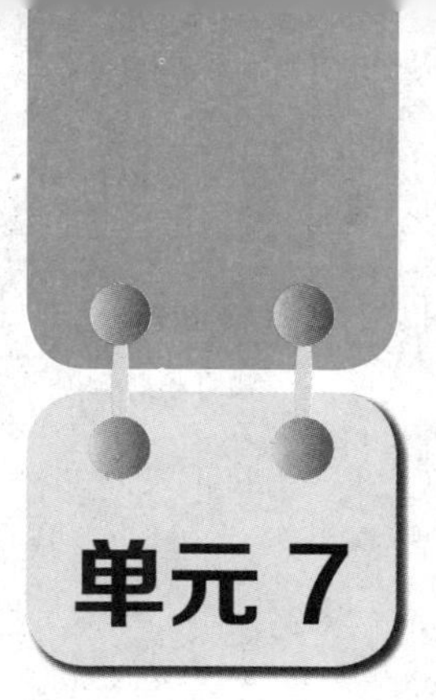

常见运动损伤的预防与应对

运动损伤是指人们在运动过程中发生的各种损伤，损伤的部位多与运动项目及专项技术特点有关。大学生正处在身心发展的旺盛期，在参加体育活动时往往准备活动不充分，思想不够重视，对技术动作掌握得不够准确，难免出现磕磕碰碰，时常发生运动损伤。这样就会影响学生参加体育活动的积极性，也不利于学校体育教学工作的开展。因此，掌握一些运动损伤的预防和应急处理措施，不仅有利于减少运动损伤发生的概率，而且能在发生运动损伤时做一些简单的应急处理，加快伤痛的愈合进程。

为防范学校体育运动风险，保护学生、教师和学校的合法权益，保障学校体育工作健康、有序开展，教育部根据《义务教育法》《未成年人保护法》《侵权责任法》等法律，于 2015 年制定了《学校体育运动风险防控暂行办法》，对教育主管部门、学校、教师等行为和责任进行了规范，并对体育运动伤害事故的防范和处理做出了规定，彰显了国家对青少年学生运动损伤的重视程度。

本单元对几种常见的运动损伤进行了介绍，并介绍了应对措施，希望能够为同学们自救和他救提供参考。

7.1 皮肤擦伤

擦伤是皮肤表面被粗糙物擦破的损伤，最常见的是手掌、肘部、膝盖、小腿的皮肤擦伤。擦伤后可见表皮破损，创面呈现苍白色，并有许多小出血点和组织液渗出。由于真皮含有丰富的神经末梢，损伤后往往十分疼痛，但表皮细胞的再生能力很强，如伤口无感染则愈合很快，并可不留瘢痕。擦伤是运动中最常发生的一种损伤，多发生于对抗性项目活动及摔倒等。

（一）案例警示

案例回放

某天，在某大学学校运动会中，学生进行100米短跑比赛。有一个学生在接近100米终点时，由于腿部力量不足，出现酸软的情况，随后，便摔倒在跑道上，造成了肘关节、膝关节等大面积擦伤。

案例解析

学生在运动时，并未充分进行热身活动，自我保护意识较弱，加之求胜心理较强，在运动强度超过自身承受能力时仍想求胜，造成了受伤的情况。因此在运动之前，一定要做准备活动，而且赛前要针对所进行的运动项目进行系统的训练，量力而行，保护好自己。发生擦伤后，要注意避免伤口感染，进行清创处理，及时就医。

案例回放

一天，王某和蔡某放学后一起去探险，他们发现一个比较陡峭的墙面，就想法要爬上去，王某先上，蔡某在下面托着王某帮助其攀爬。但是，城墙年久荒芜，墙面有很多地方并不是很牢固，王某想扒住墙沿却失了手，从高处摔了下来，蔡某也随之摔倒。王某腿上大面积擦伤，由于地面土石较多，还使伤口上沾染了很多泥沙，去医院处理的时候十分麻烦。

案例解析

青少年总是对周围的环境和事物充满了好奇心，但是，随着年龄的增长，我们要对周围的环境有一定的判断力。首先，学生王某和蔡某不应该随意到荒废的城墙进行“探险”游戏，如想要进行类似活动，应由有经验者带领。其次，学生王某和蔡某在废弃城墙攀爬的时候，并没有对其进行仔细观察，未发现墙体年久荒废无法承受太大重力。因此，作为青少年，要时刻提醒自己注意安全，要仔细观察周围环境，避免发生更严重的伤害。

（二）安全建议

（1）思想上要重视，遵循不同运动项目的规律，加强自身锻炼，合理安排运动量和运动强度。

（2）运动前做好充分的准备活动，减少伤害事故的发生。

（3）充分了解自己的身体，尽早发现不好的身体状况，提早预防。

（4）选择安全的运动环境和运动场所，不同的运动场所要使用不同的运动用具和防护装备。

（5）摔倒时尽量采用侧向翻滚的姿势，减少身体与地面的摩擦，尤其注意保护头部和面部。

（6）擦伤后要保持伤口清洁、干燥，以免感染，伤口结痂后尽量让其自行脱落，不要强行揭下，以免延长愈合时间，甚至留下瘢痕。

（7）参加比较危险的运动项目时，尽量佩戴护具。

小贴士

擦伤处理口诀

擦伤以后要知道，
止血清创涂上药，
加压包好保干燥，
避免感染痂自掉。

（三）应对措施

处理擦伤的主要原则：先清理、再消毒、创口异物仔细除；配敷料、缠纱布、包扎妥当瘢痕无。轻度擦伤时，伤口干净者一般只要涂上红药水或者紫药水即可自愈。如果创口较脏，则要先清洗创口。重度擦伤时，在清洁消毒后，则需要敷上敷料，用纱布包扎好。如果伤情较重，应及时就医处理。

思考题

1. 皮肤擦伤后，直接贴上创可贴，这种做法对吗？为什么？
2. 如果在运动中发生擦伤，应该如何处理？

7.2 肌肉拉伤

肌肉拉伤是肌肉在运动中急剧收缩或过度牵拉引起的损伤。肌肉主动强烈地收缩或被动过度地拉长造成的肌肉微细损伤、肌肉部分撕裂或完全断裂，称为肌肉拉伤。这是最常见的运动损伤之一。在体育运动中，由于肌肉主动猛烈地收缩超过了肌肉的负担能力，或突然被动地过度拉长，超过了肌肉的伸展性，所出现的拉伤称为主动拉伤，如举重运动弯腰抓提杠铃时，竖脊肌由于强烈收缩而拉伤。肌肉用力牵拉时超过了肌肉本身的伸展程度而导致的拉伤称为被动拉伤，比如在做前压腿、纵劈叉等练习时，突然用力过猛，可使大腿后群肌肉过度被动拉长而发生损伤。大腿后群肌肉的拉伤最为常见，大腿内收肌、腰背肌、腹直肌、小腿三头肌、上臂肌等都是肌肉拉伤的易发部位。肌肉拉伤以后，一般会出现局部疼痛、压痛、肿胀、肌肉紧张、发硬、痉挛等症状。

（一）案例警示

案例回放

某学校体育课进行跨栏学习，学生王楠显现出对于该项目极高的兴趣。一天上体育课前，老师刚刚摆上器材，王楠就想在同学们面前秀一秀自己的跨栏技术，三步并作两步过了两个栏，随即看到王楠一瘸一拐的，走路都困难了。去了医务室，诊断为肌肉拉伤。

案例解析

案例中，王楠在进行跨栏展示前，并未进行准备活动，肌肉的生理机能并没有达到适合运动的状态，而且，作为一个普通的中学生，王楠未经过跨栏的专项学习，其跨栏技术与个人训练水平不足，从而导致肌肉拉伤。

案例回放

李田是某大学学校的一名田径运动员。2014 年春，在参加运动会时，他两天中跑完自己的短跑项目之后，又接连参加了 4 × 100 米和 4 × 400 米的接力比赛。由于运动强度过大，在跑完 400 米接力之后，走路出现了一瘸一拐的情况，最后发现是右腿大腿后群肌肉拉伤。

案例解析

在比赛过程中，李田由于参与项目过多、负荷量过大，而导致其身体疲劳，致使李田的肌肉机能下降，力量减弱，肌肉承受能力不足，因此出现了被动拉伤的情况。在肌肉拉伤之后，要让身体得到充分的休息，防止二度拉伤给受伤部位造成更严重的伤害。

（二）安全建议

（1）做好充分的热身准备活动。

（2）运动适度，不宜过量。

（3）运动提倡持之以恒，循序渐进。

（4）掌握正确的技术动作，提高身体的协调性。

（5）气温低、湿度高、场地硬等不良环境中要注意自我保护。

小贴士

预防拉伤口诀

充分热身，适时休息，加强力量，增强柔韧，安排合理，提高保护意识。

（三）应对措施

肌纤维轻度拉伤及肌痉挛者，用针刺疗法会取得显著疗效。肌纤维部分断裂者，早期用冷敷、加压包扎，48 小时后开始按摩，手法要轻缓。如果伤势不严重，可按照“RICE 原则”进行处理，即 Rest（休息）、Ice（冷敷）、Compression（加压包扎）、Elevation（抬高伤肢）。

休息：马上停止受伤部位的运动，充分休息可以促进较快复原。

冷敷：冰敷袋置于受伤部位，也可用冷水浸泡或冲洗。冷敷既可以减轻疼痛和痉挛，又可以降低细胞代谢速率，降低细胞坏死风险，还可以在一定程度上控制损伤部位的肿胀，使血液的黏度增加，毛细血管的浸透性降低，减少皮下组织出血。受伤后 48 小时内，每隔 2～3 小时冰敷 20～30 分钟，皮肤的感觉有四个阶段：冷→疼痛→灼热→麻木，当变成麻木时就可以移开冰敷袋，如图 7-1 所示。

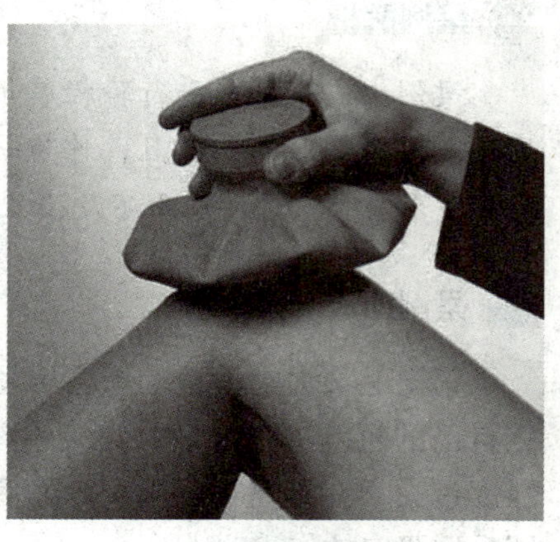

图7-1 冰敷

加压包扎：使受伤区域的肿胀减小，减小内部出血。可以用弹性绷带包扎受伤部位，按照环形、螺旋形或“8”字形进行包扎。压迫可与冰敷同时进行，即将冰袋用弹性绷带包裹在损伤部位。

抬高伤肢：将损伤部位抬到比心脏高的位置。抬高伤肢也是为了减少血液循环至伤部，避免肿胀，并且尽可能在伤后24小时内一直抬高伤部。

视受伤严重程度，在24小时到48小时之后采用热敷、理疗、按摩、针灸等方法进行恢复治疗。

思考题

1. 如何确定是不是肌肉拉伤？肌肉拉伤主要有哪些症状？
2. 如果发生急性肌肉拉伤，应该遵循什么原则进行处理？

7.3 关节扭伤

扭伤属于闭合性软组织损伤的一种，多是使关节发生超常范围的活动，造成关节内外侧副韧带损伤。关节扭伤常出现疼痛、肿胀、皮下瘀血、关节功能障碍等症状，轻者发生韧带部分纤维断裂，重者则韧带纤维完全断裂，并引起关节脱位或半脱位。关节扭伤多发生在踝、膝、腕等部位，主要表现为损伤部位疼痛肿胀和关节活动受限。

（一）案例警示

案例回放

2014年11月的一天，乌鲁木齐市一所大学的学生正在上足球课，体育老师带领学生做完准备活动后，在球场码放了四路等距离的标志物，让学生进行运球绕标志物练习。张磊雷同学在运球时，由于精力不集中，运球脚抬得过高，踩在了球上，摔倒在地，经医院诊断为左脚踝扭伤。

案例解析

张磊雷在运球绕标志物时，注意力不够集中，不慎踩在球上，球受外力而滚动，导致张磊雷失去重心跌倒，使踝关节过度扭转而受伤。参加体育运动时，经常因为注意力不集中、不按技术要领做动作等引发意外伤害，影响学习和生活。

案例回放

周某是一名篮球爱好者，经常和同学们一起打篮球。某天，在和朋友打篮球时，跳起投篮后落地时，右脚踩到了小伙伴的脚上，踝关节扭了一下。一开始周某只是感觉有一点疼，于是又打了半个小时的球，结果打完球以后，踝关节肿了起来，并且有瘀血。周某这才意识到踝关节扭伤的严重性。

案例解析

周某在第一次落地踩到朋友的脚以后，脚踝已经出现了轻度的扭伤，只是不是很严重。这个时候应该立刻停止打球，脱掉鞋子检查伤势是否严重，如果不严重稍微休息就会好转。但是周某又继续打了一会儿，加快了踝关节的血液循环，因此出现了肿胀、瘀血，加重了踝关节扭伤，恢复起来就要慢很多了。青少年要提高自我保护意识，对于超出能力范围的技术动作应该适当放弃。

（二）安全建议

（1）训练方法要合理，掌握正确的运动技术，科学增加运动量。

（2）要做好充分的准备活动。

（3）注意运动间隔时的放松，减轻肌肉疲劳。

（4）及时判断自我状态，防止局部关节负担过重。

（5）加强关节周围肌肉力量练习，加强关节周围韧带韧性练习。

（6）随时关注运动环境的变化，及时做出调整。

小贴士

预防扭伤口诀

做好准备活动，掌握正确技术，科学分配运动，增强关节力量。

（三）应对措施

扭伤后要区分伤势轻重。轻者可以自行医治，按照“RICE 原则”进行处理，重者要马上去医院进行治疗。但无论轻重，首先要休息，不能移动受伤部位，如果有条件应该立即冰敷，保证让受损部位肌肉休息，同时对受伤部位进行加压包扎，并尽可能抬高伤肢。一般在受伤 24～48 小时后采用热敷、理疗、按摩等方法进行恢复治疗。

思考题

1. 如果同伴在运动中扭伤了踝关节，你该如何帮助他处理？
2. 关节扭伤以后，何时进行冰敷？何时可以进行热敷？

7.4 软组织挫伤

软组织挫伤一般是受一定强度的外力作用而诱发的损伤，是指人体运动系统皮肤以下骨骼之外的肌肉、韧带、筋膜、肌腱、滑膜、脂肪、关节囊等组织以及周围神经、血管不同情况的损伤。一般可分为急性损伤和慢性积累性损伤两大类。人体软组织损伤是人类运动系统中的一种常见病、多发病，例如，球拍打到人体、身体不小心撞击到器材上、被篮球砸到等。一般挫伤常伴有疼痛、肿胀、功能障碍、伤口或创面等。

（一）案例警示

案例回放

大学生张某在上跨栏课中，由于对自己的跨栏技术信心不足，导致在跨栏的过程中速度不够，在跨越其中一个栏架时，起跨腿碰到了栏架，膝关节肿胀起来。

案例解析

张某在练习时，对自己信心不足，造成了技术动作的变形，说明此时的状态还不适合跨越完整栏架。因此，在运动过程中，要随时根据自己的状态调整练习的内容，确保自己处在安全的情形下，防止意外伤害事故的发生。

案例回放

大学生刘某在学校健身房健身时，边看手机边朝深蹲架方向走，不小心撞到了器材架子上，额头随即肿起一个大包，疼痛难忍。

案例解析

在器械较多的健身房健身时，一定要集中注意力，按照器材要求进行练习。换器材练习时不要低头走路，更不能边看手机边走路，防止碰撞到器材，发生伤害事故。在日常生活中也要避免边看手机边走路，这样不仅容易造成意外伤害，还容易损伤眼睛、颈椎等器官。

（二）安全建议

（1）做好充分的热身准备活动。
（2）根据自身状况合理安排运动内容。
（3）注意力集中，随时观察身边运动环境的变化。
（4）在器械较多的运动环境中，要主动判断安全的运动范围。
（5）避免运动中因身体接触而产生的损伤。
（6）掌握正确运动技术动作与运动规则。
（7）创造安全的运动环境。

小贴士

哪些属于软组织

软组织包括人体的皮肤、皮下组织、肌肉、肌腱、韧带、关节囊、滑膜囊，神经、血管等。

（三）应对措施

软组织挫伤的治疗一定要及时、正确，通常可以采用镇痛、理疗、制动等方法治疗。在受伤24小时内，遵循“RICE原则”处理，即Rest（休息）、Ice（冷敷）、Compression（加压包扎）、Elevation（抬高伤肢），如图7-2所示。视伤势严重程度，在24～48小时之后采用热敷、理疗、按摩、针灸等方法进行恢复治疗。在软组织挫伤中，分为急性损伤和慢性损伤两种，如果急性损伤未处理好，将会转变为慢性损伤，出现劳损。如果发生挫伤自己无法处理时，要迅速拨打医务室或急救电话，避免出现伤势由轻变重的现象。

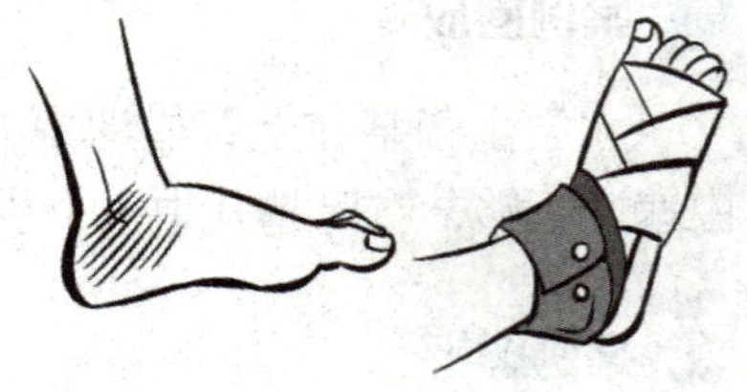

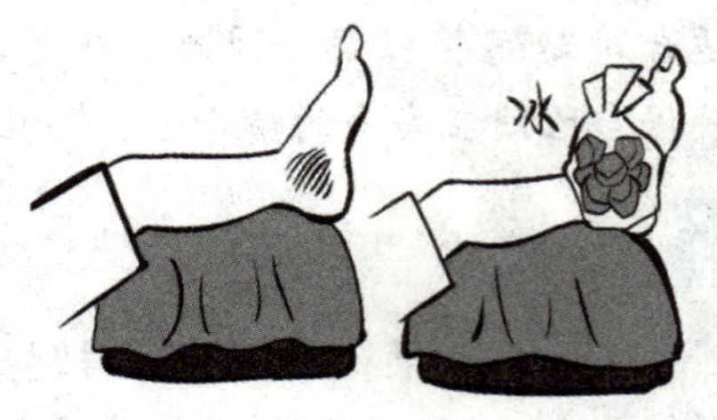

图7-2 “RICE”处理原则

思考题

1. 什么是软组织挫伤？
2. 软组织挫伤的治疗方法一般包括哪些？

7.5 骨折

骨折是指骨结构的连续性完全或部分断裂，是运动损伤中损伤程度较为严重的一种。骨折时的典型表现是伤后出现局部变形、肢体等出现异常运动、移动肢体时可听到摩擦音，并常伴随着剧烈的疼痛、肿胀、瘀血等症状。在进行运动时，与他人意外相撞，或者不小心崴到脚等，都可能会导致骨折。常用的骨折分类有两种，按照骨断裂的程度分为不完全骨折和完全骨折；按照骨周围软组织的损伤程度分为闭合性骨折和开放性骨折。

（一）案例警示

案例回放

于某是某大学一位女生，课后和同学们在体育馆进行体育活动，一起玩“贴人”游戏作为热身活动。规则讲解完后，同学们都迅速进入游戏状态，于某也很兴奋，当轮到自己跑时，她迅速地跑了出去。体育馆是木地板，稍微有点滑，刚跑几步，于某便摔倒在地，大腿有些痛感。一开始没觉得很严重，随后去医院拍片检查，发现大腿骨骨折。

案例解析

于某这种情况主要是在还没有做好热身活动时就开始剧烈跑动，并且没有认真观察运动环境，掉以轻心。木地板相对来说会稍微有点滑，她跑动时没有注意这方面的情况，无法控制身体平衡，致使摔倒在地，引发骨折。

案例回放

张文是某大学运动骨干，在参加一次年级足球对抗赛时，被对方球员王航铲倒，导致小腿骨折。王航在铲球时没有碰到球，而是直接踹到了张文的小腿，从而导致伤害事故。

案例解析

身体直接接触的运动项目，难免会有碰撞，尤其在篮球和足球比赛中，容易因激烈的对抗、不适当的动作等引发运动损伤，所以在运动中一定要学会自我保护和保护他人，避免做危险动作，防止发生运动损伤。

（二）安全建议

（1）认真观察周围运动环境，合理安排运动内容。
（2）运动前做好热身准备活动。
（3）运动中，要集中注意力，不做危险动作。
（4）认真学习不同项目注意事项，佩戴必要的护具。
（5）手持器械类运动项目要保证安全运动范围，避免伤到同伴。
（6）运动中，跌倒时要选择合适的缓冲动作，时刻保持高度注意力。
（7）合理安排运动量，避免出现疲劳性骨折。
（8）增强易伤部位肌肉力量练习。
（9）饮食上多注意补钙。

小贴士

骨折的专有体征

（1）畸形。骨折段移位可使患肢外形发生改变，主要表现为缩短。

（2）异常活动。正常情况下肢体不能活动的部位，骨折后出现不正常的活动。

（3）骨擦音或骨擦感。骨折后，骨折的两骨端相互摩擦时，可产生骨擦音或骨擦感。

以上三种体征只要发现其中之一即可确诊为骨折，但未见此三种体征者也不能排除骨折的可能。

（三）应对措施

治疗骨折的最终目的是使受伤肢体最大限度地恢复功能。在治疗的过程中，要遵循以下 4 个原则。

（1）抢救生命。当出现严重创伤时，首要原则是抢救生命，并及时送往医院进行治疗。

（2）伤口处理。开放性伤口应及时恰当地止血，并立即用消毒纱布或干净布包扎伤口，取掉伤口表面异物。

（3）简单固定。正确固定伤肢可以减少伤者的疼痛和周围组织继续损伤。急救现场可以就地取材，借用木板、竹竿、树枝等临时固定。固定范围必须包括骨折邻近的关节，如前臂骨折，固定范围应包括肘关节和腕关节。如找不到固定的硬物，也可用布带直接将伤肢绑在身上。固定好后立即送往医院治疗；如图 7-3 所示。

（4）安全转运。转运伤者过程中动作要轻，防止震动和破坏伤肢，以减少伤者的疼痛。

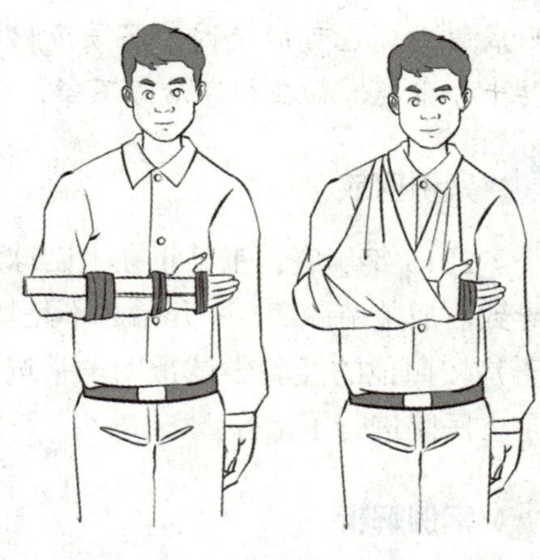

图7-3　前臂骨折固定方法

思考题

1. 你在运动时，发生过骨折吗？如何在运动中预防骨折？

2. 发生骨折时，如果身边没有硬物，怎么对伤者进行紧急处理和包扎？

7.6　脱臼

脱臼也称关节脱位，是指构成关节的上下两个骨端失去了正常的位置，发生错位。关节脱位的表现一般伴随着关节处疼痛剧烈、关节的正常活动丧失和关节部位出现畸形等症状。关节脱位后，关节囊、韧带、关节软骨及肌肉等组织也都会受到损伤，若不及时复位，会造成关节粘连，不同程度地丧失关节功能。临床上关节脱位可分为损伤性脱位、先天性脱位及病理性脱位，其中肩、肘、下颌及手指关节为最易发生脱位的关节。

（一）案例警示

案例回放

2014 年环法自行车比赛中，外界都认为卡文迪什会夺得冠军。可是最后 1 千米，坎切拉拉的提前冲刺打乱了很多车队的比赛节奏，最后 300 米，卡文迪什在卡位时与澳大利亚一名车手发生碰撞，摔倒在地并引发了连锁摔车事故。卡文迪什不仅夺冠无望，甚至倒地时还痛苦地抱着自己的右肩。卡文迪什第一时间被送往当地医院做了核磁共振扫描，诊断为右肩脱臼。

案例解析

卡文迪什右肩脱臼是因间接暴力所致，如果跌倒时上肢外展外旋，手掌或肘部先着地，地面的反作用力会沿肱骨纵轴向上冲击，关节间薄弱部撕脱关节囊，向前下脱出，形成脱臼。也可能是因为肩关节内收内旋位跌倒时手部着地引起。当然，肩关节脱臼要十分重视，如在初期治疗不当，可发生习惯性脱臼。

案例回放

2015 年年底，王某正在上网球课。正手击球练习时，挥拍过程中不小心用力过猛，导致右肩关节脱臼。一开始并不是特别疼,其中一个同学孙某声称自己可以让脱臼复原，于是按照他的经验尝试帮助王某进行脱臼复位，但尝试几次之后并没有成功。最后还是去医院进行了治疗。

案例解析

王某右肩关节脱臼是由于不经意的用力过猛所致。在感觉自己关节脱臼以后应该及时停止练习，马上到医务室或者附近医院进行治疗。孙某在自己专业知识不够的情况下，不应该草率地帮助王某进行关节复位，如果复位不成功，则有可能加重关节脱臼伤情并影响后续的治疗。

（二）安全建议

（1）运动前认真做好准备活动，多做一些绕环、伸展类活动，让关节活动开。

（2）运动前，检查运动器械及运动环境，重点查看场地等是否平整。

（3）选择适合自己的体育运动项目，量力而行，绝不做力不能及的危险动作。

（4）运动时加强对自己易伤部位的保护。

（5）运动中尽量避免暴力身体接触，动作要尽量柔缓。

小贴士

脱臼特殊表现

（1）畸形。肢体出现旋转、内收或外展和外观变长或缩短等畸形。

（2）弹性固定。未撕裂的肌肉和韧带可将脱臼的肢体保持在特殊的位置，被动活动时有一种抵抗和弹性的感觉。

（3）关节窝空虚。

（三）应对措施

1. 治疗原则

关节脱臼后尽早进行手法复位；对脱臼部位进行适当固定，以利于软组织修复；及时活动，以利于关节功能的恢复。

2. 治疗步骤

（1）一旦发现关节脱臼，让受伤关节安静地固定在病人感觉最舒适的位置。

（2）保持安静，不可揉搓受伤部位，避免二次伤害。

（3）对伤处进行妥善固定，并检查有无其他受伤部位。

（4）联系医务人员或者拨打 120，迅速就医。

3. 常见关节应急固定

（1）肩关节脱臼应急固定。两条三角巾，分别折成宽带状，一条用于悬挂前臂，一条绕过受伤侧上臂，在健康侧的腋下打结。

（2）肘关节脱臼应急固定。用可弯折的夹板弯成贴合肘关节的角度，放置于肘后，用绷带包扎，再利用三角巾挂起前臂。

思考题

1. 关节脱臼的治疗原则是什么？
2. 如果同伴在运动中发生肘关节脱臼，如何对同伴进行救治？

7.7 肌肉痉挛

肌肉痉挛是指肌肉突然、不自主地强直收缩的现象，会造成肌肉僵硬、疼痛难忍，也就是常说的抽筋。发生肌肉痉挛会造成肌肉僵硬、疼痛难忍，很难动弹。一般把肌肉痉挛分为夜间肌肉痉挛、中暑性肌肉痉挛和中风后肌肉痉挛。肌肉痉挛发生的原因有很多，常见的原因有疲劳、电解质不平衡和寒冷的刺激等，持续的时间和剧烈程度也会根据个人情况而有所不同。网球运动员和足球运动员因长时间在温度较高的环境下进行比赛，经常出现抽筋的情况。在平时的运动中，痉挛出现的部位多为小腿，即小腿腓肠肌。痉挛有的时候是会扩散的，例如小腿腓肠肌痉挛不及时处理会引起大腿肌群痉挛。

（一）案例警示

案例回放

2015 年 12 月，北京市某大学进行耐久跑考试，男生王某衣着单薄，在 1000 米测试中跑到 800 米左右时，突然倒地，随之双手抱住左腿，痛苦难耐。体育老师赶来后，判断该学生左腿小腿肌肉痉挛，随后，体育老师采取措施，帮助其缓解痉挛。

案例解析

大学生在进行耐久跑测试时，常出现恐惧心理，并误以为做准备活动会损耗体力，影响测试成绩，因此，会在准备活动时偷懒。要纠正对于准备活动的认识，使身体达到适宜运动的状态。天气寒冷时，要注意保暖，冷空气的刺激容易增强肌肉的强直收缩，从而导致肌肉痉挛。

案例回放

2014 年夏天，某大学进行“阳光杯”足球赛，由于参赛队伍较多，赛事安排密集，学生刘某所在院系比赛被安排在中午进行。比赛过程中，由于天气炎热，刘某出了大量的汗，并且整个比赛期间没有被替换。在比赛即将结束时，刘某突然倒地，疼痛难忍，发生小腿肌肉痉挛，同学们立即帮其拉伸，尚未完全缓解时，刘某的另一侧小腿肌肉也开始痉挛，随后扩展到大腿、上肢，引起全身痉挛抽搐，并伴随呕吐、晕厥，后被急救车送往医院进行了输液治疗。

案例解析

在高温季节进行持续、大强度运动时，大量的排汗会导致人体丢失大量电解质。刘某在高温下踢球持续时间长，出汗多，电解质大量丢失，并且肌肉连续过快地收缩，造成了机体疲劳，直接影响了肌肉的反应能力和相应的生理能力。在高温下高强度运动，应该适时休息，及时补充水分和电解质，否则会出现机体疲劳，多种原因造成肌肉痉挛。

（二）安全建议

（1）加强身体锻炼，提高身体素质和自身健康状况。

（2）选择适宜的运动环境，不在极端环境下做长时间或剧烈的运动。

（3）运动前，认真做好准备活动，充分热身。

（4）长时间运动时，补充足够的水和电解质。

（5）夏天注意补充电解质，冬天注意保温。

（6）选择合适的运动服，不穿太紧或者太厚重的服装。

（7）运动不要过量，合理安排运动负荷。

（8）运动前对易抽筋的肌肉做适当按摩，运动后注意机体放松。

小贴士

预防肌肉痉挛口诀

做好准备活动，及时补充能量，合理安排内容，动后及时放松。

（三）应对措施

（1）发生肌肉痉挛时，要放松，患者应立刻休息，先检查痉挛肌肉位置。

（2）对抽筋位置进行按摩，通常只要朝相反的方向牵引痉挛的肌肉即可，处理过程中要用力均匀。

（3）小腿肌肉痉挛时，可伸直膝关节，勾起脚尖同时双手握住脚用力向上牵引即可，也可做直膝后蹬动作，如图 7-4 所示。

图7-4 小腿肌肉痉挛的牵引方法

（4）腹部肌痉挛时，可做背部伸展运动以拉长腹肌，还可以进行腹部的热敷及按摩。

（5）游泳中发生肌肉痉挛时不能惊慌，应先吸一口气，仰浮于水面并立即求救。

（6）如果痉挛较为严重，要迅速拨打急救电话，送往医院救治。

思考题

1. 高温下长时间运动为何会出现痉挛？应如何应对？
2. 如何预防运动中出现肌肉痉挛？如果出现痉挛，如何处理？

7.8 运动性腹痛

运动性腹痛是指由于体育运动而引起或诱发的腹部疼痛，常在中长跑、竞走、自行车等项目中出现这一症状。运动性腹痛的特点是运动时疼，安静时则不疼。一般出现运动性腹痛主要是运动前准备活动不充分、身体状况不佳、活动强度增加过快，或者运动前吃得太饱、饮水过多、腹部受凉等，导致脏腑功能失调，引起腹痛。有的时候是因为呼吸节奏紊乱，或者肝脾积气瘀血，引起膈肌运动异常，导致两肋部胀痛等。

（一）案例警示

案例回放

2015 年 11 月，田某在上下午第一节体育课。课上，老师安排了 1500 米的测试项目，并且在前一周已经提前告知了学生测试的内容。在测试的过程中，田某跑了 800 米就捂着肚子停止了测试。问其情况，田某为了下午测试有更好的体力，中午特意吃了很多，而且吃饭时间相对较晚。送到医务室以后，经校医诊断为运动性腹痛。

案例解析

很多学生认为运动量大时，在运动前一定要多吃东西，这是一个错误的认知。而且田某吃饭后不久就进行了测试，饭后过早就参加运动，这都是运动中错误的做法。饭后半小时内禁止运动，1～1.5 小时后可进行轻微运动，否则容易引起肠胃痉挛，从而导致腹痛，这种疼痛多集中在肚脐周围。

案例回放

张超和王强非常喜欢打篮球，他们经常到小区附近的运动场自由结组打比赛。寒假的某一天，张超和王强又去运动场打比赛，比赛越来越激烈，但是王强状态一直不太好，时而停下来俯身喘息，时而手捂肚子，后来，王强因为腹痛难忍离开场地，停止了比赛。张超看王强停止了比赛，也下了场询问原因，得知他腹痛，就建议他深呼吸调整，但是深呼吸让王强更难受，他们只好去了社区医院，经诊断为运动性腹痛，原因为呼吸肌痉挛。

案例解析

在这种情况下，王强是无法深呼吸调整的，因为深呼吸只会让腹痛加剧。在篮球比赛时，运动员多是急停急起，王强可能没有注意跟随比赛的节奏及时调整呼吸的节律，导致呼吸肌功能紊乱，呼吸肌收缩不协调，从而引发痉挛导致腹痛难忍。

（二）安全建议

（1）科学运动，增强身体综合素质，提高心肺功能。

（2）运动前做好充分的热身准备活动。

（3）合理安排饮食，运动前不能吃太饱或饮水过多，饭后应休息 1～1.5 小时再进行活动。

（4）不可空腹参加剧烈运动。

（5）运动中注意调整呼吸节奏，尤其是中长跑时要合理分配体力。

（6）对自己的身体有基本认知，如果自身疾病未愈，应在治愈后开展合理运动。

> 小贴士
>
> **预防运动性腹痛**
>
> 做好准备活动，合理安排内容。活动前不宜过饱，活动后注意放松。

（三）应对措施

运动中出现腹痛后不要惊慌，应减慢速度用手按压腹痛部位或者弯腰慢跑一段距离，调整呼吸和运动节奏，一般腹痛可以减轻或者消失。数分钟后，如果疼痛仍不减轻，甚至加重，应停止运动，并揉按内关、足三里、大肠腧等穴位。如果仍不见效，应送医院就诊。分析确定腹痛的部位，对有效预防和缓解腹痛起着积极作用。

思考题

1. 运动型腹痛经常出现在哪些运动项目中？一般伴随什么症状？
2. 发生运动性腹痛后应该如何处理？

7.9 运动性中暑

运动性中暑是运动性疾病之一，是指肌肉运动时产生的热超过身体上发热而造成运动员体内的过热状态，运动性中暑是由高温环境引起的，是以体温调节中枢功能障碍、汗腺功能衰竭和水、电解质丢失过多为特点的疾病。一般将中暑分为热射病、热痉挛和热衰竭。人体在发生运动性中暑后，常表现为身体高热，中枢神经系统功能障碍，皮肤发热、干燥呈粉红色，头晕无力、恶心、身体虚脱等症状。运动性中暑常出现在年轻的体育锻炼者、马拉松跑者、铁人三项运动员等人群中。

（一）案例警示

案例回放

“42千米195米，享受全马，为荣耀而跑，我的新梦想。”2014年6月2日中午，作为马拉松爱好者，20 岁的某大学生孙某冒着 32℃高温出门跑步。不久后，当路人发现时，一身运动装的他昏倒在路边。之后，孙某被诊断患上热射病。经过长达半个多月的抢救，最终他还是因为多个脏器出现衰竭，继发血液感染，导致感染性休克，抢救无效死亡。

案例解析

热射病作为中暑的一种类型，是头部直接受太阳辐射引起的，运动者在高温环境下持续进行运动容易导致发病，而体弱者、慢性病患者在夏天的高温里进行锻炼，也会导致发病。孙某中暑导致死亡的主要原因是由于其在高温下持续进行运动。6 月的天气，已经越来越热，不再适宜长时间在外进行锻炼，因此，在酷暑将至时，要选择合适的时间、合适的项目来进行锻炼。

案例回放

2016 年 4 月，北京国际长跑节北京半程马拉松如约开跑。小马是长跑初级爱好者，当然不会错过这样的赛事。4 月的北京天气很好，温度适宜，相对来说比较适宜进行跑步运动。小马几个月前才开始跑步，在参赛时跑过 15 千米以后，小马逐渐感到身体不舒服，没跑多久，就倒地不起。送到医院时，体温高达 41℃。醒来后意识不清晰，连电话号码位数都说不清楚。在急诊室观察半天后，才恢复意识，但也完全不记得发生了什么事情。很明显，他这是运动性中暑。

案例解析

随着“马拉松运动”如火如荼地开展，越来越多的人将跑步作为一种时尚来追逐。但是不管环境如何，也要循序渐进，跑步距离由短至长，而且运动中要及时补充水分。案例中小马刚开始跑步不久，就要挑战长距离跑步，超出自己运动能力范围，而且跑步中水分补充不足，从而导致运动性中暑的发生。

（二）安全建议

（1）加强个人身体素质，不耐热个体要加强预防措施。
（2）从事户外运动要逐渐适应温度的变化，从而调整运动内容。
（3）夏季练习要安排好时间，避免高温时段的大运动练习。
（4）夏季运动时要戴遮阳帽，尽量穿浅色衣服。
（5）避免在高温天气中长时间进行体育锻炼或训练。
（6）运动中要及时补充水分和能量。
（7）运动前保证良好的睡眠。
（8）运动时过于炎热要及时散热。

小贴士

救护原则

抓紧时间，迅速降温，纠正电解，保持平衡，防治衰竭，及时就医。

（三）应对措施

发生中暑后，要保持伤者的呼吸道顺畅并转移到通风阴凉处休息。用自来水或酒精擦拭腋下、头部、皮肤进行物理降温，加用风扇吹风，热痉挛者口服凉盐水或含盐饮料，基本可迅速好转。如果症状还未减轻，要迅速拨打120到医院进行救治。

思考题

1. 一般什么情况下会出现运动性中暑？如何预防运动性中暑？
2. 你的同伴在运动中出现中暑后，你该如何帮助他进行救治？

7.10 脑震荡

脑震荡是指头部遭受外力打击后，即刻发生短暂的脑功能障碍。脑震荡属于原发性脑损伤，是脑损伤受伤程度最轻的一种。脑震荡发生后，经常表现为短暂性昏迷、逆行性遗忘，并常伴随着头痛、恶心和呕吐等症状。一般脑震荡经治疗后大多可以治愈。在对抗性强的运动中易发生脑震荡伤害，如篮球运动中被球击中头部，足球运动中争抢头球时受到撞击等。速度较快的运动项目如滑冰、滑雪时不慎摔倒也可能撞到头部导致脑震荡，如图7-5所示。

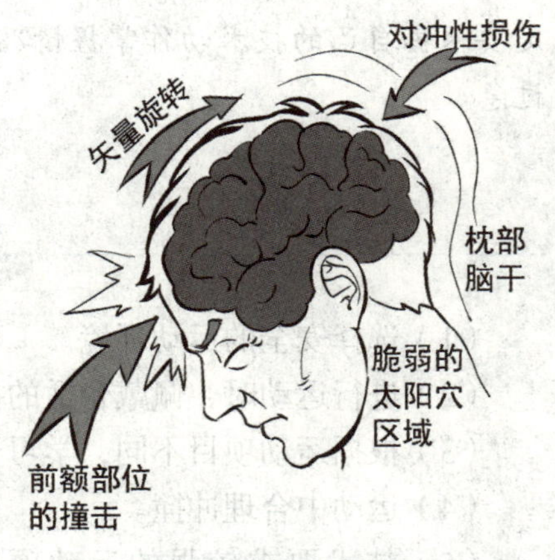

图7-5 脑震荡

（一）案例警示

案例回放

2013年冬天，哈尔滨某高职学校组织学生外出滑冰，一名叫曾海琳的学生，在滑冰时摔倒导致脑震荡。据调查，曾海琳是一名转校生，因父母工作的调动，从南方转学来到东北，从未滑过冰的她，第一次学习滑冰，连连摔跟头。刚刚能在冰面移动后，曾海琳看到迎面滑来的同学，不知如何躲避，惊慌失措，失去平衡，重重地仰摔在冰场上，导致头部受到撞击。

案例解析

脑震荡产生的主要原因就是头部遭受外力的打击，曾海琳第一次学滑冰，难免会摔倒。在刚刚学会滑冰的这一阶段，要尽量由会滑冰的同伴带领自己滑冰，或辅助冰场周围的把杆、墙壁进行缓慢移动。遇到对面滑来的人员，不要惊慌，要放慢速度，待会滑者主动避绕。摔倒时，要学会快速护住头部，避免直接撞击。

案例回放

2015 年 4 月，高职生楚某在进行田径跳高的练习，在整个练习中学习的是背越式跳高技术。由于刚开始接触背越式技术，楚某显示出了很高的兴趣。在老师告知练习结束之后，楚某仍意犹未尽。在回收器材时，楚某又做了一次背越式练习。由于技术不到位，导致在做动作时，距离跳高垫过远，落地时没有落到跳高垫上，头部着地。随即楚某出现了抽搐、意识模糊的症状。拨打 120 送到急救中心，诊断为脑震荡。

案例解析

楚某的情况主要是由于头部和地面的猛烈撞击导致的，由于暴力冲撞导致脑血液循环障碍，脑脊液冲击，神经元受损等引发脑震荡。在进行一些危险动作练习时，一定要根据自己的技术动作掌握情况，在有保护或者教师指导的情况下进行，切勿操之过急。

（二）安全建议

（1）选择安全的运动环境。

（2）进行运动时，佩戴合适的护具。

（3）根据运动项目不同，学习主动摔倒、摔倒缓冲等技术。

（4）运动中合理冲撞。

（5）技术要求较强的运动项目要在保证安全或者有教师指导、保护的情况下进行。

小贴士

脑震荡的诊断依据

头伤后立即发生短暂性昏迷，持续数秒、数分钟或数十分钟，但一般不超过30分钟。清醒后血压、呼吸和脉搏基本正常，但常伴有近事遗忘、头痛、头晕、耳鸣等症状。

（三）应对措施

伤者出现脑震荡后，要停止运动，保持冷静，并及时拨打120送医院急救。

思考题

1. 脑震荡的基本表现是什么?
2. 如何避免在运动中发生脑震荡?

7.11 溺水

溺水又称淹溺，是人淹没于水或者其他液体介质中并受到伤害的状况。在平时的运动中最常出现溺水的运动是游泳。每年的暑假都是游泳溺亡伤害的高发期，因此必须养成正确的游泳习惯，以便降低溺水的危险。人体溺水后数秒钟内本能的屏气，引起潜水反射——呼吸暂停、心动过缓和外周血管剧烈收缩，以保证心脏和大脑血液供应，继而出现高碳酸血症和低氧血症，刺激呼吸中枢，进入非自发性吸气期。随着吸气，水进入呼吸道和肺泡，充塞气道导致严重缺氧、高碳酸血症和代谢性酸中毒。溺水后常伴有头痛、剧烈咳嗽、胸闷、呼吸困难等，严重者会神情恍惚、视力障碍甚至呼吸急促或停止、心律失常、心音微弱甚至消失。溺水后可以引起窒息缺氧导致心脏停止，即称为“溺死”。溺水是非常常见的意外事故，其危险程度很高。

（一）案例警示

案例回放

2004年6月的一天，天气炎热，某校的三名学生相约到学校附近的一个水塘去玩水。当时也不知水塘的深浅，三人来到水塘就一哄而下。因三人都刚刚学会游泳，未接触过除泳池以外的其他水域，由于水塘水较深，三人跳下去就开始往下沉，其中一名学生慌乱中抓住了水塘边的一根树枝，逃上岸，但是另外两名学生在水中奋力挣扎，逐渐沉了下去。逃生同学不知所措，匆匆跑回学校，由于害怕，没有将事情告诉老师，老师上课发现少了两名学生，追问学生去向才了解到此事，但因救援太晚，另外两名学生再也不能回到课堂了。

案例解析

上述案例中，三名学生刚刚学会游泳，水性并不是很好，却因为一时兴起来到水塘戏水，缺乏考虑。水塘没有明确地标明深浅，又属于公开水域，存在的安全隐患较多。逃生的学生上岸后没有主动救助伙伴，没有大声呼叫，让其他人赶来帮助救援，导致了悲剧的发生。

案例回放

2015 年夏天，高职生王某下课后去游泳池游泳。由于没有吃东西，在游泳时王某突然出现体力不支，右腿小腿出现抽筋情况。王某并没有慌张，也没有慌乱地挣扎，而是放松身体，最后游到了池边。在休息了几分钟之后，抽筋症状缓解。

案例解析

案例中，学生王某在小腿抽筋时，并没有慌乱，而是保持冷静，保持身体放松，进行了自救，所以并没有发生意外情况。游泳时要做好准备活动，保证身体能量供给，在发生危险时第一时间向救生员呼救，并学会自救的方法，以避免意外事故的发生。

（二）安全建议

（1）选择安全的游泳环境，不去无标示的水域戏水。

（2）下水游泳前要做好充分的热身准备活动。

（3）游泳时要随时观察身体情况，保证能量供给。

（4）游泳时要做好保暖措施。

（5）学习水下自救和救人方法。

（6）游泳时最好结伴而行。

小贴士

溺水特征

溺水者一般表现为神智丧失、呼吸停止及大动脉搏动消失，处于临床死亡状态。近乎淹溺患者临床表现个体差异较大，与溺水持续时间长短、吸入水量多少、吸入水的性质及器官损害范围有关。

（三）应对措施

1. 自救

溺水时要保持冷静的头脑，避免惊慌失措，呼吸求救。屏住呼吸，放松全身，同时要努力观察周围情况，切勿双手上举或胡乱划水，这种挣扎只会适得其反。一定要全身放松，这样才能保存更多的体力，坚持更长时间。如果发生呛水，应深吸气后屏气钻入水中，并时刻知道自己的口鼻是否在水平面之上，以避免在呛咳时再次吸入水分。如果脚被水草缠住，可深吸一口气潜入水下，迅速将缠住脚的水草解脱，然后按照来路返回;游泳时如果遇到巨大的旋涡，应以最快的速度沿其切线方向游离旋涡中心，不能采取直立踩水姿势。

2. 互救

在对别人进行救助时，施救者必须把自己的安全放在首位，否则非但救不了人，还有可能让自己也处在危险中。在可能的情况下，尽量呼唤多人参与救援，并且观察不同的水情后再下水。可以向溺水者抛投游泳圈、漂浮物、木板等，应学会就地取材，寻找并使用这些物品,救援效果会好很多。在救援方式上,可以按伸手救援—借物救援—抛物救援—划船救援—游泳救援的顺序。切勿盲目行动。

3. 上岸后救援

对呼吸已停止的溺水者，应立即进行人工呼吸；如果呼吸心跳均已停止，应立即进行人工呼吸和胸外心脏按压，并及时送往医院进行治疗。

思考题

1. 如果你不会游泳，看到有人溺水时，应如何进行救助?
2. 如果在游泳时腿抽筋，要如何自救?

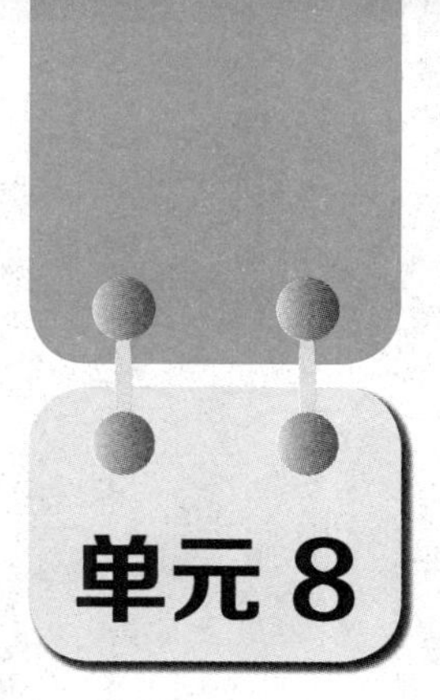

单元 8

大学生常见心理问题的预防与应对

随着社会的发展，物质文化的不断丰富，我们所处的环境也在飞速变化。生活节奏在不断加快，所承受的精神压力日渐加重，不良情绪、学业挫折、工作压力、经济压力等，都会使人们产生不同的心理问题，通常表现为自卑、抑郁、焦虑、恐惧、易怒、嫉妒、厌学、厌世等，更有甚者，会用极端的方式来结束生命。

有研究显示，每个人都或多或少地存在心理问题，如果不能自我调节、不加以疏导干预，就可能由小问题变成大问题，影响正常的生活、学习和工作，甚至危害健康、危及生命。世界卫生组织调查结果显示，全球每年约 100 万人死于自杀，10 ~ 20 倍于此的人自杀未遂。在我国，自杀是第五大致死原因，每年有 28.7 万人自杀，250 万 ~ 300 万人因自杀未遂而接受治疗。这样的数字让人触目惊心。除此之外，因不良情绪引发的校园极端暴力事件也时有发生。

人的心理健康状态是不断变化的过程，是健康与不健康、平衡与失衡互动交替的过程。人们在不同的时期，由于当时不同的压力而产生不同的心理问题，要正视心理问题的客观存在，学会自我调节，在不断提高自身心理素质的同时，掌握一定的适应与求助的方法，尝试成为自己或朋友的心理医生。

8.1 常见心理障碍

人的心理既包含正常活动，也包含异常活动，人们常说的心理障碍，即心理活动的异常程度达到医学诊断标准，常表现为无法按照人们普遍认可的方式进行行动，让社会和本人都无法对其致成的后果产生适应性。

大学生心理的发展还处于不稳定状态，在生理迅速发展的同时，心理的发展却相对缓慢，仍然处于由他律到自我约束的过渡期，因此，常常会面临很多不确定的问题。面对纷繁复杂的社会，大学生会产生不知所措的心理压力，在理想与现实、理智与情感、性意识和性道德规范等方面，都会出现无法辨别的矛盾。这样随之产生的压力，如果不能及时引导，则容易引发心理障碍，影响大学生的社会化进程。

下面列举一些大学生最有可能产生的几类心理障碍。

1. 躯体化障碍

躯体化障碍是指通过躯体症状表达出心理痛苦的病理心理过程。一般表现为多样、反复、变化的躯体不适或疼痛。在我们的生活中，常有面临考试紧张而产生的头痛、担心家人生病住院而产生的失眠、噩梦连连无法控制等。癔症在躯体障碍症中属于比较特殊的一种。

2. 神经症

神经症也称神经官能症，一般表现出抑郁、恐惧、焦虑、不安和强迫等情绪。这种症状多数人都存在，是一种较轻的心理障碍症状，并与现实有一定的结合点，从精神医学的角度还可以分为强迫症、焦虑症和恐惧症等。

3. 环境适应障碍

环境适应障碍是指在生活或环境发生明显改变时，产生的轻微或短期的情绪失调及行为变化。例如，搬家、教师更换、父母离异、家人伤亡等易导致环境适应障碍。一般来说，环境的变化容易适应，但如果没有很好地引导，将会发生情绪或行为问题。

（一）案例警示

案例回放

某大学生王某，女孩，独生女，因为父母对其要求较为严厉，所以与父母之间的矛盾冲突非常严重。在她进入青春期身体发育时，体重增加不明显，只有45千克。有个同学对她说：你的头好大。王某就仔细观察自己的头，认为确实很大，一定是自己吃胖了，于是开始减肥，体重在一个月内下降到35千克，并出现了乏力、情绪低落，尽管家人干涉也没有办法，家属最后只好将她送到医院。

案例解析

在这一案例中，王某患了神经性厌食症，她对自身形象的感知存在歪曲，虽然已经严重消瘦，却仍认为自己太胖。导致王某出现这样的症状，虽然与其家庭有关，但主要还是王某自身性格内向、敏感、缺乏自信所致，她选择通过饥饿来进行自我惩罚，以自我伤害的方式来缓解内心冲突。在心理治疗方面主要是要引导她改变对于自身形体的认知，增加自信。

案例回放

某大学在校生张某，在刚刚上大二的时候，父母由于多年来感情不和而离异，突然的变故，让张某无所适从，长期在绝望与忧郁中度日，不与同学交际，独来独往，常常暴怒，也从来不理会同学及老师给予的关心。张某的行为对自己以及身边的人均造成了伤害。

案例解析

大学生虽然已经成年，但是，生活阅历较少，适应环境的能力较差，一旦遇上巨大的变故、风险或挫折，心理防线容易崩溃。心理脆弱，也会导致行为盲目，在情绪无从宣泄的时候，将会从行为上表现出来，从而伤害了自己和身边的朋友。因此，把握心理和行为动向，积极化解消极情绪十分重要。

（二）安全建议

（1）学习建立正确观念，以积极心态面对一切。
（2）要勇于坚持，也要适当放弃。
（3）要及时排解不良情绪，善于表达和沟通。
（4）坚持运动锻炼，以积极的方式进行情绪宣泄。
（5）积极暗示。善于自我鼓励，善于铭记或回忆愉快经历。
（6）写日记。以记日记的形式来进行情绪排解，促使自己思考和反省。

小贴士

缓解不良情绪口诀

生活规律，充足睡眠；

> 增强自信，适度锻炼；
> 保证饮水，吃好三餐；
> 集体活动，多多益善；
> 广交朋友，听取良言；
> 缓解压力，笑容满面。

（三）应对措施

（1）明确问题所在。

（2）选择不良情绪的排解方式，如听音乐、运动、沟通、倾诉等。

（3）向心理老师、朋友进行咨询，正确解决问题。

（4）如果无法进行自我排解、他人劝导，则及时到医院就医，积极配合进行情绪疏导。

思考题

1. 日常生活中如出现消极情绪，你是如何进行自我排解的？经过本节的学习，再次遇到类似情况时你会如何处理？

2. 当身边好友长期处于焦虑、紧张的状态时，你会用什么方法帮助好友进行排解？请具体说明。

8.2 应激反应

应激是指机体在不同的内外环境因素的刺激下产生的全身性非特异性适应性的反应。一般应激行为的产生与个人能力以及所面临的环境有关，在遇到新环境或从未经历的事情时，当与自我能力产生冲突时，就会出现应激状态。

图8-1　应激反应

处于应激状态中，常常会觉得心理压力倍增，从而表现出十分紧张、焦虑、情绪激动；在生理上会觉得超出寻常负荷，为适应环境，则会调动身体的各种功能去应对周围的变化，而导致出现心率增快、呼吸加速、血压升高等现象，如图 8-1 所示。

当然，人们在处于应激状态中时，可能会有两种反应：一种是积极的，另一种是消极的。积极的反应可以让人们超寻常地应付危机，表现出沉着果断的判断力；消极的反应则会使人处于慌乱中，甚至会出现临时性的休克现象。创伤后应激障碍就是严重的消极反应，是由应激性事件或处境而引起的延迟性反应。应激是有应激源的，一般包括严重的生活事件、自然灾害、人际关系的持续紧张或社会关系的意外变化等。但在同样的创伤条件下，不同的人，由于应激反应的不同，不是都会出现创伤后的应激障碍。一般具有性格优势的人对可能导致应激反应的挫折及创伤有着较强的恢复和适应能力，而个性胆怯、敏感的人则呈现出与其相反的状态。

（一）案例警示

案例回放

李某，男，21 岁，经历了汶川地震，在汶川地震时失去了双亲。李某陈述，在刚刚经历汶川地震时，他在心理上是无法接受的，一直有一种做梦的感觉，总是期盼着一觉醒来都能回到从前，情绪一直十分低落，对亲人的思念和对周遭的一切变化，让他痛苦到无法自拔，不吃不喝、不与人交流。回归课堂后，也无法进入学习状态。看到这种情况，学校的班主任老师和相关的心理辅导老师对其进行了劝慰，李某在老师和同学的关心下，开始接受心理辅导。心理辅导的过程中，他逐渐吐露心声，向咨询师倾诉了他的烦恼和苦闷。在咨询师的建议下，他开始转移注意力，面对现实，努力学习，回归到正常的学习生活中，并考上了心仪的大学，开始了正常的生活。

案例解析

此案例中，由于地震这一自然灾害，导致李某失去了家、失去了亲人，从而出现应激反应，情绪难以控制。在进入学校恢复学习后，李某的老师们对李某进行了关心与劝慰，使李某在心理上有了一定的依靠，决定积极配合老师的心理干预，去调整自我状态。向老师们敞开心扉，从而使他走出了创伤阴影，开启了新的生活。

案例回放

14 岁的男生梁某初中时成绩很好，但发挥失常导致中考落榜。父母为此花费了许多积蓄但还是没能帮助他进入重点高中，后来到中专学习。由于家庭条件一般，梁某自认为给父母造成了巨大的经济负担，导致其情绪十分低落，产生自罪、自责感，心理遭受重大挫伤，并让原本成绩优异、充满自信的他产生了严重的自卑心理。于是梁某想要用获得奖学金来证明自己可以像以前一样优秀，并可减轻家庭经济负担。但由于一直处在焦虑、紧张的状态，尽管他很努力，成绩也仅仅是维持在中等水平，一直未能获得奖学金。后来梁某越发难以集中注意力，成绩直线下降，表现异常，情绪波动极大，经常一个人放声大笑或躲在角落里哭泣。

案例解析

梁某自责自怨、紧张焦虑、情绪不稳定、慌张恐惧，一个人大笑、在角落哭泣，这些都是心理应激的表现。其原因是中考失利，自觉平时成绩不错，自我期望很高，落榜重点高中，心理受到极大挫折，内心十分痛苦。家里为他花费了不少积蓄的事情使他认为自己给父母造成了负担，产生深深的负罪感。不稳定的心理状态导致他在中专学习期间也未能获得奖学金，因而再次遭受挫折。多重压力和挫折不断累积，又不知道怎样寻求正确的帮助，导致其应激反应严重。在这种情况下，建议其寻求专业心理咨询师的辅导。

（二）安全建议

人在生命的进程中，是不可能一帆风顺的，总会遇到各种各样的事情与问题，作为新一代的大学生，我们应该具备积极的心理应激能力，避免形成消极的应激反应。

（1）面对困难，要正视困难，保持冷静，合理选择宣泄途径。

（2）主动倾诉或选择合理途径进行情绪宣泄以减轻精神压力。

（3）要有健康的心境，积蓄一定的正能量。

（4）要有自己的兴趣爱好，保持好奇心。

（5）要放远眼光，不着急下结论。

（6）要学会宽容他人与自己。

（7）谨慎行事，不过度冒险。

（8）常怀感恩的心，对他人平和友善。

（9）提高思想修养，增强自我应对能力。

小贴士

性格优势中的六项核心美德

美德之一：智慧与知识。

美德之二：勇气。

美德之三：仁慈。

美德之四：公正。

美德之五：节制。

美德之六：自我超越。

（三）应对措施

（1）控制或消除应激源，改善环境。

（2）通过放松措施控制负面情绪或转移负面情绪。

（3）无法自我排解时，要进行一定的药物治疗或心理干预。

思考题

1. 引起应激反应的应激源通常有哪些？

2. 你是否在学习生活中遇到过挫折？会产生怎样的情绪？遇到挫折时应该如何应对？

8.3 神经衰弱

神经衰弱是指一种以脑和躯体功能衰弱为主的神经症，主要是以精神易兴奋却又易疲劳为特征，常常表现为紧张、烦恼、易激惹等情感症状，以及肌肉紧张性疼痛和睡眠障碍等生理功能紊乱症状。神经衰弱的症状复杂而“矛盾”，其原因可能是精神因素引起的，也可能是疾病造成的；既容易兴奋，也容易疲乏；既有精神障碍，又不易找到可证实的病变存在；既有精神症状，也有躯体症状。如果排除生理性疾病的原因，神经衰弱的发生主要是由于过度紧张、压力大等引起的，对于大学生来说，学业压力、工作压力和人际关系压力是导致神经衰弱最主要的心理原因，如图 8-2 所示。

图8-2 学业压力

（一）案例警示

案例回放

从 2008 年 11 月开始，林某出现了一些比较怪异的行为，比如，他在天气比较寒冷时只穿一件毛衣和风衣，被冻得瑟瑟发抖，但却认为是中暑了；出现失眠亢奋的状态，整夜不想睡觉，独自一人坐在计算机前通宵看电影，时而用家乡话自言自语，时而莫名窃笑；出现思维逻辑混乱，讲话条理不清晰；呈现对人和事敏感状态，猜疑心重，觉得每个人都和他过不去，什么事情都冲着他，害怕与他人交往，甚至还出现轻度的幻想，觉得通过眼神和动作就能知道别人在想什么，而别人也知道他的过去和现在的想法，在追杀和报复他。

案例解析

神经衰弱主要有以下六个典型症状：一是脑力不足、精神倦怠。二是对内、外刺激的敏感。三是情绪波动、易烦易怒、缺乏忍耐性。四是有紧张性疼痛。五是失眠、多梦。六是心理生理障碍。在排除了林某精神分裂症的可能后，根据他的表现，基本上可以断定其患神经衰弱症。他的各种症状与神经衰弱的典型症状基本吻合。林某觉得中暑，头昏脑涨是神经衰弱症状之一紧张性疼痛的表现；他与别人沟通交流时思维逻辑混乱，讲话条理不清晰是脑力不足，精神倦怠，记忆力减退，不能集中注意力的缘故；他失眠亢奋，独自一人看电影到通宵符合神经衰弱症的“失眠、多梦”症状；他对人和事敏感，猜疑心重，觉得别人都和他过不去等症状符合神经衰弱症的“对内、外刺激的敏感”症状。这样典型的严重情况，应引起班主任和家长的注意，不要简单地认为是纪律问题，要及时给予专业干预，分析引起这种表现的原因，对症治疗。

案例回放

大四的男生王某面临毕业找工作，由于种种原因，四处碰壁，没有好的回馈信息，临近毕业，王某开始出现失眠，精神不济，注意力无法集中。王某意识到，越是如此，状态越差，必须要调整，以积极的心态面对现实。于是，王某开始进行一些体育运动，并约不同的朋友出来就此事进行倾诉，也得到了很多好友的安慰与帮助。在朋友们的支持与陪伴下，王某的情况逐渐好起来，不再失眠，人也开朗了很多，又在积极地准备工作面试。

案例解析

王某在遇到“就业难”的挫折后，出现了轻微的神经衰弱症状，具体表现为失眠、注意力不集中。王某及时发现自我的情绪失常，积极参与运动，并积极找人倾诉，在好友的帮助下，扭转了情绪处于低谷的局面，没有使病情加重。倾诉与运动都是缓解不良精神状态的有效方法。

（二）安全建议

（1）生活规律不熬夜。

（2）劳逸结合，防止疲劳过度。
（3）坚持运动。
（4）选择合理的方式进行宣泄，如倾诉、运动、听音乐等。
（5）自我监测，正视问题的出现。
（6）合理搭配膳食，平衡营养。
（7）优化认知方法，理性思维与解决问题，辩证思维对待负面事件。

小贴士

放松心情小窍门

收集快乐，适时倾诉，多做运动，思想放空，少绕弯路，常陪父母。

（三）应对措施

（1）自我调节，正视神经衰弱的事实。
（2）积极参与体育运动，减缓不良情绪。
（3）自我按摩放松。
（4）膳食改善。
（5）必要时要通过药物控制、缓解和治疗病情。

思考题

1. 判断自己是否曾经有过神经衰弱的情况。
2. 如果连续几天出现轻度失眠的情况，要怎么调整自己？

8.4 焦虑症

在不同的人生阶段，每个人在面对困难或危险时，都有可能产生焦虑情绪，这种焦虑是一种正常的心理状态。**焦虑症是一种具有持久性焦虑、恐惧、紧张情绪和植物神经活动障碍的脑机能失调，常伴有运动性不安和躯体不适感。**当然，焦虑不一定都是负面的能量，适度的焦虑对保持生命活力是必要的。例如，当我们面对考试时，适度的紧张与焦虑，可以促使我们发挥正能量，积极备考；再如，适度的就业焦虑可以激发潜能，使自己产生紧迫感，从而更努力地寻找就业机会。只有当焦虑的程度和持续时间超过一定范围时，才会对人的健康构成威胁，如图 8-3 所示。

图8-3　焦虑症

（一）案例警示

案例回放

李某是某大学大三的学生，学习很刻苦，成绩却不太理想。据李某所说，每到快要考试的时候，他都会比平常更努力，开夜车是常事。考试后又常因成绩不好而懊恼不已。久而久之，他很失望，并产生焦虑情绪，考试期间晚上都睡不好，不断想着白天的考试，越想越觉得自己又没有考好，内心非常自责。饮食上也很不注意，常常匆匆吃些东西就去自习室看书，可越看越觉得记不住，心慌得厉害。

案例解析

由于认为考试成绩不足以回报自己的努力程度，李某陷入了考试焦虑状态，这是面临考试时常见的一种心理状态。就多数人而言，面临重要考试或关键性考试，总会引起一些心理压力，产生一定程度的考试焦虑，这是正常的，也是无害的。但长期处于焦虑状态会对人的身体、心理健康产生较大的影响，因此在发现自己或身边的人出现焦虑心理时，要及时进行积极的疏导，例如做一些放松训练，转移注意力等。在自己无法排解心中的焦虑情绪时，要向老师寻求帮助。

案例回放

大学生小芳不善交际，从来不愿意与同学、舍友一块出门进行聚餐、逛街等活动，也从来不主动和其他人进行沟通，身边的人也不知道小芳为什么无法融入集体。该大学有一个心理咨询室，小芳无法自我调整状态，便踏进咨询室的大门寻求帮助，对咨询师进行了倾诉，对自己的不安情绪进行了梳理与原因归纳。在咨询师的帮助下，小芳已经能够正视自我焦虑的存在，并积极配合咨询师进行治愈尝试。

案例解析

小芳是属于社交焦虑状态的人，常常不自信、害怕被人注意、害怕接触陌生人等。案例中，小芳常处于封闭的状态，越是如此，对小芳越没有好处。小芳也意识到自我焦虑所带来的负面影响，因此，积极主动地踏出了寻求帮助的道路，这是十分正确并且必要的举动。及时地进行情绪的疏导，减缓焦虑症，对小芳减轻焦虑，尝试新生活是有积极意义的。

（二）安全建议

（1）积极参加体育运动，降低紧张情绪产生。

（2）适度采用按摩等方式，舒缓焦虑引起的不良症状。

（3）常洗热水澡，促进血液循环，帮助身体放松。

（4）长听舒缓音乐，自我安抚。

（5）主动增加自信心。

（6）自我意识放松。

（7）常参与公益活动，常参与正能量较多的活动。

小贴士

系统脱敏法

系统脱敏疗法又称交互抑制法，是由美国学者沃尔帕创立和发展的。这种方法主要是诱导求治者缓慢地暴露出导致神经焦虑、恐惧的情境，并通过心理的放松状态来对抗这种焦虑情绪，从而达到消除焦虑或恐惧的目的。它被广泛应用在治疗焦虑症、强迫症和恐惧症等心理障碍中。

（三）应对措施

（1）自我调整。以运动、听音乐、自我情绪控制等为主。

（2）寻求外界帮助。向老师、同学、朋友、家人或者心理咨询师进行倾诉或咨询，听取意见。

（3）必要时到医院检查与治疗。

思考题

1. 怎样判断是否得了焦虑症？你有过吗？
2. 如何缓解自己的焦虑情绪？

8.5 癔症

癔症是由精神因素作用于易病个体引起的精神障碍。如果一个人遇到强烈的应激，情绪上会发生较大的变化，无法接受与面对问题时，突然地发生躯体功能的障碍或意识上的变化就是癔症。癔症在大学生中并不少见，其发病前都是遇到了强烈的心理刺激，因此，要发觉其所受到的刺激，并且要积极主动、有针对性地去处理，以助其快速恢复，如图 8-4 所示。

图8-4 癔症

（一）案例警示

案例回放

大学生甜甜平时一直表现十分优秀，十分得宠，一次因为在学校团委工作中没有做好，挨了老师的批评后，甜甜突然往地上一倒，四肢抽动起来。到了医院，经过全身检查和医生诊断，才知这是“癔症”。

案例解析

一般癔症性格的人都具有高度的情感性，情绪反应十分强烈并且不稳定，容易冲动，无法承受负面环境的影响，往往感情用事，容易在情绪上走极端，常把小事夸大。甜甜的情况属于应激下的躯体功能障碍，应激的事件是老师的批评。一般情况下，不会有人会过度在意这样的批评，但是，由于甜甜一贯优秀，处处得宠，她无法接受别人对自己的否认，也很少有挫折，心理承受能力差，遇到批评，在情感上一时处理不了，引发了癔症。

案例回放

2002 年农历七月十五日晚，一群女大学生上街，见路边有人给已故的人烧纸钱，回宿舍后讲给同宿舍的其他同学听，有的同学称当日是鬼节，开始讲起了鬼故事，大家都感到恐惧，又有一同学称对面楼上曾死了一名女生，使气氛更加惶恐不安。第二天早晨，有一同学称头痛、恶心、乏力、站立不稳、四肢阵发性发抖，恐惧害怕，称自己被鬼缠住了，随之出现意识障碍，呼之不应。数分钟后，另外两名同学也出现类似症状，随后又有四名同学相继发病。经体格检查及化验未发现异常，判断为癔症集体发作。

案例解析

群体性癔症发生一般具备两个条件，一是群体性行为，这是群体性癔症发生的基本前提和背景。二是不良暗示与心理联结作用，群体性癔症发病的诱发因素即不良暗示，首先来自群体内部。案例中癔症发作的同学在前一晚一同看见烧纸、听了鬼故事，第二天早晨受到第一个感到头痛等不适状况的同学“被鬼缠住”的暗示，产生了心理联结，形成了不良意念，并且由于这个不良意念的作用，导致癔症的发生。

（二）安全建议

（1）正视自我，明确认识自我价值。
（2）热爱生活，善于发现美。
（3）形成积极暗示，不断强化自我积极性形成的能力。
（4）正视挫折，总结经验，避免挫折。
（5）多进行体育、文艺活动，陶冶情操。
（6）常怀包容之心，宽以待人。
（7）积极利用成功补偿、展示自我。
（8）多读书，净化灵魂。

小贴士

面 对 挫 折

沉着冷静，提高勇气；审时度势，再接再厉。
寻找原因，理清思路；情绪转移，寻求升华。

（三）应对措施

（1）不惊慌失措，不随意指责。
（2）缓和气氛，促使发病者逐渐平静。
（3）保障发病者呼吸通顺、四肢不屈曲。
（4）癔症性兴奋或躯体功能障碍者要及时找精神科医生处理。

思考题

1. 癔症是什么？你认为癔症会传染吗？
2. 作为大学生，应该如何预防癔症的发生？

8.6 强迫症

在生活中，常常出现这样的现象：总是觉得房门没有关好，担心被细菌感染反复去洗手等。这样的现象，一般称为强迫症。我们会不自主地反复出现某种意念，无法打消，明知是不对的，可是强迫性地出现，或者出现强迫性的动作，重复去做，无法控制。**强迫症是以强迫思维和强迫行为为主要表现的病症，其特点为有意识地强迫和反强迫并存，**如图 8-5 所示。

图8-5　强迫症

（一）案例警示

案例回放

小王是某高职学校三年级的学生，学习成绩优秀，但近来特别注意卫生，学习时用的桌子和凳子必须很干净，地上不能有一点纸片，否则不能进行正常学习。开会时经常提前到教室找干净的座位，在教室学习时也要找很干净的地方才能进行学习，她知道这样做是无意义的，并且会浪费大量的学习时间，却控制不住自己。渐渐地她觉得很烦躁，不敢进教室学习，不能像以前一样集中注意力学习，并且记忆力也开始大不如前。情况发展到更严重时，她总认为地上不干净，虽然尽力克制自己想要打扫的想法，但还是会忍不住。

案例解析

小王的一系列行为，表明她已患有强迫症。她对“卫生”过度在意、后来总认为地上不干净，以及她明知这种想法不对却无法抵抗，都是强迫症的表现。据悉，小王学习成绩一直挺好，由于学习紧张、压力很大，她给自己制订了苛刻的学习计划，这样的学习计划坚持了两个多月，却由于学习成绩没有太大提高，使她出现了烦躁、不安、压抑的心理状态，从而导致以上结果。

案例回放

大学生张某从小成绩优异，但是性格孤僻，不善交际。在一次考试过程中，他想去厕所，但是遭到监考老师的拒绝。从那以后，他每隔一个小时就要去厕所一次，每次去厕所都要在厕所蹲很久，短则 5 ~ 10 分钟，最长能蹲 30 分钟左右。他知道这样不对，并且很浪费时间，但是，就是无法控制自己。

案例解析

张某很明显患上了强迫症。张某成绩优异，无法承受老师对他上厕所要求的拒绝，就对自我行为产生了怀疑，为不断地证明和强迫自己完成既定任务，从而反复上厕所，面对自己毫无现实意义的强迫行为，张某无法控制，发展为强迫症。

（二）安全建议

（1）卸掉偶像包袱，不过于在意自我形象。
（2）以顺其自然的心态面对周围的一切，不过分在意他人的看法。
（3）鼓励自己不要在意结果，要享受过程。
（4）对自我价值与个性有较为客观的认识和判断。
（5）学习合理的处理方法，增强自信心。

小贴士

名 人 名 言

人在身处逆境时，适应环境的能力实在惊人。人可以忍受不幸，也可以战胜不幸，因为人有着惊人的潜力，只要立志发挥它，就一定能渡过难关。

——卡耐基

（三）应对措施

（1）树立正确的自我认知。
（2）放下思想包袱。
（3）不任意迁就自我，也不过枉矫正。
（4）要主动请求周围朋友进行帮助。
（5）要主动向专业机构进行咨询或接受治疗。

思考题

1. 什么是强迫症？强迫症有哪些表现？
2. 如果身边有强迫症倾向的人，你应该怎么做？请举出几个具体的例子。

8.7 恐怖症

在日常生活中，恐怖症也是普遍存在的，恐怖症也称恐惧症，是一种特定的害怕，心理学上对它的定义是“经常的，对某种特殊事物或情形的过度害怕”，恐惧的对象可能是单一的或多种的，常常对动物、广场、闭室、登高或社交活动等产生恐惧、害怕的情绪。这种害怕持续进行且没有根据，无法控制，以致影响正常活动。在大学生群体中，常见的恐怖症有单纯恐怖症、学校恐怖症、广场恐怖症、社交恐怖症、疾病恐怖症等。

（一）案例警示

案例回放

小静在三个月前的一次上课时发呆，被老师点名回答问题，她只能猜测回答，同学们听后哄堂大笑，她被老师严厉批评后，恨不得找个地缝钻进去，心怦怦乱跳，双手发抖。第二天上学时，走到校门口她就感觉紧张害怕、心发慌，不敢进校门。上课时她突然觉得头晕目眩，心慌胸闷，呼吸急促，全身发抖，大汗淋漓。送到医院后，她的病情很快缓解，出院后只要提起与上学有关的事她就很不舒服，如果不去想上学的事，则一切如常，如图 8-6 所示。

图8-6　学校恐怖症

案例解析

从案例描述来看，小静具有恐怖症倾向。小静对上学表现出明显和持久的恐怖，恐怖的程度与实际危险不相称。发作时伴有显著的植物神经功能障碍，如一想到上学就会出现惊慌，气不够用等感觉恐怖的症状。对恐怖的处境（学校）有回避行为，造成社会功能轻度受损。造成这种恐怖症倾向出现的原因主要是小静心理方面的问题。在小静的内心里，始终认为自己不应该受到别人的批评，一旦老师批评自己就受不了，感觉糟糕至极。并且小静对现实问题有着误解或错误评价，她将上课回答问题与受批评联系起来，导致自己产生持久的负性情绪记忆。

案例回放

大学生王静特别喜欢动物，大四时，因为实习的原因便不再住校。为排遣寂寞，王静在租住房养了一只狗。有一天遛狗时，一只大狗把王静的狗咬成了重伤，并不治身亡。从此，王静看到狗就提心吊胆，不敢靠近，无论是大狗还是小狗，只要看到，王静就会尖叫着跑开。

案例解析

王静在看到自己的狗被咬伤后，心理上受到了创伤，由于独居，缺乏与人交流，负面心理状态无法消除。王静要想克服恐惧，就要早日回归校园，或多与其他人沟通，要继续坚持热爱小动物，要弄清事故发生的真正原因，多去动物保护协会走访，重新建立对小动物的关爱。

（二）安全建议

（1）放低对自我的约束。

（2）树立自信心，勇敢地接纳自己。

（3）勇敢地面对周围事物，正视其客观存在。

（4）不刻意在意自己的紧张情绪，选择合适的方式进行排解。

小贴士

恐怖症消除小方法——纸袋法

当你感到恐慌时，把一个纸袋贴在你的嘴和鼻子上，并用纸条紧紧地压住，尽力不要放跑气。然后，向纸袋中规律地慢慢呼气，连续在纸袋中呼吸直到感到恐慌被制伏、呼吸轻松为止。这种方法可增加血液中二氧化碳含量，使血液中的气体很快达到平衡，帮助你克服焦虑。

（三）应对措施

（1）认识自我。

（2）正视客观的存在。

（3）找人陪伴。
（4）进入黑暗空间。
（5）适应黑暗。
（6）适应恐惧。
（7）调整心理状态。
（8）消除恐惧来源。
（9）以交流的方式分散注意力。
（10）消除恐惧。

思考题

1. 你对什么东西怀有长期恐惧心理？你认为是什么原因造成的？可就此与同学展开讨论。

2. 你能够正确地辨认恐惧心理吗？能否帮助同学缓解或摆脱恐惧心理？具体如何做？

8.8 抑郁症

抑郁症作为一种常见的精神障碍，越来越多地被人们关注。**抑郁症主要是由各种原因引起的情绪低落症状的心理障碍。**在大学生群体中，抑郁症普遍存在，并且有较高的复发率，影响了大学生的心理健康。一般原因是就业压力大、沉迷网络、感情受挫等。长期抑郁，不仅负面情绪暴增，还会影响到身体健康，因此，当抑郁情绪出现时，应立即进行调整，必要时要向外界寻求帮助，如图 8-7 所示。

（一）案例警示

案例回放

大学生 Sunny 失恋以后，常常表示她好想死，她觉得失去男朋友以后，再也没有人喜欢自己，活着很没有意思。除了上课时间，Sunny 从来不出宿舍，长期待在宿舍里独自郁闷，看电视剧、刷微博、刷微信朋友圈，但是，又不与自己的朋友进行网络上的联系。Sunny 还常常晚上失眠，又每天很早醒来，常常觉得晕眩，时而感到身体不适，在公共场合时，她总是尴尬地自己站着，不知道跟谁说话。

图8-7　抑郁症

案例解析

Sunny 在失恋后，并没有及时与朋友进行沟通，也没有正视失恋这个事实，才会导致后续情绪持续恶化，拒绝与外界沟通，显现出抑郁症的症状。抑郁症在生理上常表现为失眠、情绪暴躁、身体不适等；在心理上则表现为不愿沟通、社交恐惧。正确的做法是自我纠正认知，积极向周围人寻求帮助，主动沟通或倾诉。

案例回放

两名十分要好、成绩优异的女大学生在一次偶然的机会中接触到了“死亡游戏”，两人十分感兴趣，并最终相约自杀，寻求刺激。据两人的同学及家人描述，两人平常都很乖巧，并没有看出有抑郁症倾向。医生诊断她们患有“双相抑郁症”。

案例解析

一般单相的，就是传统意义上的抑郁症，发作的也只是情绪抑郁。而双相抑郁症则有两方面的表现，可以表现为抑郁，也可以表现为情绪过度兴奋，非常狂躁。双相抑郁症的发病年龄多为 15～20 岁。很多人会误以为，不得志的人才会有抑郁的倾向，其实不是的。现在不少很优秀、很聪明的人，也会患上双相抑郁症。抑郁症患者比较亢奋时，会特别有创造力，其中不乏诗人。双相抑郁症不容易被确诊。

（二）安全建议

（1）提高自我修养，正视自我，建立健康心态。

（2）理智转移消极情绪，调动积极情绪。

（3）量力而行，不好高骛远。

（4）正视人生路上的一切困难与失败，提高自我适应环境的能力。

（5）要使自己成为自己生活的主人，不被周围的流行、名利、浮华、富贵等所束缚，常怀平常心。

小贴士

运动可有效排解抑郁症

辛辛那提大学医学院临床精神病学助教埃里克·纳尔逊指出："对于轻度或中度抑郁症患者，可以通过运动来减少他们的无助感和孤独感。"

（三）应对措施

（1）劝慰自己保持平和心态。

（2）听音乐、参加体育运动、走出房门亲近自然。

（3）向周围的老师、朋友寻求帮助，进行情绪排解。

（4）避免服用容易引起抑郁的药物。

（5）如果情况日益严重，要去医院接受医治。

思考题

1. 当身边的同学出现轻微失眠、厌学、不想上学等消极情绪时，你应当如何帮助他？

2. 你认为怎样的表现是抑郁症？如果是你，你该如何进行自我排解？你愿意向周围人说出你抑郁的原因吗？如果不说，你认为会造成怎样的后果？

3. 当你身边的同学不幸罹患抑郁症，你会有意识躲避他吗？请说明原因。

参考文献

[1] 李海鹏 . 校园安全管理问题研究 [M]. 武汉：华中师范大学出版社，2012.

[2] 王晓瑜 . 论我国新型校园安全管理模式 [J]. 法制与社会（下），2013：179-200.

[3] 岳光辉，等 . 校园安全管理的调查与思考 [J]. 湖北警察学院学报，2012（8）：38-41.

[4] 崔卓兰 . 高校法治建设研究 [M]. 长春：吉林人民出版社，2005.

[5] 徐久生 . 校园暴力研究 [M]. 北京：中国方正出版社，2004.

[6] 张欣，黄锋 . 学生人身伤害赔偿 [M]. 北京：中国法制出版社，2004.

[7] 朱永生 . 也谈“校园安全法”立法建议的若干问题 [J]. 武汉大学学报（社会科学版），2002（3）：14-23.

[8] 王亚军 . 浅议校园“110”[J]. 保卫学研究，2003（3）：45-57.

[9] 蒋式新，等. 青少年不安全骑车行为及其影响因素调查 [J]. 中国校医，2006，20（3）：251 -252.

[10] 周鑫，方守恩 . 我国道路交通安全管理主要问题分析及对策研究 [J]. 中国安全生产科学技术，2007，3（6）：73-76.

[11] 郑安文 . 道路交通安全管理措施比较研究 [J]. 中国安全生产科学技术，2005，1（2）：38-42

[12] 王晓慧 . 心理障碍 [M]. 石家庄：河北科学技术出版社，2005.

[13] 李荐中 . 青春期心理障碍 [M]. 北京：人民卫生出版社，2009.

[14] 李功迎 . 情感障碍 [M]. 北京：人民卫生出版社，2009.

[15] 曹帅召 . 大学生安全教育 [M]. 北京：经济科学出版社，2010.